Y AHORA, VOLVED A VUESTRAS CASAS

Y AHORA, VOLVED A VUESTRAS CASAS

REPUBLICANOS ESPAÑOLES
EN LA RESISTENCIA FRANCESA

Evelyn Mesquida

Papel certificado por el Forest Stewardship Council®

MIXTO
Papel | Apoyando la
silvicultura responsable
FSC® C117695
FSC
www.fsc.org

Penguin
Random House
Grupo Editorial

Primera edición con esta encuadernación: marzo de 2024
Segunda reimpresión: abril de 2025

Printed in Spain – Impreso en España

ISBN: 978-84-666-7930-5
Depósito legal: B-5.914-2024

Compuesto en Comptex & Ass., S. L.

Impreso en Arcángel Maggio Europa S. L.

BS 7 9 3 0 5

Para
Teresa Mas, «Gabriela», mi madre

Catherine Camus
Antonina Rodrigo
y el general Michel Roquejeoffre

A la memoria de
Jorge Semprún
Florence Malraux
y Yannick Bellon

Estaban.
Aunque no aparezcan en la Historia, su combate usurpado.
Están.
Como surcos. Como cicatrices.
Rastro imborrable tras el oscuro silencio.

E. M.

Puedo afirmar que los republicanos españoles en la lucha francesa, integrados en las filas de los ejércitos aliados o en los grupos de guerrilleros que luchaban por toda Francia, no fueron en ningún momento «un puñado de hombres», como algunos pretenden. Fueron decenas de miles los que lucharon en todos los combates donde luchó el ejército francés y en las numerosas agrupaciones de guerrilleros que combatían junto a la Resistencia francesa por todo el territorio, desempeñando un papel principal, y que tuvieron como corolario las deportaciones de muchos de ellos a los campos nazis, donde miles y miles murieron.

Algunos se preguntan todavía qué es lo que esos españoles aportaron a la lucha francesa... los españoles aportaron a todos los niveles. Primero, su experiencia de combate y su preparación militar y política. Todo lo que hacía de ellos luchadores diferentes de los demás, más politizados, más enérgicos y más combativos.

JORGE SEMPRÚN, prólogo del libro *La Nueve:*
los españoles que liberaron París

Índice

Introducción

> Todo lo que podemos hacer para justificar tanto sufrimiento y tantos muertos es llevar con nosotros sus esperanzas, hacer que esas esperanzas no sean defraudadas, y que esos muertos no estén solos.
>
> ALBERT CAMUS

El trabajo sobre «la Nueve» me acercó a ellos.

Como los numerosos españoles que combatieron junto al ejército francés en las batallas de la Segunda Guerra Mundial, los numerosos refugiados, hombres y mujeres, que participaron en la Resistencia francesa interior también fueron olvidados en los libros de Historia, minimizada su participación y usurpada la presencia de los muchos combatientes que desde el primer momento lucharon en Francia contra el enemigo nazi.

Memoria descarnada, de vez en cuando aparecía aquí o allá el testimonio tardío de alguno de esas y esos combatientes en el olvido. Traza diminuta pero presencia afirmada en el vacío de la Historia.

Allí estaban... Por todas las regiones, ciudades, pueblos

y rincones de Francia. En sus montes y montañas, en todos sus bosques, pueden encontrarse pruebas de su presencia y · su combate...

La mayoría de ellos y ellas lucharon teniendo como horizonte y objetivo volver a España. A una España a la que pensaban liberar con la ayuda de los Aliados... No fue así. Los supervivientes españoles de esta larga batalla lograron celebrar en el exilio la victoria en la que ellos habían participado... pero no pudieron volver ni a sus tierras, ni a sus casas.

La Red Ponzán

Toulouse, 1944. Francisco Ponzán comprendió que iba a morir.

Desde que fue detenido el 28 de abril de 1943, esperaba su juicio entre los muros de la prisión Saint-Michel de Toulouse por un asunto menor de papeles falsos. Durante muchos meses tuvo la esperanza de que sus compañeros —los ingleses, franceses o belgas con los que trabajaba— lograrían salvarlo. Poco a poco había ido perdiendo esa esperanza.

Unos meses antes de ser asesinado, supo que esta vez no escaparía, que su combate lo había convertido en enemigo de muchos. Ahora, además, una parte del movimiento libertario español también lo había abandonado, reprochándole su relación con los servicios secretos británicos, franceses y belgas y considerándolo «elemento indeseable y sospechoso».

La época de duda y deshonor que se había ido instalando en el país estaba lejos de la Francia pionera en resistencia en la que el aragonés se había implicado y en la que se había desenvuelto con gran eficacia. La Francia de 1944 se había convertido en un turbio conglomerado de intereses y manipulaciones, en «un mundo de sospechas y traiciones, de calumnias, de agentes dobles y de confidentes».[1]

El 2 de junio de 1944, el prisionero Ponzán escribió una carta a Palmira Pla, la mujer que amaba, en la que le pedía con firmeza y fatalismo, temiendo por ella, no seguir haciendo gestiones para su liberación porque «... mis enemigos son superiores a tus fuerzas...».[2]

Pocos días antes, en su celda, Paco Ponzán había redactado su testamento y lo había entregado a su hermana Pilar, su gran colaboradora. Una de las cláusulas especificaba: «Deseo que mis restos sean trasladados un día a tierra española y enterrados en Huesca... al lado de mi maestro, el profesor Ramón Acín y de mi amigo Evaristo Viñuales».[3] Su deseo no pudo cumplirse.

Tiempo atrás...

Fue largo el camino de lucha en Francia desde aquel 10 de febrero de 1939 en que, dejando atrás un trozo de su historia, Francisco Ponzán atravesó la frontera pirenaica como uno más entre los miles y miles de combatientes vencidos por la coalición de cuatro ejércitos. Atrás dejaba un largo combate por la libertad, la sangre que había corrido y el silencio de tantos muertos. Entre ellos el de su querido y admirado Ramón Acín (anarquista, maestro, dibujante, escultor, escritor y hombre de gran cultura).

Conocido como «Paco», «Gurriato» o «el Gafas», por

1. Víctor Juan, «Paco Ponzán o el beso del olvido», *Qriterio Aragonés*, 11 de agosto de 2004.

2. Antonio Téllez, *La red de evasión del grupo Ponzán*, Barcelona, La Lletra SCCL Virus, 1996, p. 340.

3. Víctor Juan, *Por escribir sus nombres*, Zaragoza, Prames, 2007, p. 18.

su miopía, y más tarde como «François Vidal», Francisco Ponzán era un aragonés circunstancialmente nacido en Oviedo, donde trabajaba entonces su padre. La familia de seis hijos se instaló poco después en Huesca, villa natal de su madre, mujer de gran religiosidad, recordada por todos como persona muy bondadosa. El padre murió cuando él tenía seis años. Hombre culto y de ideas liberales, había estudiado para maestro pero no llegó a ejercer nunca.

Desde muy pronto, el pequeño demostró ser un buen estudiante pero rebelde a su entorno clerical y a la formación religiosa obligada. Acusado de ser un mal ejemplo para los otros alumnos, terminó expulsado de los Padres salesianos y como castigo su madre lo puso a trabajar a los doce años en una librería donde se encargaba de barrer y hacer recados, y donde inmediatamente descubrió a Julio Verne, Dickens y Víctor Hugo, entre otros, y se escondía para leerlos. Casi al mismo tiempo, en un viejo baúl del desván de su casa, descubrió también los libros que habían pertenecido a su padre y se los apropió en secreto: Rousseau, Voltaire, Ángel Ganivet, Joaquín Costa, Anselmo Lorenzo... Sendas diversas para descubrir un mundo más cercano a sus deseos.

El dueño de la librería, que había simpatizado con el muchacho y que apreciaba su inteligencia y su personalidad, no tardó en animarle para que no perdiera el tiempo, dejara el trabajo y prosiguiera sus estudios. Así se lo dijo a su madre, y a los catorce años Paco comenzaba las clases de Magisterio en la Escuela Normal. Allí conoció al profesor Ramón Acín, miembro de la CNT y hombre respetado por todo el mundo, al que admiró enseguida por su gran sensibilidad, su humanismo y su riguroso sentido de la justicia. Con él, Paco aprendió, según su propio testimonio, «la mejor forma de entender el anarquismo». Paco empezó a frecuentar también el Ateneo Cultural Libertario.

A los dieciocho años, siendo todavía discípulo de Ramón Acín, obtuvo su título de maestro y empezó a ejercer en Ipas y en Castejón de Monegros. Más tarde estuvo destinado en varios municipios de La Coruña. En esa etapa, al mismo tiempo que ejercía el magisterio, que descubría su necesidad de compromiso con los obreros, su deseo de lucha contra la explotación y sus ansias de libertad, participaba en mítines, huelgas y algunos sabotajes. Comenzó también a conocer la cárcel. Fue detenido en 1930 tras la sublevación de Jaca y encarcelado en 1932 por apoyar a obreros en huelga. Tras la insurrección libertaria de diciembre de 1933 (huelga general acompañada por la acción de milicias armadas que pretendían implantar el comunismo libertario) fue detenido en Zaragoza y poco después acusado de nuevo de facilitar la fuga a diez presos de la cárcel de Huesca. Esto le costó algunos meses más de cárcel. Después volvió a sus clases en Galicia.

En julio de 1936 regresó a Huesca, donde le sorprendió el golpe de Estado militar. Ponzán fue inmediatamente partidario de defender la República con las armas. Su impulso espontáneo y combativo fue atenuado en aquel momento por Ramón Acín, que le incitó a esperar acontecimientos. Pero pocas horas después ya fue demasiado tarde. Evaristo Viñuales, también alumno de Acín, maestro y gran amigo de Paco, diría más tarde: «A Ramón Acín... le repugnaba profundamente la violencia, el derramamiento de sangre, motivo que sin duda no le dejó ser lo enérgico e inflexible que debiera haberse mostrado ante la gravedad del momento...».[4]

Frente al peligro inminente, Paco Ponzán tuvo que salir de la ciudad oscense, donde los facciosos lo iban buscando. Unos días después, Ramón Acín fue arrestado por los Camisas Negras (comandos legionarios de tropas voluntarias

4. «Los que no mueren», *Nuevo Aragón*, 9 de marzo de 1937.

italianas concentradas en Aragón y con su mando militar en Zaragoza) en circunstancias dramáticas, y el 6 de agosto, fusilado delante de las tapias del cementerio de la ciudad. Unos meses más tarde, Ponzán publicaría en el periódico *Nuevo Aragón* de Caspe una carta de homenaje póstumo a su maestro. Algunos párrafos decían: «A ti, Ramón, mi Maestro bueno... con tu ejemplo señalaste la trayectoria de mi vida... me iniciaste en la senda de todas las rebeldías... en la adolescencia, en aquel velador de un café oscense, me dijiste con palabras que nunca se olvidan, que jamás me arrastrara como la oruga a lo largo de la estaca buscando medrar...». El dolor por la muerte de Ramón Acín acompañó a Ponzán hasta el final de su vida.

Unido a otros compañeros, Paco comenzó enseguida a requisar armas y a enfrentarse a las columnas del ejército rebelde, aun sabiéndose en inferioridad de condiciones; pero pronto tuvieron que reconocer que los golpistas y los miles de italianos eran mucho más fuertes y estaban mucho mejor armados. Ponzán se refugió en la zona leal a la República.

Nombrado consejero de Transportes y Comunicaciones en el Primer Consejo de Defensa de Aragón (entidad administrativa creada durante la Segunda República, cuyo control se extendía sobre la mitad oriental de Aragón y que estaba bajo la influencia mayoritaria de los anarquistas de la CNT, aunque en el Gobierno participaban representantes de otras tendencias y partidos), más tarde asumió el cargo de subsecretario de Información y Propaganda en el Consejo, cuyo departamento dirigía el maestro cenetista Evaristo Viñuales, al que le unía una gran amistad. Los dos amigos dimitieron juntos unos meses después y Ponzán se reincorporó a la Columna Confederal Roja y Negra, organizada por la CNT en Barcelona y que iría al frente de Aragón convertida en 28.ª División, formada por las columnas Ascaso, Aguiluchos y Roja y Negra. De esta última brigada era comisario Evaristo Viñuales.

Negándose a vestir uniforme militar, Paco prefirió enrolarse poco después en el grupo de guerrilleros Los Libertadores, adscrito a la 127.ª Brigada del comandante anarquista Máximo Franco (de familia acomodada, Máximo Franco trabajaba como barbero y colaboraba en varias publicaciones libertarias; se suicidó en el puerto de Alicante junto a su amigo Evaristo Viñuales para no caer en manos de las tropas franquistas), y en agosto de 1937 aceptó ponerse al frente del Servicio de Inteligencia o de Información Especial Periférico (SIEP), central de información creada por los libertarios en el frente de Aragón. El SIEP se encargaba de recoger información para objetivos estratégicos y tenía como misión introducirse en terreno adversario, elaborar informes sobre la situación de los destacamentos enemigos, realizar sabotajes y pasar a zona republicana a personas perseguidas. Su gran eficacia y el coraje que demostró lo llevaron a ser nombrado teniente del X Cuerpo de Ejército del Este, que cubría el frente de Aragón desde la frontera hasta el sur de Huesca, actuando en el Servicio de Información. Ponzán y su grupo de acción, doce agentes —nueve de ellos anarcosindicalistas y tres de UGT (Unión General de Trabajadores)—, establecieron su base en Barbastro/Seo de Urgel. El jefe del X Cuerpo en el que actuaban era el comunista Miguel Gallo Martínez, que había sido gran amigo de Fermín Galán (Gallo participó con el rango de capitán en la sublevación de Jaca con los hermanos Galán).

En Caspe, «en el desconcierto y el dolor de la guerra», como escribiría Víctor Juan sobre él, Ponzán conoció a Palmira Pla, una maestra que había llegado de Teruel para responsabilizarse de las colonias escolares en la zona de Benasque, en Huesca. Ponzán comprendió enseguida que Palmira iba a ser la mujer de su vida. Con ella compartió algunos sueños. Otros no llegaron a ser posibles. La guerra estaba ahí y el desigual combate contra la coalición de Franco, Hitler, Mussolini y Salazar aplastaba toda esperanza. La derrota no tardaría. A finales de enero de 1939, el triunfo de las tropas franquistas en Cataluña anunció sin remedio el final.

La Retirada

Miles de combatientes y de civiles republicanos de todas las regiones de España, hombres, mujeres y niños de todas las edades y condiciones, muchos de ellos gravemente heridos, salieron hacia Francia en masa, provocando un éxodo sin precedentes en el país. Un éxodo que todo el mundo conocería como «la Retirada».

Una inmensa marea humana, individualmente, en familia, por pequeños grupos o grandes formaciones, con el dolor o el espanto de la derrota dibujado en los rostros, huía hacia la frontera francesa. La mayoría llegó hasta allí arrastrándose bajo la lluvia y la nieve, sorteando los cadáveres y los cuerpos inertes de los que se derrumbaban, incapaces de continuar, esquivando vehículos, paquetes y toda clase de objetos abandonados en el camino. Los aviones enemigos, con su carga de muerte, los persiguieron hasta la frontera.

En los puertos fronterizos, los largos cortejos de heridos, ancianos, mujeres, niños y soldados, fueron acogidos por gendarmes y soldados coloniales senegaleses «armados hasta los dientes», según diversos testimonios. En pocas semanas entraron en el país galo más de 500.000 republicanos españoles. El Gobierno de Daladier, a pesar de numerosas advertencias, entre ellas la de su propio consulado en España, solo había previsto algunos barracones para acoger a poco más de 6.000 refugiados. La realidad desbordó de forma trágica todas las soluciones inmediatas.

En territorio francés, los recién llegados fueron separados de amigos y familias, y encerrados al aire libre en numerosos campos cercados por barreras de alambres de espino. Hambre, sed, frío, desesperación, humillación, brutalidad, fueron las primeras experiencias francesas vividas por una gran mayoría de refugiados.

Poco a poco, esos espacios concentracionarios fueron reservados exclusivamente para los milicianos y los soldados, y gran parte de la población civil fue dirigida hacia otras zonas del interior del país, a otros centros de acogida (campos con barracones, antiguos conventos, prisiones, casas o escuelas abandonadas), organizados a través de más de setenta departamentos franceses y donde la disciplina y el orden fue más o menos duro, según la hostilidad o la solidaridad del personal y la dirección. Muchos españoles recordarían numerosas muestras de acogida y fraternidad, y otros muchos, humillaciones, abusos y rechazos.

Todavía en España, con la caída del frente del Este, los agentes del Grupo Libertador dirigido por Ponzán e instalados en su base de Seo de Urgel, quedaron aislados y sin ningún contacto con el Estado Mayor, del que dependían. A todos les costó aceptar la derrota pero no quedó alternativa: el país estaba exhausto, roto y vencido. Tuvieron que decidir y aceptar salir de España, mezclados con la inmensa masa que caminaba hacia el exilio. Antes habían escondido varios depósitos de armas y organizado enlaces y bases de apoyo que deberían poder servir para continuar la lucha en el momento que fuera posible. Después se dispersaron. El 10 de febrero, Paco Ponzán atravesaba la frontera por Bourg-Madame con dos compañeros, algunos milicianos rezagados y varias mujeres con algunos niños.

Francia, 1939

En suelo francés, apiñado entre miles de españoles y a la espera de decisiones oficiales, Paco consiguió encontrar a sus compañeros y reunirse con los hombres que habían formado con él el Grupo Libertador en Seo de Urgel. Su «tribu», como él los llamaba. Entre ellos, Huet, Remiro, Zafón... Todos se mostraron contentos por el reencuentro. Más tarde se encontrarían de nuevo en la Red Ponzán y en la Red Pat O'Leary. Juntos esperaron el dictamen del Gobierno francés. Las órdenes no tardaron.

Ponzán y todos sus compañeros fueron seleccionados como «elementos peligrosos para el orden público» e internados en el campo de concentración de Le Vernet, en la región de Ariège, al norte de Pamiers, considerado uno de los más duros de todos los campos implantados por el suroeste francés. Allí serían enviados también, entre muchos otros, Arthur Koestler, Max Aub y una mayoría de miembros de la antigua Columna Durruti.

Los guardianes del campo de concentración pertenecían a destacamentos senegaleses que obedecían órdenes a rajatabla con el fusil en el brazo y la bayoneta calada. Algunos no dudaron en utilizarlos contra los internados. Los españoles no les hicieron fácil la vida después. Estos guardianes no tardaron en ser sustituidos por otros destacamentos de soldados, tan duros como prudentes.

A finales de febrero, cuando Josep Ester i Borràs (catalán y miembro del Comité revolucionario de Berga, se enroló en la Columna Tierra y Libertad y combatió en todo el frente de Aragón, Madrid y Cataluña; luego fue internado en Argelès y Le Vernet, de donde se escapó, y trabajó en la Red Ponzán-Pat O'Leary antes de ser detenido y enviado al campo de Mauthausen; fundó la Federación Española de Deportados e Internados Políticos, o FEDIP; fue oficial de la Legión de Honor francesa y sería condecorado por las fuerzas inglesa y estadounidense por su acción en la Resistencia) llegó al campo de Le Vernet, este era todavía una pradera rodeada de alambradas con púas: «A la izquierda se divisaban algunas barracas construidas con ladrillo y cemento, sin duda vestigios de un campo militar o de internamiento de la guerra de 1914 a 1918. A la entrada, unas garitas para los centinelas y un poco más adentro, un dispositivo provisto de altavoces, desde el que se hacían los anuncios destinados a los internados. Luego supimos que Francisco Ponzán, el bien conocido militante anarcosindicalista de Aragón, era el encargado de hacer los anuncios y que además dirigía alocuciones destinadas a dar ánimos y esperanzas a los internados, a los que invitaba a la solidaridad y la fraternidad entre ellos».

Al llegar al campo, el mando francés pidió voluntarios que conocieran el trabajo de carpintero para levantar las barracas de madera donde dormirían los miles de exiliados que iban llegando, y Paco no dudó en presentarse como candidato aunque no conocía nada de ese trabajo. Fue elegido y organizó inmediatamente una «compañía de carpinteros», una variopinta cuadrilla que trabajaba y recibía una doble ración de comida, algo que les permitía ayudar a muchos otros. Ponzán fue nombrado responsable del equipo.

La buena relación inmediata de Ponzán con una mayoría de los internados facilitó que la dirección del campo le nombrara portavoz de información y que pudiera dirigirse a todos los hombres a través del micrófono para dar notificaciones diversas. Dos meses después, la voz de Ponzán seguía emitiendo regularmente notificaciones por los altavoces del campo y transmitiendo mensajes personales, colectivos o de carácter general, o bien tratando de animar a mantener la esperanza en aquel lugar desolador.

A finales de marzo comenzó a funcionar en Francia un servicio de ayuda a refugiados españoles, denominado SERE (Servicio de Evacuación de Refugiados Españoles) que organizaba la repatriación a España o la emigración colectiva subvencionada a diversos países de América. A Ponzán le propusieron salir para México, algo que la mayoría de los exiliados deseaba e iba solicitando desesperadamente. Paco dio las gracias pero no aceptó. «No se me ha perdido nada en México. Mi puesto está en España o cerca de ella.»

El aragonés eligió seguir en el campo de concentración con sus amigos y con la miseria que les rodeaba, formando parte de aquella «escoria de la tierra» de la que hablaría más tarde Arthur Koestler. El escritor, prisionero en ese mismo campo, describiría más tarde en una de sus obras el entorno que les rodeaba: «El campo de Le Vernet tiene una extensión de unas veinte hectáreas. La primera impresión que da al acercarse es la de un laberinto de alambradas. Las alambradas dan una triple vuelta al campo y lo cruzan en varias direcciones, con trincheras paralelas. La tierra es árida; pedregosa y polvorienta cuando está seca, se convierte en un barrizal que llega hasta las rodillas cuando llueve y en un conglomerado de duras protuberancias cuando hiela». Luego añadía: «La mayoría de los prisioneros... trabajaban en harapos y con calzado sin suelas, a temperaturas de varios grados bajo cero y dormían sin mantas hasta cuando la saliva se helaba en el suelo». Terminaba su descripción con una denuncia sin reparos: «... en lo que respecta a comida, alojamiento e higiene, Le Vernet estaba muy por debajo de los campos de concentración nazis».[5]

Todavía en el campo, Ponzán recibió la noticia de la muerte de su amigo Evaristo Viñuales: se había suicidado

---

5. Arthur Koestler, *Escoria de la tierra*, Buenos Aires, Editorial Sudamericana, 1943.

esperando los barcos que no llegaron, en el puerto de Alicante, junto a su amigo Máximo Franco, unos minutos antes de que entraran las tropas franquistas. Los dos se habían dado fuerte la mano izquierda y empuñando la pistola con la derecha, apretaron el gatillo. Viñuales había dicho antes de disparar: «Esta es nuestra última protesta contra el fascismo». Gesto de desesperanza y de libertad que Ponzán recibió con un dolor profundo y que guardaría como una herida perpetua.

Principios de resistencia: la Red Ponzán

Unas semanas después, Paco se fugaba del campo de concentración. Un contacto le había conseguido un contrato para trabajar en el cercano pueblo de Varilhes. Jean Bénazet, alias «Piston», que había sido elegido consejero municipal durante el Frente Popular, un hombre respetado por todos y dueño de un garaje, no dudó en ofrecerle su ayuda. Bénazet era uno de los franceses que no aceptaron la derrota francesa. De forma tajante no aceptaba ni a Franco, ni a Hitler, ni a Mussolini... Ni después a Pétain. Entre Piston y Ponzán se generó enseguida una gran confianza y estima mutuas.

Oficialmente, Ponzán comenzó a trabajar en el garaje, pero su relación cómplice con Piston iría mucho más lejos. Su ayuda fue esencial en aquel momento en el que para Ponzán lo más importante era hallar medios para ayudar a los compañeros que habían quedado en España y salvar el máximo de vidas posible, exponiendo la suya si era necesario y la de los que secundaban su proyecto.

Bénazet conocía muy bien la región, de la que era oriundo, las escarpadas montañas pirenaicas y los lugares más accidentados e intransitables, y con Ponzán y su «tribu» pusieron en marcha el proyecto de una red de compañeros y de guías que pudieran franquear esas montañas y salvar a gente amenazada en Francia o en España. La mayoría de los hombres de la nueva «tribu» que iban reuniendo eran aguerridos militantes libertarios conocedores de la región española o francesa, de las sendas de trashumancia, hombres capaces de escalar picachos de casi 3.000 m de altura con el riesgo de despeñarse a cada paso, de atravesar bosques y ríos, andando de noche, afrontando borrascas y situaciones límite, con la fortaleza interior necesaria para no desfallecer en las situaciones más comprometidas. Para todos ellos la guerra española no había terminado y presentían que se acercaban tiempos más oscuros.

La noticia del pacto germanosoviético, firmado el 23 de agosto de 1939,[6] cayó como una bomba entre los refugiados y confirmó la gravedad del momento. Para Ponzán se hizo evidente que una nueva guerra estaba muy cerca y que la vida de los refugiados se anunciaba aún más dura y peligrosa. Sobre todo al ir observando que una mayoría de militantes comunistas aceptaba someterse a las órdenes de Stalin, respetaban el pacto firmado con el dictador nazi y decidían no combatirlo. Otros militantes, sobre todo españoles, lo vivieron como una traición y muchos de ellos no dudaron en romper sus carnets del partido.

Como muchos habían temido, pocos días después, el 1 de septiembre de 1939, Hitler atacó Polonia, y el 3 de septiembre, Inglaterra y Francia, respetando acuerdos bilaterales, declaraban la guerra a Alemania. Ponzán resumió la nueva situación de forma lapidaria: «No es la patria france-

6. Un conjunto de acuerdos diplomáticos y militares entre Hitler y Stalin, entre los que destacaba un acuerdo de no agresión y un protocolo secreto para anexionarse y repartirse diversos países y territorios cercanos, como Finlandia, Polonia, los países bálticos y la Besarabia.

sa la que está en peligro, ni la libertad de Francia, son la libertad, la cultura y la paz mundiales las que ahora están en juego».

Más decididos que nunca a continuar la lucha contra Franco, a combatir las nuevas amenazas totalitarias y a desbaratar por todos los medios —infiltraciones, sabotajes y muertes si era preciso— las actividades de los nazis, Ponzán y Bénazet impulsaron con más fuerza la selección de un buen equipo de hombres. Varilhes se convirtió muy pronto en el cuartel general de la organización.

Con los servicios secretos británicos contra el nazismo

Los servicios secretos británicos, que funcionaban en Francia desde hacía muchos meses vigilando lo que ocurría en España, no tardaron en contactar con ellos. Un oficial británico conocido como Marshall, que habitaba en los alrededores de Foix (Ariège) y que había creado y dirigía el servicio secreto de Acción de la Military Intelligence Service en el departamento del Ariège, había oído hablar de Ponzán a través de su secretario e intérprete catalán José Estévez Coll, un oficial de la Marina española que había sido comandante de la flotilla de lanchas torpederas de la escuadra republicana, que se había refugiado en Inglaterra y trabajaba con ellos.

El contacto fue fructuoso, a pesar de que Ponzán no estimaba demasiado a los ingleses, reprochándoles el abandono de la República española, pero ahora se trataba de combatir contra el nazismo y el fascismo. Los hombres se vieron varias veces, tanto en Foix como en Varilhes, y acordaron trabajar juntos tras llegar a un acuerdo. Ponzán había pedido, a cambio de sus servicios, armas, dinero y documentos y pases falsos para luchar contra Franco y poder ayudar a los presos en España. Palmira Pla lo contaría también mucho después en su libro *Momentos de una vida*: «Paco me contó que estaban organizando con el Servicio de Inteligencia inglés un trabajo para "su tribu", nombre dado a los hombres que trabajaban con él. Me dijo que era un trabajo fácil y especialmente provechoso pues serviría los intereses de los Aliados contra Hitler».

Para organizar el trabajo con los compañeros del Alto Aragón y preparar allí los dispositivos solidarios que deberían servir para continuar la lucha, ligada a la de Francia e Inglaterra, Ponzán organizó un viaje y atravesó la frontera pirenaica por las montañas, haciendo uno de los caminos que iban a seguir sus hombres. Fue un viaje especialmente difícil para él, dada su acentuada miopía. Los compañeros le ayudaban, admirando su coraje. En ese viaje habían organizado también la posibilidad de una incursión dirigida a liberar presos confederales en Zaragoza y sobre todo a uno de sus grandes amigos, Manuel Lozano Guillén, al que no pudo salvar de la ejecución.

En el curso de esa acción, enfrentándose a la policía franquista, Ponzán fue gravemente herido en Boltaña (Huesca). Sus amigos consiguieron rescatarlo y esconderlo en la montaña, en una cueva aislada y de difícil acceso, donde pasó varias semanas recuperándose hasta que pudo volver a Francia, acompañado de nuevo por sus compañeros, atravesando los escarpados caminos que iban a cruzar diariamente sus hombres. Antes de regresar, con algunas de las armas que habían escondido participó con éxito en una serie de atentados y golpes de mano contra las fuerzas franquistas.

Como Ponzán había convenido con Marshall, el oficial inglés, este le entregó a su hermana Pilar una elevada cantidad de dinero y dos aparatos de radio. La cadena de evasión se puso en marcha enseguida con una quincena de guías temerarios, experimentados y motivados. Las primeras expediciones se programaron principalmente por Andorra, por Oseja o por Banyuls y terminaban a la puerta de los consulados en Barcelona o Madrid. Los itinerarios se decidían después de haber sido escrupulosamente estudiados por Ponzán y los guías, y teniendo en cuenta la edad y la resistencia física de los candidatos.

La invasión de Francia por el ejército alemán, en mayo de 1940, y la firma del armisticio, en junio, aumentó el peligro para los adversarios de Hitler... Ponzán decidió abandonar Varilhes e instalarse en Toulouse, que, además de estar cerca de España y los Pirineos, era una ciudad más grande, la capital económica de la región, y se había convertido en el centro de la diáspora libertaria. Allí la primera vivienda del grupo fue una mísera habitación sin electricidad donde vivieron durante algunos meses. Como todos, Ponzán dormía en el suelo, tumbado sobre su abrigo. El dinero inglés les permitió poco después alquilar una gran casona en las afueras de la ciudad y poder instalar la infraestructura necesaria para organizar los pasajes, esconder a muchos compañeros en apuros y prever todos los detalles que podían resultar vitales para unos y otros.

Las peticiones de evasión se fueron multiplicando. Tras el incremento de las acciones de guerra, aumentó la demanda de los servicios especiales aliados, encargados de socorrer a sus agentes o ciudadanos en peligro: los aviadores caídos en territorio francés tenían que ser rescatados, escondidos, alimentados y acompañados luego hasta ser recuperados por sus propias fuerzas. Formar un buen piloto no era fácil en aquellos tiempos y cada uno de ellos representaba un importante capital de guerra que la autoridad militar británica no podía resignarse a perder.

La eficacia de su organización, con un mínimo de pérdidas humanas, fue acrecentando la demanda. Pese a las enormes dificultades y riesgos que tenían que afrontar, el Grupo Ponzán se activaba para poder salvar un máximo de aquellos hombres y mujeres amenazados. De regreso de España, sus hombres llegaban siempre también con gente perseguida allí, muchos de ellos salvados de una condena a muerte. Aquellos guías expertos y valerosos, anónimos en su mayoría, hacían un trabajo especialmente difícil, soportando las inclemencias del tiempo y las horas de marcha continua por montañas escabrosas y con gran peligro, teniendo que llevar a veces sobre sus hombros a hombres, mujeres o niños extenuados por la fatiga, para no dejarles perecer de hambre o agotamiento en el camino.

El avance de los nazis y la instalación del régimen de Pétain, que anunciaba la extensión del peligro, hizo que los ingleses se decidieran a recuperar a algunos de sus agentes especiales destinados en Francia y ordenaron al capitán Marshall que volviera al Estado Mayor en Inglaterra. Los británicos organizaron su viaje de vuelta a las costas inglesas en un submarino que saldría de Burdeos, adonde el capitán tenía que llegar acompañado por Robert Terres, el «teniente Tessier», un joven oficial francés de veintisiete años, alto cargo de los servicios secretos franceses, con el que Marshall había trabajado estrechamente.

Terres lo acompañó en coche hasta la entrada de la ciudad. En el camino, como regalo de excepción, Marshall le propuso quedarse con «sus españoles», asegurándole: «Son los mejores agentes que he tenido en mi vida. Siento mucho dejarlos así ahora... desamparados. ¿Aceptaría usted integrarlos en sus servicios?». Marshall añadió algunas consideraciones muy positivas y le dijo que si quería ver a Vidal (nombre por el que conocía a Ponzán), el jefe de esos hombres, él ya le había hablado de esa posibilidad de colaboración. También le dijo que Vidal no tenía ninguna simpatía particular hacia los ingleses, que los consideraba al mismo nivel que los franceses, pero que, frente al fascismo y al nazismo, había tomado una posición clara y concreta a favor de los Aliados. «Para él, su tablero es España», concluyó. Terres solo le prometió que se pondría en contacto con él... Mucho más tarde, en un libro que publicó en 1977, el jefe de los servicios secretos franceses citaba ampliamente a Ponzán, manifestando por él una sincera admiración.[7]

Con los servicios secretos franceses

En su libro, Terres explicaba el primer encuentro que tuvo con Ponzán. Fue a primeros de agosto de 1940 y Terres confesaría: «... emanaba de él una autoridad tranquila que casi me turba... era un hombre sorprendente: proscrito, anarquista, luchador, aguerrido, algo terrorista y algo contrabandista. Bajo una frente bombeada e incipiente calvicie, más bien parecía un joven profesor, con sus gafas de armadura de concha, sus rasgos finos y puros, su sonrisa aparentemente algo tímida...». Luego añadía: «Tuve la impresión de que sus hombres, sentados a nuestro alrededor, estaban dispuestos a seguirlo hasta donde él quisiera, subyugados por ese magnetismo, esa inteligencia penetrante, esa autoridad natural, propia de los que mandan como respiran, sin esfuerzo, sin necesidad de imponer...». Tuvieron una larga conversación y después Terres le ofreció trabajar juntos, a pesar de contar con pocos medios para pagarles. Tras una concreta y rápida negociación, Ponzán y su «tribu» aceptaron. El trabajo continuó eficazmente bajo la órbita de los servicios secretos franceses. Robert Terres pasa-

7. Robert Terres, *Double jeu pour la France, 1939-1944*, París, Grasset, 1977.

ría a ser conocido por todos los españoles con el seudónimo «el Padre».

En marzo de 1941 los servicios secretos ingleses, a través de uno de sus hombres, Ian Garrow, contactaron de nuevo con Ponzán para proponerle volver a trabajar con ellos. Garrow, un capitán escocés de la Highland Light Infantry, se había evadido del campo de prisioneros de guerra de Saint-Hippolyte-du-Fort (Gard). En contacto con resistentes franceses y belgas, disponía ya de una red extendida por Holanda y Bélgica, con agentes encargados de auxiliar a soldados y civiles aliados. Garrow, bloqueado y prisionero en Francia tras la Operación Dinamo (gigantesca operación militar de salvamento llevada a cabo por los ingleses desde Francia y en la que conseguirían escapar más de 338.000 hombres), se había instalado en Marsella y había organizado desde allí una red de evasión —bajo cobertura francesa pero creada por los ingleses— del personal militar británico que no había podido ser evacuado.

Ponzán aceptó la colaboración con Garrow, que duró poco tiempo porque el capitán fue detenido en Marsella en junio de 1941. Tras su caída, la dirección del grupo fue asumida inmediatamente por Albert Guérisse, alias «Joseph Cartier», uno de los mejores agentes del Intelligence Service, oficial y médico belga, que adoptaría el nombre clandestino de «Pat O'Leary». Ponzán, tras el encuentro con el nuevo dirigente, aceptó continuar el trabajo con los servicios británicos, y la nueva red clandestina, ampliada en su radio de acción, se conocería con el nombre de Red Pat O'Leary.

Con esta nueva red, el equipo de Ponzán, hombres y mujeres, atravesando montañas o por pasajes marítimos, ayudó a exfiltrar a más de 1.700 perseguidos por los nazis, en su mayoría pilotos derribados en los combates en Francia y soldados de las tropas aliadas, pero también centenares de personas de diversas nacionalidades en peligro, a los que la red española conducía luego hasta las fronteras de Portugal o Gibraltar, desde donde podían salir para Inglaterra. A esos guías de coraje indiscutible les incumbía también el remontar la moral de las personas que les eran confiadas, cuidándolas, disimulándoles los verdaderos peligros que surgían durante la marcha, privándose a veces de mantas, de comida y de bebida para dárselo a ellos, teniendo incluso que llevarlos a cuestas en muchos momentos. Pilar Ponzán, al lado de su hermano, sería una de las personas clave de esta organización metódica y precisa que había comenzado a funcionar como grupo reducido y que se convirtió en una de las redes de evasión, información y correo más importantes de la Segunda Guerra Mundial.

En una carta dirigida en 1971 a la conservadora del Centro Jean Moulin de Burdeos, Albert Guérisse le confirmaba que Ponzán-Vidal había pertenecido a su red como jefe del grupo de pasaje, que él mismo se había beneficiado de su «preciosa ayuda» y que era, sin duda, un gran personaje: «Estábamos muy unidos a pesar de que él era anarquista y de que yo era "un inglés"», concluía.

Además de la Red Pat O'Leary, una veintena de redes de evasión funcionaron con éxito entre Francia y España, casi todas integradas por numerosos españoles, entre ellas las conocidas como Gallia, Sabot, Reseau Maurice, Talion, Buckmaster o Comète. Entre todas habrían logrado pasar más de siete mil personas. Ponzán mantuvo contacto con casi todas ellas pero la Pat O'Leary sería la más famosa y la que también seria conocida como «Red Ponzán».

La antena marítima

Las dificultades que surgieron para evacuar a tanta gente como lo solicitaba llevaron a los españoles a poner en marcha la posibilidad de efectuar expediciones por mar. Los primeros intentos se realizaron desde las cercanías de Canet-Plage y, a pesar también de muchas dificultades, hasta el final de la guerra conseguirían salvar a centenares de personas de diversas nacionalidades, entre ellas oficiales superiores, incluidos varios generales. De esta antena marítima se encargaron dos de los mejores amigos de Ponzán, Manuel Huet y Juan Zafón —también del Grupo Libertador—, junto con sus respectivas compañeras, Lucía Rueda y Segunda Montero, alias «Conxita», que tenían a su cargo a una docena de colaboradores de militancia libertaria, algunos de ellos procedentes de la Resistencia francesa.

Manuel Huet era un cenetista catalán, mecánico, que vivía en Sète. Había sido capitán-jefe de la 1.ª Compañía del 7.º Batallón de Transportes Militares del Ejército Republicano durante la guerra española y se había encargado del traslado de heridos y del transporte de las cajas del Tesoro Artístico Nacional hasta Perpiñán. Después trabajó en la vendimia, cerca de Béziers, y en otros trabajos de supervivencia hasta que en 1940, gracias a sus conocimientos de mecánica, le contrataron para ocuparse del motor de una vieja motonave que había estado a punto de ser desguazada, el *Dora*, con pabellón de Panamá y que pertenecía a dos hermanos griegos, uno de los cuales era el capitán del barco. Huet fue contratado para navegar hasta Casablanca. En ese barco trasladaron —lo supo después— a una docena de miembros de la Cámara de Diamantistas de Amberes que viajaban con sus esposas. Todos se movían con una pequeña maleta de piel que llevaban atada a la muñeca con una cadena y que Huet suponía repletas de diamantes. El *Dora* regresó a Sète en diciembre de 1940 y Huet siguió contratado para realizar pequeños viajes. En el verano de 1941, junto a su compañera Segunda Montero, pudieron restablecer contacto con Ponzán, que, cuando supo que vivían en un puerto de mar, tras una pequeña entrevista les propuso que colaborasen con él y con su equipo. Así lo explicaba el propio Huet:

> Paco me dio una cantidad de dinero, encargándome que gestionase la compra de una embarcación con motor capaz de franquear el cabo de Creus y que pudiese llevar veintitantas personas por viaje hasta las costas catalanas o valencianas... Tuve que asesorarme bien y cubrir las apariencias con cautela pues la Gestapo andaba merodeando por las instalaciones del puerto, de acuerdo con la policía de Vichy.[8]

La compañera de Huet, Conxita, serviría de enlace con la Red Ponzán y así fue cómo nació la antena marítima de la Cadena Pat O'Leary, integrada también por Juan Zafón, otro de los hombres de confianza de Ponzán, y su compañera Lucía Rueda, que contribuyeron al éxito de las fugas. Zafón había sido combatiente de la Columna Durruti, fue delegado de Información y Propaganda en el Consejo de Aragón. Después de pasar por los Grupos de Trabajadores Extranjeros y de trabajar en la Organización Todt, entró en la Resistencia francesa y participó en los combates de la liberación de París. Luego se fue a México y, tras enfermar del corazón, volvió a España después de la muerte de Franco. Murió en Barcelona en 1977.

Sobre esa eficacia de la antena marítima diría Huet:

> En el año y medio que yo estuve a la cabeza de la antena marítima calculo que saldrían algo más de un millar de fugitivos, desde Sète, o de Canet-Plage, e incluso desde

8. Eduardo Pons Prades, *Los senderos de la libertad*, Barcelona, Flor del Viento Ediciones, 2002, p. 100.

Marsella o Niza. Y sin ningún percance. Naturalmente, a los aduaneros franceses los cuidábamos muy bien.[9]

La red marítima, con base en Pézenas y pronto ampliada con barcos veleros que transportaban naranjas y evadidos a España, funcionó eficazmente hasta finales de marzo de 1943. Pilar Ponzán escribió al respecto: Por aquellos meses se produjo una verdadera avalancha de aviadores aliados por lo que nos vimos obligados a organizar deprisa y corriendo varias expediciones en cuestión de días. Parecía mentira que fuese posible recuperar y poner a salvo a tantos enemigos de los alemanes, caídos del cielo.[10]

En octubre de 1942, supuestamente traicionados por un miembro del grupo, Ponzán, su hermana y cinco de sus compañeros fueron detenidos por la policía y, tras ellos, una cuarentena de personas relacionadas con la red. Ponzán asumió toda la responsabilidad ante la policía francesa, pero esto no impidió que todos fueran de nuevo internados en el campo de Le Vernet, de donde los servicios secretos franceses con los que colaboraban consiguieron sacarlos en unas semanas. Todos los miembros del grupo liberado pudieron reunirse el 31 de diciembre en los sótanos del hotel París de Toulouse gracias a la solidaridad de sus dueños, François y Augustine Mongelard, que convirtieron su establecimiento en una auténtica plana mayor de la Resistencia y en un refugio provisional de los que se veían obligados a huir. Allí cenaron todos juntos y terminaron la noche con canciones revolucionarias. Ponzán, que tenía una

9. *Ibid.*, p. 101.
10. Pilar Ponzán, *Lucha y muerte por la libertad, memoria de nueve años de guerra, 1936-1945*, edición a cargo de la autora, 1996.

voz potente, se atrevió incluso a cantar algunas jotas. Más adelante, los Mongelard fueron descubiertos, detenidos y enviados a los campos nazis. François fue fusilado en el campo de Nordhausen y Augustine pudo regresar al final de la guerra, pero murió unos días después.

La red fue reorganizada rápidamente y las expediciones siguieron a pesar del intenso frío y de que los alemanes habían ocupado la zona sur, la llamada «Zona Libre» (tras la firma del armisticio con los alemanes, Francia quedó dividida en dos por una zona de demarcación, una situación que duró hasta el 11 de noviembre de 1942, cuando, tras el desembarco aliado en el norte de África, Alemania ocupó todo el territorio francés), y redoblaban la vigilancia ayudados por perros bien adiestrados. Esas dificultades no impidieron que los hombres de Ponzán mantuvieran una gran actividad y eficacia en toda la región tolosana. Algo que no iba a durar. Al mismo tiempo que diversos partidos políticos se instalaban en el territorio ahora ocupado por los alemanes, las denuncias se intensificaban y los grupos caían uno tras otro, tras una metódica cadencia de detenciones.

Pilar fue detenida de nuevo y enviada al campo disciplinario de Brens, en el departamento del Tarn. Allí estuvo hasta el 7 de junio, cuando fue trasladada al campo de Gurs, de donde lograría escapar el 27 de junio.

Una de las últimas expediciones que dirigió Paco fue la del paso a España de dos supervivientes de la Operación Cáscara de Nuez, más conocida como «Gironde Commando» o bien «Operación Frankton», en la que el mayor Herbert George «Blondie» Hasler y el marino William Edward «Bill» Sparks, tripulando una de las cinco piraguas previstas, la *Catfish*, participaron el 6 de diciembre de 1942 en la voladura de cinco barcos mercantes alemanes en el puerto de Burdeos. El Grupo Ponzán les condujo luego hasta Gibraltar, adonde llegaron el 1 de marzo, pasando por Banyoles (Girona), Barcelona, Madrid y Sevilla.

Paco, que no había cesado la actividad a pesar de los peligros, fue también detenido en la calle poco después, el 28 de abril de 1943. Algunos dicen que casualmente y otros aseguran que había sido denunciado. Fue encarcelado en la prisión Saint-Michel.

Principio de eliminación

Esta cárcel, con su aspecto exterior evocando un siniestro castillo medieval, se había convertido en lugar de encierro para los resistentes. Aunque la Gestapo había monopolizado una parte del edificio, la policía y los gendarmes franceses eran los que realmente se ocupaban de los prisioneros. El espacio carcelario no era un simple lugar de detención: procesos y ejecuciones se organizaban regularmente. El mismo Marcel Langer, gran resistente comunista, jefe de la 35.ª Brigada de los FTP-MOI, en la que participaban numerosos españoles, fue guillotinado en el patio de Honor...

Tras su detención, nadie supo de Ponzán durante muchas semanas, hasta que el 9 de julio su hermana Pilar recibió una carta en la que él mismo explicaba que lo mantenían en prisión «por indocumentado» y que pasaría pronto ante el juez. En ese proceso lo condenaron a seis meses de prisión.

Cuando estaba a punto de salir en libertad tras la condena, otro juez lo inculpó de nuevo por «actividades antinacionales». En una carta fechada en noviembre de 1943, Paco escribía a su hermana: «Mi abogado me dice que el procurador no está dispuesto a dejarme cambiar de amo». Meses más tarde, el 23 de mayo de 1944, era aún más pesimista en otra carta: «... mi asunto es feo y cualquier día te dan un susto».[11]

Palmira Pla sufría el exilio en Chartres sin tener noticias de Paco. Solo en la primavera de 1944 se enteró de que estaba encarcelado desde hacía meses. Inmediatamente dejó su trabajo y se desplazó a Toulouse.

El 5 de junio de 1944, por la tarde, Ponzán pasó de nuevo ante el Tribunal correccional. Palmira asistió al proceso. Pudo cruzar unas breves palabras con él: «¿Sabes si mis amigos intentan algo para salvarme?». Palmira no había podido localizar a ninguno de ellos. Lo condenaron a ocho meses de cárcel. Al día siguiente, coincidiendo con el desembarco de Normandía, lo trasladaron de prisión. Se ha dicho y escrito que los que vinieron a por él eran alemanes, o iban con uniformes alemanes, con una orden firmada por Pierre Marty, intendente general de la policía, para que fuera entregado. Es difícil creerlo porque, desde primeras horas de la mañana de ese 6 de junio, los alemanes habían sido concentrados en los cuarteles en espera de órdenes urgentes. El historiador francés Jean Estèbe ha dicho al respecto que «a partir del 6 de junio, solo las grandes expediciones alemanas podían circular, y con intercambio de tiros en muchos tramos».[12] Además, citando dosieres de los Archivos Nacionales con informes del Estado Mayor alemán sobre la evacuación del mes de agosto, añadía: «... los terroristas controlaban totalmente amplios espacios de territorio... La utilización de las carreteras solo era posible para grandes destacamentos... En las Feldkommandanturen aisladas no podían salir de los edificios de servicio sin ser ametrallados... Los territorios controlados por los terro-

11. *Ibid.*, pp. 177-178.
12. Jean Estèbe, *Toulouse, 1940-1944*, París, Librairie Académique Perrin, 1996, p. 271. El documento citado es el AJ-40965.

ristas solo podían ser atravesados por tropas muy numerosas...».[13] En esa situación, es de suponer que para los alemanes en aquel momento los personajes inculpados como Ponzán no merecían ya ningún interés especial, ignorando incluso la dimensión de su combate.

Eran otros los que sí conocían la fuerza del aragonés, los que sí sabían que había sido un resistente antinazi desde los primeros momentos, con ideas muy claras, con redes y contactos influyentes, con amplia información y alguien que no había dudado en combatir de inmediato al nazismo y al fascismo... Sin duda alguna, como muchos otros prisioneros en aquel momento, Ponzán era un testigo incómodo para algunos. Demasiado incómodo para muchos.

Palmira le llevaba ropa limpia y comida a la cárcel de Toulouse. Cosía e intercambiaban mensajes en pequeños dobladillos del forro. El día 17 de agosto le devolvieron la ropa y la comida... A ella y a Pilar Ponzán, que lo buscaban desesperadamente, les dijeron que se lo habían llevado los alemanes, junto a un grupo de una cincuentena de personas. Versión oficial repetida en todos los libros que hablan de Ponzán, adjudicando desde el primer momento a la Gestapo su asesinato... Otras versiones difieren, sin embargo: algunos habían oído hablar un perfecto francés a los soldados «alemanes» y la Gestapo hacía ya muchos días que no se encontraba en Toulouse.

El crimen

En ese contexto de descalabro alemán, el 17 de agosto, a primera hora de la tarde, cuando ya solo quedaban en la ciudad algunas patrullas y destacamentos de retaguardia de

13. *Ibid.*, p. 286.

las tropas alemanas, que no salían de su encierro esperando la orden de retirada, varios camiones Saurer de color gris oscuro se instalaron en el patio central de la prisión. Un supuesto oficial alemán uniformado, que estaba al mando, llevaba una larga lista en la mano. Una serie de prisioneros fueron llamados uno a uno. Un compañero de celda de Ponzán contaría que unos guardianes franceses vinieron a buscarlo solo a él, diciendo que lo iban a trasladar. Ponzán tenía treinta y tres años.

Poco después, la larga cola de prisioneros que habían sido llamados por sus nombres y que habían ido acumulándose en el patio iba encabezada por Ponzán, que hablaba con algunos de ellos. Según el testimonio de uno de los enfermeros de la prisión, él fue al primero que subieron a uno de los camiones. El convoy, con algo más de cincuenta presos, salió hacia las seis y media de la tarde de la cárcel Saint-Michel y tomó la dirección de la carretera de Albi.

Hacia las siete de la tarde, los habitantes de una casa situada a unos dos kilómetros del pueblo de Buzet-sur-Tarn, a unos 25 km de Toulouse, muy cerca de un camino que desembocaba en un bosque, vieron pasar una caravana de vehículos. Un testigo contaría: «Iba un turismo ocupado por oficiales alemanes, un camión descubierto lleno de soldados de la Wehrmacht que cantaban o gritaban muy fuerte, otros cinco camiones cubiertos con una lona y otro gran turismo ocupado por miembros de la Gestapo...». La caravana se dirigió hacia una zona del bosque llamada En Fournet y paró ante la casa vacía del guardabosques Gaston Ravary, un resistente que había sido fríamente asesinado unos días antes. Los prisioneros fueron encerrados en la granja contigua.

Lo que ocurrió después está descrito en el informe PV 203 establecido por los gendarmes, basado en el testimonio del suegro de Ravary, que, escondido cerca, asistió al principio del suplicio antes de lograr escapar aterrorizado:

Tras haber preparado tres grandes pilas de leña, les prendieron fuego. Después fusilaron a todos los prisioneros y los fueron arrojando a las hogueras. Algunas de las víctimas que no estaban muertas, lanzaban gritos aterradores y para atenuarlos los alemanes cantaban a gritos. Las fogatas ardieron toda la noche, alimentadas por los soldados que iban echando gasolina de vez en cuando. Al día siguiente solamente quedaban huesos...

Aquel anochecer del 17 de agosto, los gritos se habían oído desde lejos, así como las ráfagas de armas automáticas y otras explosiones. Después se había instalado el silencio al mismo tiempo que se extendía un terrible olor de carne quemada. Era el silencio y el olor dejado por una espeluznante matanza. Los cuerpos de las víctimas habían sido rociados con gasolina y quemados en esas enormes hogueras que duraron largas horas, casi toda la noche.

Dos días después, el alcalde de Buzet, Paul Pech, y un médico que había llegado de Béziers se atrevieron a llegar hasta el lugar del asesinato y se encontraron con un espectáculo dantesco. Además del terrible olor a gasolina y a restos de cuerpos quemados, la granja había sido incendiada y a su alrededor se extendía una amplia zona con los destrozos provocados por las granadas y las ametralladoras, todo cubierto por las cenizas del largo incendio todavía humeante y algunos huesos ennegrecidos que habían resistido al fuego. En sus testimonios, registrados en la alcaldía, explicaban: «En las ruinas hemos constatado la presencia de numerosos restos humanos calcinados y no identificables. A treinta metros de allí había otro montón de cenizas también con restos humanos». Y luego añadían: «Imposibilidad total, incluso para los restos más voluminosos, de fijar sexo o edad de las víctimas».

Los especialistas calcularon, por el volumen de residuos,

que habían sido 54 las víctimas. Esos restos fueron enterrados en tres féretros. Entre las cenizas y los diversos restos humanos, encontraron también dientes de oro, una alianza, dos rosarios, una medalla, una cadena, una sortija decorada con insignias vascas, diversas hebillas de cinturones... Todo fue depositado en una caja de cartón y guardado en los archivos municipales de la alcaldía de Buzet, junto con un dosier marcado como «confidencial». Con el tiempo, solo diecinueve personas serían identificadas. Francisco Ponzán entre ellas. Los archivos municipales de Buzet desaparecieron. Nadie parece saber dónde están.

Los vecinos de Buzet hablaron de aquella matanza durante mucho tiempo. El drama siguió presente en la vida del pueblo, donde cada año, el primer domingo de julio, se ha recordado el crimen «perpetrado por los nazis» con grupos de familiares, alcaldes y banderas. Algunos no han dejado de preguntarse, sin embargo, qué interés especial podían tener los «nazis» en hacer desaparecer toda traza de aquella gente, en un momento en que los soldados alemanes que quedaban no se atrevían a salir de sus cuarteles, sabiendo que su propia vida estaba en manos desde hacía semanas de los resistentes locales, bien armados y en plena actividad...

Hasta su muerte, Pilar Ponzán asistió todos los años a los actos de Buzet, junto a otros familiares de las víctimas que también habían podido ser identificadas. Pilar fue una de las personas que más insistió, durante mucho tiempo, para intentar conocer la verdad y los motivos y detalles de lo ocurrido.

Aquella matanza continúa siendo un enigma histórico. Ninguna investigación ha permitido aclarar las incógnitas, ni identificar a los autores, ni se ha obtenido una lista exhaustiva de las víctimas.

Para Françoise Sabatié-Clarac, vecina de Buzet, profesora de historia y autora del libro *Buzet-sur-Tarn, les tragédies sous l'occupation*, la muerte de Ponzán y de las otras víctimas pudo haber sido deseada y premeditada. La profesora de historia pensaba que aquellas víctimas debían de tener informaciones importantes o conocer cosas que los asesinos, o los que dieron orden a los asesinos, no deseaban que se conocieran. En el contexto general de combate en la región y en la caótica situación de fuerzas que se vivía, encontrar a quién adjudicar los asesinatos era fácil.

Para Kurt Werner, historiador iconoclasta y presidente de la asociación Ethic, era evidente que a los alemanes, con su carga de castigos, torturas y asesinatos, se les podían adjudicar algunos más.

Todas las atrocidades podían ser posibles dados los crímenes y barbaridades que efectivamente cometieron los alemanes, pero también el momento de confusión intensa que se vivía permitía que se les pudiera atribuir impunemente otros crímenes. En Toulouse, como por toda Francia en aquel momento de ambiciones, se arreglaban muchas cuentas y se vivía a fondo la traición. No era difícil achacar a otros la desaparición de testigos molestos. Esta forma de eliminar se convertía en el crimen perfecto. En Francia desaparecieron 8.000 personas en aquellos momentos, sin que nunca se haya podido saber nada de ellas.[14]

Fue un crimen perfecto lo que ocurrió en el bosque de Buzet, como pensaba también Monique Attia, ex presidenta del Souvenir Français («Recuerdo Francés») y cuyo padre, Jean Delattre, que tenía entonces veintinueve años, fue probablemente uno de los asesinados el mismo día que Ponzán.

14. Declaraciones realizadas en una entrevista con la autora.

Mi madre no quiso nunca hablarme de aquello, el martirio de mi padre era su gran dolor y su jardín secreto. Pero en los años setenta yo tuve una necesidad imperiosa de saber, y en 1982 mi madre me entregó un sobre en el que estaba escrito: «Para Monique». En el interior, junto a la tarjeta de resistente de mi padre, había una atestación de fallecimiento y una carta de uno de sus compañeros testimoniando su salida de la prisión tras haber sido llamado por su nombre, ese 17 de agosto. Su cuerpo no se encontró nunca pero un antiguo guardián de la prisión me dijo también que lo había visto subir a uno de los camiones que salieron aquella tarde y en los que también iba Ponzán.

Durante años y años, Monique Attia no cesó de buscar en archivos y de interrogar a su alrededor, como lo hizo Pilar Ponzán. Otro de los desaparecidos era Maurice Colle, un aviador de treinta y dos años; y su madre, que vivía en el departamento de los Vosgos, se trasladó a Buzet para seguir buscando junto a Monique y poder estar cerca de los restos mortales de su hijo. Allí, siendo ya mayor, murió y fue enterrada, sin llegar a saber nada más sobre su hijo.

Monique Attia almacenó varios dosieres importantes pero con pocas informaciones sobre lo que le interesaba realmente, que era la respuesta a las preguntas: «¿Qué ocurrió, por qué, quiénes dieron la orden, quiénes lo hicieron? ¿Quiénes tenían interés en ocultar cosas ocurridas durante ese período?». En la búsqueda, alguien le había dicho también que una de las razones de la desaparición de su padre podría haber sido el hecho de haber pertenecido a la Red Ponzán-Pat O'Leary. En 2009, otra persona, Cyprien Elix, un delincuente que con otros cinco prisioneros se había fugado de la prisión Saint-Michel en agosto de 1978 a través de un túnel, le contó que cuando excavaban ese túnel en el subsuelo de la prisión encontraron una zona con huesos y cráneos, diseminados junto a una enorme capa de tierra negra: «Era como si fueran restos de café que fermentaba. Allí vimos los cráneos. Debían de venir de la época de la Liberación. Mataron a mucha gente en Saint-Michel. Sé que tras nuestro paso volvieron a taparlo con cemento».

Durante mucho tiempo, Monique Attia trató de conseguir la autorización para que se investigaran esos misterios y comprobar si uno de aquellos cuerpos podría haber sido el de su padre... 75 años después, todavía no lo había conseguido. Eso no le impide confiar en que un día los archivos de la prisión Saint-Michel, que desaparecieron, puedan aparecer y que allí se encuentre una de las claves del misterio.

Serge Ravanel, uno de los principales dirigentes y responsable directo en aquel momento de la resistencia tolosana, aseguró ignorar cualquier cosa sobre la matanza de Buzet, pero él mismo fue liberado un año antes de la prisión Saint-Paul por un «comando de liberación» integrado ya por resistentes disfrazados de soldados alemanes, con ametralladoras. Esto confirmaría que no era tan difícil usurpar uniformes y presentarse como agentes de la Gestapo cuando se considerara necesario.

El periódico *Le Monde*, en su edición del 5 de julio del 2005, todavía evocaba los misterios de la prisión Saint-Michel, así como la matanza del bosque de Buzet, con un reportaje titulado «El enigma de los ajusticiados de Buzet», en el que se explicaba que el 17 de agosto de 1944 una cincuentena de detenidos en la prisión tolosana fueron ejecutados e incinerados, y se formulaba la pregunta: «¿Por quién?». Tras explicar los detalles, el periodista y autor del reportaje Benoît Hopquin añadía que, tantos años después, familias e historiadores continuaban intentado comprender y seguían buscando la lista de los asesinados.

Tras el final de la Segunda Guerra Mundial, a Francisco Ponzán se le consideró un héroe y los gobiernos de tres países le rindieron honores póstumos: Francia le otorgó la Cruz de Guerra con Palma en 1947 y el grado de capitán, en 1948, citándolo como un resistente de remarcable coraje; el Gobierno británico, reconociéndole los servicios prestados, le concedió la Hoja de Plata de Su Majestad, mientras que el presidente estadounidense Eisenhower le rindió homenaje con la Medalla de la Libertad, alta condecoración civil de Estados Unidos, por la ayuda excepcional prestada a los miembros del ejército inglés y americano...

Unos años después, Pilar Ponzán recibiría en Francia la Legión de Honor por su destacada participación en la Resistencia.

Floreal Barberà*

Robert Terres, alias «teniente Tessier» o «el Padre» para «sus españoles», era el encargado del contraespionaje francés y fue el que fichó a Ponzán para el Servicio de Estado Mayor francés, con el que cubría y protegía a toda la Red Ponzán. Cuando se firmó el armisticio, el Deuxième Bureau fue prohibido y pasó a la clandestinidad con el nombre de Trabajos Rurales. Como agente, Ponzán tuvo la matrícula XP-9, del TR-117, ex-2ème Bureau. Terres tenía un ayudante, Gérard el Rubio, que fue muy amigo mío. Solo después de la guerra supe que su apellido era Vogel. Paco estaba de viaje cuando Marshall tuvo que salir para Inglaterra con su intérprete, Estévez Coll. Salieron en un submarino, desde Burdeos, tras la derrota de Francia en Dunkerque, en 1940. Los servicios secretos franceses contactaron con Pon-

---

* Miembro de la Red Ponzán. Entrevista con la autora.

zán pero dijeron que no podían darnos dinero porque iban muy justitos de fondos. Terres presentó a Ponzán al capitán de la gendarmería, Alexandre Abadie, que fue un importante resistente en Francia y que se encargó de facilitarnos, a cambio de nuestra colaboración, salvoconductos. Nos los facilitaban desde las gendarmerías de Foix, Perpiñán, Banyuls y Toulouse. Nuestra base se instaló en Banyuls, en plena zona reservada, en la barba de los alemanes. Nuestra sede se llamaba Villa Tallada, y estaba protegida por la gendarmería francesa. De ella se ocupaba la familia Bueno y yo recuerdo más a Alfonsina Bueno, la mujer de Josep Ester i Borràs. Los dos fueron detenidos por la Gestapo el 30 de octubre de 1943 y él fue deportado a Mauthausen, de donde salió con vida. Ella murió en Francia tras pruebas médicas hechas por médicos nazis. Sus padres fueron enviados a Alemania y murieron allí.

El 14 de octubre de 1942, Paco fue detenido e internado con otros compañeros en el campo de Le Vernet. A mitad de noviembre, Robert Terres visitó a Ponzán para intentar su fuga y la de sus compañeros, que fue minuciosamente preparada por sus servicios. Todos consiguieron la libertad y el grupo continuó funcionando en la clandestinidad.

Tras la evasión, le propuse a Paco hablar con la directora de la Cruz Roja, madame Cassagnavère, que él conocía muy bien y con quien yo colaboraba, con su acuerdo, para esconder y salvar a perseguidos por los nazis. Él la apreciaba pero me aconsejaba tener un máximo de discreción incluso con ella, en consonancia con el momento difícil que se vivía. Ella propuso esconderlo en un convento de trapenses durante una temporada pero él prefirió esconderse en Lyon, en casa de la familia Padros, donde también estaban el guía Ricardo Rebola y otro guía del grupo. Pero pronto quiso volver a Toulouse con el fin de liberar a su hermana, que estaba prisionera en el campo de Bram. Fue un gran error. El 28 de abril de 1943 fue detenido en pleno centro de la ciudad de Toulouse y llevado a la prisión Saint-Michel como detenido político. Paco no iba nunca armado, no quería matar a nadie. Su detención conllevó tristemente la dispersión del grupo.

En mayo registraron mi casa en Toulouse y apenas tuve tiempo de hacer escapar por el tejado a Pedro Rueda, un aviador de la República evadido de un campo y que yo escondía en mi casa. No encontraron nada en mi casa pero al mismo tiempo registraron la finca de mis padres en Cugnaux y encontraron documentos de la guerra civil y cartas de racionamiento que yo había dejado allí para ayudar a compañeros indocumentados. Detuvieron a mis padres y los llevaron al campo de Noé y a mí a la prisión Saint-Michel como preso común. La directora de la Cruz Roja vino a visitarme y, con la complicidad del jefe de prisión, nos declaró «sarnosos» a mí y a Paco, que estaba en otra celda. Tras su intervención, nos dieron permiso para embadurnarnos con un preparado de azufre en el torso todos los días. Nos lo dábamos en el patio y eso nos permitía estar juntos cada tarde. Fui uno de los últimos que vieron a Paco con vida. Al cabo de un mes de encierro me llevaron al Palacio de Justicia y de allí me enviaron al campo de Noé, donde encontré a mi padre en la barraca de los peligrosos y a mi madre en la de las mujeres peligrosas también. Mientras tanto mi hermano Calixto estaba prisionero en España. Del campo de Noé me llevaron después al pueblo de Blagnac, donde el capitán de la gendarmería me extendió un documento válido por un mes y me dijo que al vencimiento pusiera un dígito y que no volviera.

Quedé en plena clandestinidad pero en contacto con la directora de la Cruz Roja, que un día me presentó con gran secreto a la señora Prisner, de la Organización Judía de Combate. Ella y un tal Morel querían encargarme la seguridad personal de uno de sus jefes, Jules Dika Jefroykin, miembro del Comité Director de la Organización Judía de Combate, red de los FFI y presidente del movimiento de la juventud sionista, que iría integrado en un grupo de 62 personas que salía para España. Morel, perteneciente a las Fuerzas Francesas del Interior, había puesto el grupo en manos de dos guías franceses que trabajaban para los FFI. La mayoría del grupo saldría desde Saint-Girons por un lugar que yo no conocía.

No tardé en darme cuenta de que la organización de ese viaje era una verdadera chapuza, que no se tenían en cuenta cosas esenciales en un viaje a través de los Pirineos y con gente tan diferente. Nosotros, con Ponzán, pasábamos siempre grupos pequeños, casi siempre por Banyuls. Solo una vez pasamos uno más grande, de casi treinta, y lo organizamos con mucho, mucho cuidado, e iban acompañados por cuatro de nuestros mejores guías, entre ellos Manuel Huet, al que más admiré y que fue mi mejor amigo. Tanto la señora Prisner como Morel me dijeron que tenía carta blanca para hacer todo lo que fuera necesario en caso de emergencia, que si había algún problema con el grupo no dudara en salir del convoy y de salvarnos solo los dos, de ocuparme solo de Dika, que este no debía, por nada de nada, caer en manos de los alemanes...

Salimos y a 1.500 m, aunque estábamos en primavera, ya estábamos completamente rodeados de nieve y con dificultades enormes con gran parte de la gente. Casi todos comenzaron a desmoralizarse. Muchos tuvieron caídas impresionantes y algunos sufrieron heridas graves y no teníamos botiquín. Solo pudimos curarlos con aguardiente y ponerles un pañuelo como venda... Los guías nos abandonaron en plena montaña, entre el pico de Mont Valier y el Valle de Arán, llevándose las tres ametralladoras que llevábamos. Nos indicaron además una ruta falsa que nos hubiera llevado a caer en brazos de los alemanes. Dika me dio el mando del convoy y afortunadamente pude evitarlo. Algunos no querían seguir y proponían dirigirnos hasta un pueblo francés y rendirnos... Yo les dije que tomaba el mando del grupo y que allí no se rendía nadie, que desde aquel momento era yo el que mandaba.

Fue una verdadera odisea. En la retirada por un desfiladero nos acompañó una densa niebla que bajo al mismo tiempo que caía la noche y que empezaba una intensa nevada. Escalamos hasta unos 2.800 m de altitud, por caminos casi impracticables, con muchos accidentes. Una persona se despeñó y cayó en un precipicio... otro, familiar de Dika, murió de un ataque cardiaco.

Estuvimos cinco días perdidos en las montañas, tres días sin comida, alimentándonos de nieve... La última noche anterior al paso del convoy a España, la situación era desesperada, con varios heridos graves y parte de los miembros del convoy totalmente desmoralizados. Ante la situación le dije a Dika que pensaba dejar a varios guardando el convoy y con cuatro o cinco de los hombres más resistentes íbamos a salir de madrugada para tratar de llegar a España, que yo creía cerca, y buscar socorro. Lo hicimos así y llegamos a la parte alta del Valle de Arán, donde un pastor nos acogió en una cabaña humilde situada en la vertiente española, cerca de Montgarri, uno de los pueblos más altos de España, y le pedimos ayuda. Nos reconfortó con leche caliente y pan, y después de asegurarme que era un simpatizante, le hablé en catalán y, con su valiosísima colaboración, organizamos la ayuda para evacuar a los que habíamos dejado esperándonos. Con varias mulas, llevamos los socorros necesarios de comida y primeros auxilios, y tras las primeras atenciones a los más graves —uno de ellos tenía ya la gangrena— pudimos organizar por pequeños grupos la entrada en España. Por lo que pude saber más tarde y por las cartas que algunos de ellos me enviaron, todos pudieron salvarse. En la historia de aquella travesía he visto que luego le dieron el mérito de haberlo conseguido a Dika...

Cuando mataron a Paco yo no me enteré, porque en julio me detuvieron en España, a la vuelta de la misión, junto a mi hermano, al que habíamos conseguido sacar de prisión. Nos denunció la mujer de un primo cercano y entonces volvimos los dos juntos a la cárcel, de la que nos liberaron en diciembre de 1945, ya acabada la Segunda Guerra Mundial...

Los que pertenecimos al grupo Ponzán sentimos mucho su muerte. Ponzán era enemigo de los nazis y de los fascistas, de todos los dictadores, y tomó una posición clara y concreta en favor de los Aliados desde 1939, antes de que existiera ninguna otra organización de resistencia. Él y sus hombres consiguieron crear una cadena de evasión cuyas proezas bien pueden figurar en primera línea, entre las más admirables de la Segunda Guerra Mundial. Perdió la vida en esa lucha por la libertad.

Ángel Tomás*

Fue su madre la que lo encaminó, según sus propias palabras, «hacia la fraternidad»; la que le inculcó «un gran de-

---

* Miembro de la Red Ponzán. Entrevista con la autora.

seo de libertad y de justicia». Luego añade Ángel con una sonrisa: «Era muy sentimental». Su padre lo incitaba a «aprender y aprender, a luchar para abrir el espíritu de la gente».

Ángel Tomás nació en Cheste, un pueblo campesino de Valencia, y era monaguillo cuando llegó la República. Recuerda que por aquella época «había mucha miseria y ningún miramiento social, echaban a la gente a la calle de un día para otro y muchos tenían hasta que pedir limosna». Aquello lo volvió rebelde.

Cuando el golpe militar, los amos desaparecieron del pueblo dejando abandonadas las tierras. Durante algunos meses, nadie las trabajó. Después se formó una colectividad de 720 personas y funcionó muy bien. Todo el mundo trabajaba con mucho entusiasmo. La tierra pertenecía a todo el mundo. Yo era muy joven pero ayudaba mucho también. Cada uno contribuía y recibía para vivir de forma normal. Se consiguió exportar muchos frutos al extranjero...

Ángel sabía leer y, con uno al que llamaban «el Maestrico» y algunos más, daba lecciones a los jóvenes que no tenían escuela y a los viejos que querían aprender a escribir. Libertario y pacifista, consiguió que le movilizaran sin actividad militar, encargado de la distribución de abastos y de actividades culturales. Luego se unió a la 118.ª División anarquista y participó en diversos combates. Su guerra terminó en el puerto de Alicante: «Cuando se iban aproximando las tropas fascistas, mucha gente se tiraba al mar y otros se suicidaban pegándose un tiro».

Ángel terminó en el campo de concentración de Los Almendros, comiendo corteza de árboles, y más tarde en el de Albatera.

A todos los que intentaban fugarse los mataban. Estábamos apiñados en barracones, en cuclillas. De vez en cuando sonaban las trompetas, nos ponían firmes y luego pasaban buscando a gente y los mataban allí mismo. Mataron a mucha gente... Un día que había llegado al campo una importante delegación de falangistas y que había mucho alboroto, con dos amigos conseguimos escapar.

Unas semanas más tarde habían logrado llegar hasta la frontera. Pasaron por Andorra y no tardaron en encontrar grupos de compañeros que los integraron en sus equipos de leñadores. Con ellos conocería y entraría en la Red Ponzán.

Yo tenía mucho contacto con Remiro y Batista, dos compañeros muy cercanos de Ponzán. Hicimos muchos viajes a España, llevando y trayendo a gente, falsificando documentos con Ángel Tarín, un gran amigo, sacando de Francia a gente en peligro. Eran momentos muy difíciles pero nosotros hacíamos lo que considerábamos mejor en cada situación y nos jugábamos la vida con frecuencia. No fue fácil, incluso entre compañeros. Ponzán era muy estimado y respetado por muchos y criticado por otros, dentro de la misma organización. Era sin duda un personaje que molestaba a mucha gente, tanto en España como en Francia. No dudo que quisieran eliminarlo. Fue lamentable que no pudiera hacerse nada por él. La mayoría de nosotros estábamos perseguidos y vivíamos en la clandestinidad. A él lo tenían en sus manos. La mayoría de los refugiados españoles contribuyeron a la Resistencia y fueron los primeros que, antes de que hubiera organizaciones francesas, ya estaban en el combate. Yo estaba en Marsella y desde allí organizábamos viajes para ir a España. El movimiento libertario fue la primera fuerza que se lanzó a la lucha. Éramos muy quijotes y recibimos muchos golpes de unos y otros. Los franceses no han querido reconocer nunca que fuimos nosotros los primeros que iniciamos la lucha por la liberación de Francia.

Françoise Sabatié-Clarac*

Desde la primavera hasta el verano de 1944, se desencadenó en los alrededores de Toulouse, como en otras regiones de Francia, una gran violencia. En mi pueblo, Buzet-sur-Tarn, durante las últimas semanas antes de la Liberación, sucedieron algunos hechos dramáticos: el 6 de julio mataron de forma brutal a seis personas; el 15 de julio mataron a otros dos, uno de ellos un jefe de los maquis; el 20 de julio, a otras cuatro personas; a mediados de agosto, a un guardabosques del pueblo... Y por esas fechas fue también la matanza del 17 de agosto. Interesada por aquellas tragedias, quise trabajar sobre lo que había ocurrido en la región en aquellos momentos, a pesar de las dificultades, porque cuando publiqué el libro, *Buzet-sur-Tarn, les tragédies sous l'occupation*, en 2010, la totalidad de los documentos de aquella época eran todavía inaccesibles. En los archivos de Toulouse había más documentos pero tampoco podían consultarse. Sobre todo los de la prisión Saint-Michel, donde las listas de todos los que sacaron, los que habían deportado y los que habían sido fusilados debían estar consignadas... Pero el caso es que no se encuentra ningún rastro de esos archivos.

En el Museo de la Resistencia encontré el libro pu-

* Profesora de Historia y autora del libro *Buzet-sur-Tarn*. Entrevista con la autora.

blicado por Pilar Ponzán sobre su hermano. Me dejó sorprendida que fuera tan poco conocido porque descubrí que Paco Ponzán había sido un verdadero héroe y casi nadie lo conocía. En la búsqueda y el trabajo que fui haciendo encontré también su rastro en el archivo del Ayuntamiento de Buzet pero, curiosamente, más tarde quise comprobar unas cosas y ese archivo había desaparecido. Como los otros. Se puede suponer que para eliminar pruebas embarazosas.

Comprobé también que el monumento que había sido erigido en el lugar del crimen en memoria de los 54 asesinados había sido trasladado 200 m más lejos y que se había construido allí el campo de golf que existe todavía. Luego llegaron todas las preguntas sin respuesta, y más teniendo en cuenta que en aquel momento los alemanes estaban amenazados y mucho más ocupados en defenderse que en atacar: ¿Quién envió a aquellos soldados para cometer aquel crimen? ¿Eran realmente alemanes, era la milicia francesa, como algunos han apuntado? ¿Qué otras personas pudieron hacerlo y, naturalmente, por qué? ¿Por qué quisieron hacer desaparecer su rastro, la memoria de todos aquellos hombres y mujeres, por qué los mataron?

A las víctimas las trasladaron en camiones cerrados desde Toulouse hasta un sector del bosque conocido como En Fournet. Cinco camiones con diez personas cada uno. En la prisión había seis camiones pero el sexto no pudo arrancar y devolvieron a varios de los prisioneros al interior. Mucho más tarde, en 1977, un prisionero que había excavado un túnel para intentar escapar descubrió que por debajo de la prisión había una fosa llena de osamentas, conectada mediante una escalera con la capilla de la prisión.

En los archivos de Buzet encontré documentos sobre 29 de las víctimas llegadas de la prisión Saint-Michel y 25 de otras prisiones y de la caserna Compans. Había también una carta de un testigo de veintiún años, que para escapar del Servicio de Trabajo Obligatorio (STO) se escondía en los bosques cercanos y que aseguraba haber visto a dos franceses con uniformes de las SS, casco y gafas oscuras en los alrededores de la matanza... Aseguraba que eran franceses.

De los 54 cuerpos, solo 19 personas fueron identificadas y de ellas solo he podido reconstruir la vida de siete, entre ellas la de Ponzán Vidal, gracias sobre todo al libro y el testimonio de su hermana.

Kurt Werner Schaechter*

Tras la declaración de guerra contra Alemania, Kurt se alistó a los veinte años en el ejército francés para combatir a los nazis.

Cuando entré en el ejército francés fui incorporado a la 13.ª Media Brigada de la Legión Extranjera y me enviaron a Narvik. Combatí al lado de muchísimos españoles refugiados de la guerra de España que se habían incorporado a las tropas francesas para luchar también contra los nazis. Eran hombres con mucho coraje y con mucha experiencia de combate.

Werner volvió a luchar con españoles, en la Resistencia francesa, en el maquis de Nerac: «Juntos liberamos Agen y varios pueblos del departamento de Lot-et-Garonne». Después llevó una vida intensa marcada por muchos

* Entrevista con la autora.

combates. En 1991, buscando información sobre sus padres, Werner acudió a los archivos de Toulouse, pero eran inaccesibles. Cuando por fin consiguió una *derogation* para consultarlos, aunque no se podían hacer fotocopias, logró sacar el material, y cuando más tarde lo devolvió, las fotocopias ya estaban hechas. Son miles y miles de fotocopias de documentos administrativos de 1938 a 1949. Pudo comprobar que sus padres habían sido deportados y habían desaparecido en los campos de concentración.

En esos archivos, entre otras muchas cosas, comprobé cuántas mentiras nos rodean, cuánta falsedad cuando se cuenta la Historia oficial. Pude comprobar con qué facilidad había desaparecido gente en Francia, entre un campo y otro. La Administración sustituía al Estado y decidían acerca de todo. Entre 1940 y 1949, los prefectos podían hacer de todo, detener a personas o decidir sobre la vida de muchos, apropiarse de sus bienes con toda impunidad...

Decidido a luchar contra el olvido de aquella barbarie y contra la amnesia colectiva que le indignó hasta el final de su vida, creó y presidió la Asociación Ethic, en la que, además de la desaparición de muchos otros combatientes, denunció la muerte de Ponzán, convencido de que sus asesinos no habían podido ser miembros alemanes de la Gestapo.

Josep Ester i Borràs*

Nació en Berga, provincia de Barcelona, en 1913. Se incorporó a la Resistencia al lado de Ponzán, en la Red Pat

---

* Miembro de la Red Ponzán.

O'Leary. Encargado de conducir a los perseguidos y candidatos a la evasión a través de la frontera, los acompañaba él mismo hasta Figueras, donde los confiaba a otro miembro de la Resistencia en España. Fue responsable de una importante cantidad de travesías. Detenido por la policía de Vichy en 1941, fue internado en el campo de Le Vernet, de donde no tardó en evadirse, con la complicidad de resistentes del exterior. Arrestado de nuevo en 1942 y enviado de nuevo a Le Vernet, organizó una evasión colectiva junto a Ponzán y otros miembros del grupo también detenidos.

Continuó después sus actividades a través de la frontera. Fue detenido el 31 de octubre de 1943 e internado en la prisión Saint-Michel de Toulouse, y tras duros interrogatorios de la Gestapo, deportado a Mauthausen, donde desempeñó un importante papel en favor de sus compañeros de la CNT en el seno del Comité Internacional de la Resistencia que se creó en el campo. Tras la Liberación, contribuyó a la creación de la Federación Española de Deportados e Internados Políticos, en Francia.

El pantano del Águila, el embalse de la Resistencia

Diciembre de 1939. Entre los departamentos de Corrèze y Cantal, en el Macizo Central, gigantesco mosaico de colinas y promontorios y una de las zonas más frías de Francia, se encuentra el embalse de L'Aigle, o «embalse del Águila», llamado así porque las águilas anidaban sobre la gran roca que dominaba en altura.

Conocido hoy en día como «el embalse de la Resistencia», la obra que se encuentra en un abrupto paisaje rodeado de espesos bosques de castaños se situaba en una sinuosa y profunda garganta rocosa horadada por las aguas del río Dordoña.

En diciembre de 1939, en un día de frío intenso, llegó a la estación de ferrocarril más próxima, la de Mauriac, un grupo de españoles procedentes de los campos de Argelès, Bram y Saint-Cyprien (más de 30 campos, calificados por el ministro del Interior de la época, Albert Sarraut, como «campos de concentración», acogieron a los exiliados españoles por toda Francia: en los Pirineos Orientales, los principales fueron Argelès, Saint-Cyprien, Rivesaltes, Noé y Le Barcarès; en los Pirineos Atlánticos, Ogeu-les-Bains y Gurs; en el Aude, Bram; en el Herault, Agde; en el Ariège, Le Vernet y Rieucros; y en el Tarn-et-Garonne, Septfonds).

Un paisaje nevado y un aire glacial de muchos grados bajo cero recibieron a los recién llegados, muchos de ellos calzados con simples alpargatas someramente atadas con alambres. Entre ellos iba José Berruezo Silvente, alias «Clarín». Nacido en Mazarrón, Murcia, ya a los catorce años distribuía manifiestos entre los mineros, invitándoles a asistir a reuniones en el Centro Obrero del pueblo, dirigido por dos conocidos profesores racionalistas, Julián Raja Vivancos y Juan Martínez Izquierdo. A los diecinueve años sufrió su primera detención, acusado de realizar pintadas a favor de Francesc Ferrer i Guàrdia y de la anarquía. Poco después se instaló en Santa Coloma de Gramanet, donde se afilió a la CNT, de la que fue secretario mientras colaboraba en diversos periódicos como *El Diluvio* y *Solidaridad Obrera*, bajo el mencionado seudónimo de «Clarín». Durante los meses de guerra ejerció como alcalde en Santa Coloma hasta enero de 1939, cuando se exilió en Francia, donde fue internado en el campo de Bram. Allí permaneció hasta que en diciembre del mismo año fue enviado a trabajar al embalse del Águila, donde desempeñó un importante papel en la reconstrucción del sindicato CNT. Defensor de la participación de la CNT en la resistencia contra los nazis, impulsó la creación en el embalse de un maquis exclusivamente cenetista, que contaría más tarde en un libro que narra la odisea de sus experiencias y las de sus compañeros en aquel lugar duro e inhóspito.[15]

El comienzo de la guerra contra Alemania, la movilización de los franceses considerados útiles y disponibles para el combate, la falta de efectivos en el embalse y la «inquietante lentitud de los trabajos de construcción», según el ingeniero de obras públicas, André Decelle, que acaba-

---

15. José Berruezo Silvente, *Contribución a la historia de la CNT de España en el exilio*, México, Editores Mexicanos Unidos, 1967.

ba de incorporarse a los servicios técnicos, obligó a los responsables de las obras a buscar hombres que pudieran cubrir la vacante de los obreros franceses militarizados. Esta situación llevó a los encargados de las obras, desde la región de Auvernia, a dirigir su atención hacia los campos de concentración del Midi francés, donde, según Berruezo, «... se hallaban millares de hombres jóvenes, sometidos a un régimen de hambre infrahumano que ocasionaba un terrible porcentaje de fallecimientos por disentería...».[16] Por tanto, buscaron entre los refugiados españoles —obligados a integrar las recién creadas compañías de trabajadores extranjeros— una mano de obra barata para los gigantescos trabajos que se proyectaban. En los primeros meses de 1940, varios centenares de ellos, de distintas regiones de España, en su gran mayoría de origen catalán y aragonés pero también bastantes andaluces, fueron trasladados desde los diversos campos de refugiados hasta el Macizo Central, donde se construían diversos pantanos.

El mismo José Berruezo cuenta la experiencia de aquellos momentos:

> Había salido la tarde del día 8 de diciembre de 1939 del campo de concentración de Bram, junto a los compañeros José Marques y Sebastián Gómez. Nuestras familias habían sido trasladadas desde la frontera alemana, en razón de la proximidad del futuro frente de guerra, y se hallaban «refugiadas» en las cercanías del paraje de las obras de construcción del llamado «embalse del Águila», que estaban en el período inicial de su ejecución, por cuyo motivo no les fue difícil a las mujeres obtener de la compañía constructora los contratos, que una vez le-

16. *Ibid.*, p. 18.

galizados por las autoridades competentes habrían de ser las llaves que nos abrieron las puertas del campo de Bram, liberándonos de nuestra condición de «concentracionarios» sometidos a las rigideces de una disciplina tan innecesaria como ridículamente estúpida. El celoso comandante del campo había dividido su feudo en sectores separados por sólidas alambradas y ni aun para hablar padres e hijos, o viceversa, se toleraba ir de un sector a otro sin la compañía de un gendarme... Los que pasaban junto a uno de los guardianes sin saludarlo, o que se atreviesen a fumar en el interior de las barracas que servían de dormitorio, eran sancionados con una serie de bofetadas y unos días de cárcel a pan y agua...

Los «concentracionarios» recibieron con alegría la noticia de su liberación del campo y el traslado a los centros de trabajo.

La zona para vivienda preparada en el embalse del Águila tenía unos 425 m de largo por 310 m de ancho y estaba cercada con una alambrada de púas y vigilada día y noche por centinelas. Una única puerta de entrada permitía el acceso. Cada barracón medía veinticinco metros de largo por seis de ancho; su diseño en punta de flecha doble dejaba un espacio para dormir en la parte inferior, y creaba una estantería en la zona superior. Un pasillo de seis metros separaba un barracón de otro. El agua se suministraba durante un tiempo reducido, limitando el aseo personal. En cada barracón se alojaban hasta cien refugiados.

Las familias que pudieron reunirse con ellos, tras muchos trámites oficiales, fueron instaladas de forma precaria en las aldeas más cercanas al embalse —Le Breuil, Aynes, La Ferrière, Mauriac...— sobre las laderas de las montañas, en pobres viviendas de madera, aglomeradas temporalmente para el tiempo que durara la ejecución de los trabajos. Contando aquellos momentos, Berruezo rinde homenaje a los emigrantes económicos instalados en las proximidades —franceses, italianos, portugueses y algunos españoles—, que al descubrir que muchos de aquellos recién llegados iban con los pies envueltos en retazos de saco de arpillera bajo temperaturas glaciales, porque no disponían ni de alpargatas, no tardaron en acercarse con botas, calcetines y otra ropa vieja de abrigo que repartieron solidariamente entre ellos.

En aquel invierno de 1940 la temperatura osciló alrededor de veinte grados bajo cero y llegó algunos días a menos 25 °C. Berruezo explica en su libro la belleza del paisaje helado, que algunos de los hombres llegados desde el sur español descubrían por primera vez, y la entereza y el estoicismo de ellos y de todos los compañeros resistiendo aquellos rigores casi siberianos: «... se tiene grabada indeleblemente en la memoria la presencia de aquellos grupos de obreros españoles engullidos en un barranco de clima y vegetación salvaje, manejando los picos y las palas al ritmo de canciones, vestidos aún con los pobres trajes de milicianos que les sirvieron de uniforme en la lucha contra los llamados Ejércitos Nacionales, hordas de rifeños, nazis alemanes y fascistas italianos».[17]

La presa se había empezado a construir en 1935, en un estrecho valle que escasamente daba paso a sendas carreteras bordeando el Dordoña en cada ladera. En un tramo en el que el valle se estrechaba para formar una especie de profundo embudo cavado por el río, trabajaban los obreros en las obras, construyendo también los talleres de carpintería y mecánica, e instalando compresores de aire y el tendido de los raíles por los que más tarde habrían de

17. *Ibid.*, p. 19.

circular pequeñas locomotoras. La construcción debía medir 92 m de altura y 289 m de largo. Una obra hercúlea en la que pronto se encontrarían trabajando, divididos en grupos, más de 600 españoles, en su gran mayoría militantes libertarios.

Los trabajadores españoles, que en principio no eran obreros calificados, se adaptaron rápidamente a las dificultades del trabajo. Según los ingenieros André Coyne y André Decelle, «su integración a las obras fue ejemplar, la confianza se generalizó y las relaciones oficiales fueron simples y eficaces». De André Decelle dijo Berruezo que era «un ingeniero joven y dinámico, de una competencia profesional originalísima y de una mentalidad abierta a la más alta comprensión de los valores humanos...».[18] Sobre los españoles añadiría más tarde: «Su contribución fue decisiva en la construcción del embalse y su participación en los combates de liberación del Cantal, muy activa».

Una contribución muy importante en los trabajos de construcción de los embalses de Cantal dirigidos por los ingenieros Coyne y Decelle lo tuvo sin duda el exiliado menorquín Santiago Rubio, en el cercano pantano de Saint-Étienne-Cantalès, donde trabajaban también numerosos refugiados españoles. Nacido en 1892 en Mahón —donde su padre era ingeniero militar de carácter y general—, cursó sus estudios de ingeniero industrial en Barcelona, donde después se quedó a vivir. En la Ciudad Condal comenzó trabajando en los funiculares Montserrat-Sant Joan-Gelida, luego como director de las líneas de metro de Barcelona y, más tarde, junto a su hermano Nicolau, estuvo encargado del llamado Regional Planning de Cataluña. Para el pabellón de la Metalurgia de la Exposición de 1929 en Barcelona, había reconstruido una forja catalana, alimentada por el

18. *Ibid.*, p. 20.

viento y que levantaba una cascada de agua. Al final de la contienda española se refugió en Francia, primero en Céret (Pirineos Orientales) y después a Vieilles de Ytrac, en la zona de Cantal, adonde llegó, como otros refugiados, contratado para trabajar en la construcción de un pantano, como «ayudante de servicios».

En el pantano, los ingenieros jefes franceses descubrieron y apreciaron inmediatamente la gran capacidad profesional de Rubio, que llegaba acompañado de un gran respeto de otros españoles y de un profundo ideal republicano. El director de los trabajos, André Coyne, lo acogió inmediatamente a su lado como ayudante, convencido de que la experiencia de Rubio podía mejorar los diversos proyectos en marcha. Como así fue. En pocos meses, el ingeniero menorquín había concebido los planos de una maqueta para realizar ensayos hidráulicos de evacuación de agua, calculando la forma del trampolín que debía proyectar el agua como en un «salto de esquí». Sus planos, dibujados en un cuaderno escolar, y la maqueta, fueron un éxito. El dispositivo ideado por el refugiado español fue el que se utilizó en la construcción del pantano de Saint-Étienne-Cantalès. Rubio, bajo las órdenes de Coyne, trabajó igualmente sobre otros diversos proyectos que fueron muy apreciados, aunque su nombre no figura en ninguno de ellos. A pesar del aprecio que se le tenía y de su indudable capacidad, al final de la guerra la empresa y la hidroeléctrica francesa de la que dependía hasta entonces y en la que trabajaba Coyne decidieron prescindir de él. En 1946, a los cincuenta y cuatro años, Rubio emigró a Argentina. Murió en 1980.

Al ingeniero Coyne se le reconoce como autor de grandes proyectos de embalses en diversos lugares del mundo. En 1953 recibió el Gran Premio de Arquitectura por el conjunto de sus realizaciones, pero en 1959, tras unas lluvias diluvianas en la zona, una de sus obras, el pantano de Malpasset se rompió y se produjo un vertido de cincuenta millones de metros cúbicos de agua, provocando enormes destrozos y la muerte de 423 personas en Fréjus. Esta catástrofe le afectó profundamente y provocó su muerte algunos meses más tarde.

La CNT

En el embalse del Águila, durante los años 1940, 1941 y 1942, los diversos grupos de refugiados en sus distintos puestos de trabajo organizaron poco a poco la CNT. Berruezo lo cuenta así en su libro:

> Del campo de concentración de Saint-Cyprien había salido el grupo más numeroso de especialistas, contratados para los trabajos del Pantano del Águila... [El núcleo organizador de la CNT en el exilio] lo formaban militantes de todas las regiones, sobre todo de Cataluña. Todos conocían, más o menos profundamente, la mecánica sindical... por haber tomado parte activa en el desarrollo de las luchas sociales de los años anteriores a la guerra: durante esta, unos habían sido oficiales o comisarios del ejército, otros habían turnado el empleo del fusil con la actuación en las colectividades agrícolas o industriales.[19]

El grupo fundador, eficaz y discreto, se dedicaba también a acoger y esconder a los compatriotas que huían de la zona de ocupación alemana. José Germán González, excelente obrero en el ramo de la albañilería y el hormigón armado y veterano sindicalista, era quien avalaba a los que

19. *Ibid.*, p. 25.

llegaban sin documentación y quien, de acuerdo con los dos ingenieros franceses, les procuraba trabajo y la documentación reglamentaria para poder salir del enclave y moverse por zonas diversas sin levantar sospechas. Muchos de ellos se integraron rápidamente en los grupos de resistencia que se iban formando con trabajadores de las presas en construcción. Junto con los del Ariège y el Aude, los maquis españoles del Cantal fueron los primeros resistentes armados de la zona Sur. Sus efectivos procedían de los pantanos del Águila, Bort-les-Orgues y Marèges.

A finales de 1942 y principios de 1943 la organización Confederación Nacional del Trabajo (CNT) del Águila, a pesar de la sigilosa vigilancia de los franceses de Vichy y de los ocupantes nazis, se había ido implantando clandestinamente en todos los departamentos del Macizo Central y había conseguido presencia orgánica en todos los pueblecitos que circundaban el embalse. A finales de 1943 contaba ya con diversos grupos organizados federativamente y con muchas docenas de afiliados. A principios de 1944, el nuevo sindicato celebraba ya reuniones con la Resistencia francesa a escala departamental e incluso nacional. El trabajo de estos grupos ya no se limitó a esconder y proteger a los huidos de la Zona Ocupada o de la represión del régimen de Vichy, sino que participaba también en operaciones conjuntas con resistentes franceses, interviniendo en arriesgadas operaciones contra los alemanes, en las que muchos españoles perdieron la vida. A mediados de 1944, la CNT clandestina había conseguido integrar a más de 2.000 militantes.[20]

Durante toda la Ocupación, el embalse fue un refugio para los que huían de las persecuciones de la Gestapo y de los petainistas, de los que se resistían a ser enviados a Ale-

20. Michel di Nocera, *Debout dans l'exil!*, Saint-Georges d'Oléron, Les Éditions Libertaires, 2016.

mania a trabajar en la industria de guerra o a cavar trincheras en los frentes de combate. Organizarse para la lucha era grave y temerario para aquellos obreros, y al peligro de las delaciones había que añadir el de llevar una documentación en la que constaba que se era *«refugié espagnol»*. Esto, más que una identidad, constituía para la Gestapo o las Milicias de Vichy una acusación, una denuncia o una declaración de adversario.

Esos peligros no impidieron que los grupos del Águila dirigidos eficazmente por José Germán, que era el hombre de confianza de André Decelle, consiguieran organizarse poco a poco:

> Con cautela seguíamos las evoluciones que nuestras relaciones iban efectuando a medida que el tiempo transcurría. Los militantes del Águila, con absoluta unanimidad, no querían comprometer a la organización en ninguna aventura, pero una cosa era cierta: nadie quería ir a Alemania... Numerosos fueron los compañeros que llegaron de diversos lugares de Francia perseguidos por la Policía o la Gestapo, sin documentación de identidad y hasta sin carta de alimentación, requisito indispensable para obtener los artículos necesarios para vivir. No importaba; la actividad del señor Decelle solucionaba inmediatamente todos los casos, por difíciles que fueran; con documentación o sin ella, perseguidos por la Policía o la Gestapo, todo refugiado español que llegaba lograba encontrar trabajo y seguridad personal. Bastaba para ellos unas palabras de aval de nuestro compañero Germán.[21]

Desde el primer momento en que los refugiados se integraron en los trabajos del embalse, Coyne y Decelle, los

21. José Berruezo Silvente, *op. cit.*, p. 105.

dos responsables franceses encargados del proyecto, fueron mostrando una gran confianza hacia los españoles ofreciéndoles ayuda para numerosos problemas de su competencia y, sobre todo, a pesar del peligro que les rodeaba, apoyándolos en la reorganización del sindicato CNT. En esa relación de confianza y respeto, los franceses fueron abriendo puertas, apoyando la discreta organización de los españoles y al mismo tiempo solicitándolos para que a su vez se implicaran con ellos en la Resistencia que empezaban a desarrollar y organizar contra los nazis.

Tras el desembarco aliado en 1942 en el norte de África y la ocupación de la zona Sur de Francia por el ejército alemán, algunos grupos de militares franceses, en desacuerdo con Pétain desde la firma del armisticio, decidieron también iniciar la lucha contra el ocupante y crear en la clandestinidad una Organización de Resistencia Armada del ejército (ORA). Un grupo de militares se puso en contacto con los dos ingenieros dirigentes del embalse, Coyne y Decelle, y no tardaron en llegar a un acuerdo de colaboración para organizar la lucha clandestina. André Decelle, que ya había comenzado a organizar su propia red de resistencia compuesta por varios dirigentes y obreros del embalse, propuso participar en esa lucha conjunta aportando un grupo importante de los trabajadores españoles del embalse en los que aseguró tener total confianza y a los que les reconocía, además de la gran experiencia de combate en la guerra de España, el coraje y una indudable determinación. Ese grupo se conocería más tarde como «Batallón Didier» y Decelle tomaría el mando como «comandante Didier», con una mayoría de españoles anarcosindicalistas bajo sus órdenes.

Al maquis

En sus primeros contactos con los franceses, el equipo dirigente de la CNT había pedido dar un carácter oficial a sus relaciones, solicitando el encuentro directo con una delegación del Comité Nacional de la Resistencia y avanzando algunas condiciones para su colaboración en los combates que se avecinaban: la organización española insistió en que no colaboraría masivamente en el maquis mientras no se diera el hecho de la insurrección del pueblo francés, y cuando esto ocurriera, los militantes que quisieran intervenir en la lucha lo harían en unidades específicas mandadas por compañeros y que esas unidades no serían empleadas como fuerzas de choque, sino en actos de sabotaje, como voladura de puentes o trenes, dinamitando carreteras o cortando líneas de alta tensión o telefónicas... Se convino también que el contacto se llevaría a cabo exclusivamente entre José Germán y André Decelle. La proposición fue aceptada.[22]

El primer trabajo de sabotaje que se les asignó fue hacer saltar la carretera que conducía de Salers al Col de Néronne, lugar donde estaba instalado el mando francés. El trabajo fue efectuado a la perfección y, tras ser felicitados, se les encargaron diversas voladuras de carreteras que tenían como objetivo retrasar el envío de tropas alemanas a los frentes de combate.

Juan Escoriza Martínez fue uno de los combatientes españoles del Batallón Didier. Nacido el 27 de noviembre de 1917 en Olula de Castro (Almería), su familia emigró a Puigcerdà, en Cataluña. Allí trabajó de albañil y se afilió a la Confederación Nacional del Trabajo (CNT) y a la Federación Anarquista Ibérica (FAI). A raíz del golpe militar fascista, participó en la defensa revolucionaria del 19 de ju-

22. *Ibid.*, p. 111.

lio de 1936 y luego se enroló como miliciano en la Columna Durruti. En febrero de 1939, tras largos meses de combate y una dura derrota en su lucha contra cuatro ejércitos, cruzó los Pirineos con otros compañeros. Fue internado en los campos de concentración de Saint-Cyprien y de Argelès y, luego, integrado en una Compañía de Trabajadores Extranjeros (CTE), fue enviado a trabajar al pantano de Saint-Cirgues-la-Loutre en el Lemosin. En 1943 fue detenido por los alemanes, llevado a Brive-la-Gaillarde y desde allí deportado hacia Alemania. En el traslado consiguió saltar del tren en marcha y escapar. Poco después, atravesando a pie campos y bosques, conseguía llegar hasta el embalse del Águila y unirse al grupo de José Berruezo, José Germán (con el que había luchado en la Columna Durruti) y el maestro racionalista Manuel Morey, que había sido secretario de la Federación Regional de Escuelas Racionalistas de Cataluña, ligadas al pedagogo libertario Francesc Ferrer i Guàrdia, tres de los compañeros que habían contribuido a la creación del importante núcleo de la CNT en el exilio. Junto a ellos, Escoriza se integró como obrero en el embalse y en el maquis español que actuaba en los alrededores del pantano.

El relieve abrupto del Macizo Central, compuesto básicamente de mesetas y montañas, con su clima rudo, se consideraba ideal para el desarrollo del maquis. Juan Escoriza, elegido por sus compañeros, en contacto con Decelle, fue nombrado responsable del ORA en las zonas geográficas próximas al pantano. Escoriza, con el nombre de guerra «Alcántara», fue igualmente integrado en una unidad de sabotajes dirigida por uno de sus compañeros, Juan Montoliu. Este había sido comandante de batallón en el frente de Aragón y el organizador del maquis de Puy Violent, compuesto por 60 españoles, instalado en el pico de una montaña, a 1.500 m de altura.

Directamente en contacto con el Estado Mayor del ORA, que tenía sus oficinas clandestinas en la 13.ª Región Militar, en Clermont-Ferrand, el grupo de resistencia de Decelle, con Alcántara a la cabeza, se propuso como primera misión recuperar y esconder toda clase de armamento en lugares seguros de las montañas. Al mismo tiempo, debían crear unidades combatientes ligeras que gravitaran alrededor del embalse, dotadas de medios de trasporte que les permitiera reaccionar rápidamente contra el ocupante, protegiendo el embalse y facilitando el acoso del enemigo. Estas acciones serían controladas por un centro de acogida y coordinación del mando operacional, que preveía la utilización del material de la empresa y del personal más seguro, para poder asegurar el funcionamiento de un Estado Mayor, de sus contactos y de la protección necesaria.

Al frente de sus hombres, Alcántara participó activamente en las numerosas operaciones contra el ejército regular de la zona de Clermont, en la región de Auvernia, como sustraer y esconder vehículos y armas. Todo el material que recuperaban se destinaba íntegramente al Batallón Didier dirigido por Decelle, bajo las órdenes del ORA.

Hasta el final de la guerra, Alcántara y sus compañeros participaron en numerosas misiones clandestinas y en operaciones de acoso contra el ocupante, siempre evitando las acciones más visibles para no correr el riesgo de represalias en las proximidades del embalse y escapar del acecho de los alemanes. Igualmente, participaron de forma activa en la recuperación de paracaidistas derribados en territorio francés y en operaciones de rescate del envío de material militar a la organización ORA, por parte de los Aliados. Para la recogida de estos envíos, fue creado un grupo especial, debidamente adiestrado y dirigido por Alcántara, que cada noche mantenía de guardia a varios de sus miembros, tanto en el terreno previsto para los lanzamientos como en otro terreno de urgencia por si surgían problemas.

El primer envío tuvo lugar en la noche del 12 al 13 de agosto de 1943 y el mensaje que lo anunciaba fue «*Orion pavoise le ciel*» («Orión engalana el cielo»). Los dos siguientes envíos de los que se ocuparon también esencialmente los españoles fueron anunciados como «El prado es una dama verde» y «El saltamontes es un animal perjudicial».

Tras la recepción de estos envíos, el material era escondido en diversos lugares previstos y protegidos, esperando las órdenes que anunciarían el desembarco y la sublevación nacional. Algunas armas que formaban parte de ese material fueron utilizadas antes para diversas misiones clandestinas del grupo de Alcántara.

Berruezo explica lo siguiente en su libro:

> El 6 de junio, tras la noticia del desembarco de Normandía, la Resistencia apareció ya organizada en la zona del pantano: «En virtud de lo convenido tan pronto como se efectuó el desembarco de los ejércitos aliados, más de un centenar de compañeros del grupo que formaba la CTE (Compañía de Trabajadores Extranjeros) destacada en Fayrac se incorporaron voluntariamente al lugar preparado de antemano en los montes de Salers, formando la Compañía Española del Batallón del Pantano del Águila, afecto a la 13.ª División de la Auvernia y del comandante Decelle, alias «comandante Didier». Bajo sus órdenes, los españoles comenzaron el combate abierto contra las tropas alemanas instaladas en las cercanías. Para ayudar en ese combate, los americanos organizaron un envío de armas para los grupos de la Resistencia dirigidos por el ORA en el departamento de Cantal, y el 14 de julio, día de la Fiesta Nacional de

Francia, decenas de paracaídas revestidos con los colores de la bandera nacional francesa inundaron de armas la zona de resistencia del pantano. Berruezo describe en su libro ese momento de emoción: Y de pronto, ¡zas!, el firmamento visible se cubrió de aparatos voladores, el ronquido de los motores se oyó en las colinas y barrancadas, los vientres de acero se abrieron al conjuro de la mano del hombre y una nube de paracaídas multicolores cubrió el espacio, descendiendo lentamente hasta chocar con la tierra virgen de aquellas colinas...[23]

Todo aquel material de guerra tuvo que trasladarse en carretas con bueyes a través de barrancos hasta los caminos transitables:

> Hasta medianoche duró la operación de apertura de las cajas metálicas repletas de armas modernas. Un oficial del ejército aliado descendió con tan mala suerte que el paracaídas quedó colgado en un árbol, y el ocupante con una pierna fracturada; pero aparte de este incidente, todo transcurrió bien y de madrugada se inició el regreso al pantano del Águila.[24]

Para los españoles encargados de recoger el material, fueron momentos de emoción intensa y el preludio esperanzador de los combates decisivos en los que iban a participar pronto y que podrían abrir para ellos la puerta a un inminente regreso a España, para proseguir el combate.

D. Barboa, del grupo de la CNT del embalse y miembro del Grupo Chocolat del maquis de Puy Violent, describía así la llegada de los envíos:

23. *Ibid.*, p. 120.
24. *Idem.*

¡Qué espectáculo fantástico representaba cada uno de estos aterrizajes de material o de hombres! Los comunicados nos eran hechos a través de aparatos de radio especiales. Siempre escuchábamos todos con gran atención para ver si había algún comunicado para nuestro sector. Cuando el comunicado llegaba, nos preparábamos para los aterrizajes, que se hacían casi siempre por la noche. Encendíamos grandes hogueras en los cuatro puntos cardinales del campo y luego algunas pequeñas que enlazaran con los cuatro puntos de referencia. Debíamos alimentar los fuegos a veces hasta la madrugada. En algunas ocasiones los descensos no se realizaban: la aviación alemana les salía al paso, o había contraorden o algo sucedía que impedía la operación. A veces la bruma no les permitía vislumbrar el campo. Pero regularmente los aterrizajes se efectuaban alrededor de la una de la madrugada y con bastante puntualidad... Es difícil explicar con palabras las emociones vividas, la impaciencia y la angustia de estas horas de espera, la alegría y la sorpresa de las cosas y los seres que nos venían del cielo, por así decirlo, el colorido y el movimiento de esas noches en el campo iluminado por las hogueras, a través de las que se movían los hombres como fantasmas. Son recuerdos que perdurarán en nuestra memoria mientras vivamos.[25]

Juan Montoliu, jefe del maquis de Puy Violent, describiría en una carta dirigida a Federica Montseny algunos recuerdos de aquellos momentos:

---

25. Testimonio del guerrillero D. Barboa recogido por Federica Montseny en *Pasión y muerte de los españoles en Francia*, Toulouse, Éditions Espoir, 1950, p. 172.

En aquel entonces el Gobierno de Argel nos envió a un joven teniente francés llamado Lambert, que fue afectado en calidad de enlace entre el mando de la región y nuestra compañía que, al ser disuelta l'Armée Secrète, como asimismo los FTP, para integrar las llamadas Fuerzas Francesas del Interior, FFI, había sido incorporada a la 13.ª Región militar. Era un buen muchacho. Al principio se extrañaba y no comprendía, por ejemplo, que los jefes, entre nosotros, no tuvieran los privilegios del rango. Al que esto narra, jefe por aquel entonces de la compañía española, el joven teniente se esforzaba por buscarle alojamiento en la mejor casa del pueblo. Y se encontraba con que, riendo, rechazaba su oferta declarando que me iba a dormir al pajar con mis hombres. Me contemplaba con ojos asombrados, no sabiendo cómo interpretar mi actitud. Yo intentaba explicársela haciéndole comprender que «mis hombres» eran compañeros míos, que habían luchado conmigo en la guerra de España y que nos unía, por encima de grados y distinciones, la fraternidad de luchadores libertarios, combatientes por un mismo ideal.[26]

Montoliu describe también el envío de aquel 14 de julio, el más importante de los envíos de armamento aliado en el que participaron los españoles:

El 14 de julio de 1944, a las diez de la mañana, se realizó una de la más grandes operaciones de paracaidismo vista en el maquis. Ante las propias fuerzas alemanas que se hallaban a poca distancia, treinta y seis fortalezas volantes descargaron una cantidad enorme de material de guerra. Recuerdo el espectáculo como algo inolvidable. El cielo

26. *Ibid.*, p. 173.

parecía cubierto por los enormes pájaros que iban descargando las cajas de armas y municiones, mientras una caravana imponente de camiones, requisados por todas partes, servidos por una numerosa mano de obra, también requisada, recogía todo este arsenal de pertrechos bélicos.[27]

Uno de los combatientes más activos descargando armas fue José Santiago Pavón. Andaluz de Posadas, Córdoba, en 1936 abandonó su trabajo de pastor para coger las armas como miliciano anarquista. Después, como soldado del Ejército Popular de la República combatió en diversos frentes, incluida la batalla de Bilbao, en 1937. Llegó combatiendo hasta Barcelona, antes de dirigirse hacia la frontera y entrar en Francia con la Retirada, el 10 de febrero. Fue internado en el campo de Argelès, de donde salió con un Grupo de Trabajadores Extranjeros, destinado a los trabajos del embalse del Águila. Miembro del maquis, cuando se inició la Liberación, José Santiago abandonó el embalse para subir a pie hasta encontrarse con el grupo de la montaña de Neronne y después con el grupo de Puy Violent. Encargado de un fusil ametrallador, participó en todos los combates por la liberación del Cantal y de una parte de Auvernia. En 1944 volvió al embalse para terminar la construcción y después salió para ir a la zona del Var a destruir búnkeres alemanes y luego a reparar puentes, carreteras y vías férreas en los Alpes. Después trabajó diez años en minas de cobre, de plomo y de plata. Murió de silicosis en 1989.

El 24 de agosto, en Saint-Poncy, al norte de Saint-Flour, a un centenar de kilómetros del pantano, los libertarios españoles participaban en la última batalla que marcaba la liberación del Cantal. Hicieron numerosos prisioneros y, a partir de ese momento, fueron los alemanes los que, mayo-

27. *Idem.*

ritariamente, trabajaron como obreros en la construcción del embalse.

A finales de agosto puede decirse que toda la región de Auvernia o Macizo Central estaba completamente en manos de la Resistencia, y los diversos maquis españoles que hasta ese momento habían actuado con gran autonomía, regidos por sus propios mandos, se vieron forzados, como combatientes, a ingresar en la UNE y obligados a obedecer a la cadena de mando de las nuevas fuerzas militares francesas. Muchos de aquellos españoles no lo aceptaron.

El 31 de octubre de 1944, fecha en la que fueron englobadas todas las Fuerzas Francesas del Interior (FFI) en el nuevo ejército regular francés, una mayoría de esos españoles tomaba la decisión de dar por terminada su actuación de combatientes por la libertad en Francia y abandonaron las armas para volver a sus herramientas de trabajo.

Juan Escoriza Martínez fue desmovilizado el 10 de diciembre de 1944. Instalado en el pueblo de Mauriac, se casó con una vasca de Baracaldo, refugiada en la región y que había participado en la Resistencia, y tuvieron dos hijos. Juan continuó trabajando, como otros compañeros, en la construcción de diversos embalses en los alrededores del pantano del Águila, en Dordoña, así como en la construcción de una central nuclear en la región de las Ardenas, en Chooz... En 1969 tuvo que retirarse, enfermo de silicosis. Juan Escoriza murió el 14 de diciembre de 1980.

Juan Escoriza*

Mi padre era un hombre paciente y sereno, muy trabajador y amante de la libertad; amaba la República y la

---

* Entrevista de su hijo Roland con la autora.

democracia más que nadie. Era también un hombre impregnado de la nostalgia de su país. Hablaba muy poco pero, cuando tenía algo que decir, era muy categórico. Era un hombre sin estudios pero analizaba muy bien las cosas y nos animó a estudiar. Nos animó y nos ayudó a comprender que hacerlo era muy importante. Él no fue nunca a la escuela. Cuidaba cabras y recogía almendras. Tenían tan poco que el regalo que más recordaba era el que recibía en Navidad... Una naranja.

Era un hombre fuerte y muy paciente... Nunca quiso ser jefe de nadie y no aceptó ninguna condecoración. Era muy particular en su pensamiento, jamás evolucionó en su carrera porque no quería ser jefe, era anarquista. Se consideraba un trabajador y no quería ser jefe de equipos, no quería mandar...

En el pantano estuvo muy implicado con los grupos de republicanos anarquistas que luchaban por la libertad. Allí empezó de nuevo su lucha porque estaba de acuerdo con el pensamiento político de sus compañeros de combate. Pero después no quiso ni adherirse a la UNE ni ir al ejército francés.

De su vida en la Resistencia solo sé que durante una batalla fue herido en un muslo y que en la cabeza tenía diversas marcas de las lesiones provocadas por la explosión de un obús muy cerca.

De esa etapa en la Resistencia solo guardo dos tarjetas, una de ellas la de combatiente voluntario de la Resistencia y otra, de algo de las insignias de la medalla de combatiente.

Puedo decir que, al margen de su trabajo, era un hombre que nos dedicó casi todo su tiempo libre, que estaba muy atento a los otros, que nos enseñó a querernos y que nos transmitió con mucho amor lo que significaba la solidaridad y el respeto.

De vez en cuando escuchaba a Juanito Valderrama. Le gustaban mucho algunas de sus canciones. Solo le oí cantar algunas veces *A las barricadas*.

Mi padre nunca volvió a su país. Salió de España en 1939 y murió en 1980, llevando su tierra todavía dentro. Nunca volvió.

Juan Escoriza*

En nuestros juegos de niños, no teníamos derecho a utilizar armas de plástico y no podíamos hablar de violencia y, menos, emplearla. Esto fue algo muy importante en mi construcción personal y en mi reprobación de los violentos. En casa no se hablaba ni de guerra ni de violencia.

Mi abuelo tenía silicosis. Después de que los médicos la detectaran y tuviera que dejar el trabajo, vivió diez años entre hospitalizaciones diversas. Cuando murió, de forma brusca, tuve la impresión de que se había quedado en casa: en el comedor, mi abuela tuvo durante mucho tiempo su necrológica, sus fotos, diversos recuerdos... y después fue mi madre, que es francesa y oriunda de una familia comunista, la que continuó esta memoria.

En nuestra familia había miembros comunistas y anarquistas, y en las comidas que teníamos frecuentemente, se peleaban mucho pero se querían mucho también. Yo me sentía bien con mi madre comunista y mi padre anarquista, con mi tío comunista y mi abuela anarquista... Me sentía bien con las dos tendencias porque, por encima de las discusiones, se tenían mucho cariño.

* Entrevista de su nieto Alain con la autora.

A mi abuelo le he echado mucho de menos. Me hubiera gustado preguntarle muchas cosas sobre su lucha en España, sobre la Resistencia en Francia... Sé que fue un guerrillero pero tenemos un agujero histórico entre 1940 y 1942. De su itinerario posterior sabemos algo más.

Mi padre me contó que supo, por un vecino de mi abuelo que era peluquero y que había luchado con él, que en una ocasión mi abuelo se había enfrentado y luchado solo contra un Panzer alemán y que había matado a todos sus ocupantes...

Muchas veces pienso que esos hombres lucharon casi diez años contra el fascismo y que luego tuvieron que olvidar sus sufrimientos para poder seguir viviendo, tuvieron que trabajar, educar a sus hijos, construir una nueva vida, dejar de lado su España... Estoy contento de saber que mi abuelo fue un hombre generoso, que lo fue hasta su muerte, dando su cuerpo a la ciencia para que jóvenes médicos estudiaran sobre su enfermedad...

Mi abuela, que tuvo en su pequeña habitación la bandera republicana hasta su muerte, fue la que luego nos incitaba a estudiar, estaba obsesionada con ello. Para ella la escuela, como para mi abuelo, era algo muy importante; decía que en Francia teníamos lo que ella no había tenido nunca en España y que había que aprovecharlo. Murió antes de que yo terminara mis estudios, pero hasta el final de su vida nos estimuló para que estudiáramos. Tengo también la suerte de que mis padres me enseñaron la lengua de mis abuelos, su historia, que era la mía también.

Ella volvió por primera vez a España, a Baracaldo, diez años después de la muerte de Franco. Yo fui por primera vez en 1995, con mi clase. Fuimos a Galicia, a Santiago de Compostela. Cuando cruzamos la frontera española, todos mis compañeros se volvieron hacia mí y me dijeron: «Escoriza, has vuelto a tu país...». Yo lo estaba sintiendo dentro de mí... Después me di cuenta de que tenía la suerte de tener dos países... Cuando voy, llego a mi país, y cuando vuelvo, también vuelvo a mi país. Puedo decir que soy un francés con toda el alma española y un poco vasca también.

Hoy trabajo como ingeniero en la última empresa donde mi abuelo trabajó como obrero. Pero soy un obrero, aunque sea un directivo en la empresa. Gracias a mi familia, no olvidaré nunca quién soy, de dónde vengo, lo que han vivido los míos, lo que me han enseñado.

Ventura Márquez*

El coronel Márquez, jefe guerrillero en el departamento del Cantal y libertador de varias de sus poblaciones, incluida la más importante, Aurillac, fue uno de los héroes de la zona, muy conocido también en el embalse del Águila. Allí trabajó con otros compañeros y participó junto a dirigentes anarquistas en alguna reunión de la CNT, representando al Partido Comunista de España y a la UNE, en un intento de unir fuerzas para la lucha guerrillera contra los ocupantes nazis.

Nacido en Minas de Riotinto en septiembre de 1903, Ventura Márquez Sicilia trabajó en la minería de su región desde muy joven. A los dieciocho años emigró a Cataluña con dos de sus hermanos y en Sant Feliu de Llobregat trabajó durante algún tiempo en una cantera. Hombre con una gran curiosidad por aprender y apasionado de la lectura, no tardó en contactar con diversos grupos literarios de

* Héroe guerrillero.

la época y en abrir una librería junto con uno de sus hermanos, al mismo tiempo que estudiaba el bachillerato y Magisterio, y comenzaba a escribir y publicar diversos textos en prosa y poesía, participando igualmente en numerosos actos culturales. Convertido en un destacado y respetado intelectual, la guerra lo atrapó casado, con dos hijos y como secretario del sindicato UGT en Esplugues de Llobregat, donde vivía. En la contienda participó como comisario político en la 60.ª División, XVIII Cuerpo del Ejército, en el frente de Aragón.

Tras la caída de Barcelona, cruzó la frontera, pasó por los campos de concentración franceses y fue integrado en los GTE enviados a la zona del Cantal, para trabajar en los pantanos en construcción, sobre todo en el embalse del Águila. En los primeros meses de 1944, en las filas de los AGE-FFI (Agrupación de Guerrilleros Españoles-Fuerzas Francesas del Interior) dirigió diversos grupos guerrilleros, alcanzando el grado de coronel. Tras la liberación de la zona, en octubre de 1944, participó en la ofensiva guerrillera del Valle de Arán, a pesar de haberse mostrado contrario a esa misión. Según su familia, Ventura Márquez, a pesar de estar en contra, había aceptado llevar a las tropas hasta la frontera, donde alguien debía hacerse cargo de ellas pero ese alguien no llegó, y se vio obligado a entrar en España. Al frente de la misión, junto a sus hombres, no tardó en ser herido y hecho prisionero. Un tribunal militar de Pamplona lo condenó a muerte poco después, en 1945. Su familia lloró su muerte esperando que fuera fusilado de un momento a otro. Esta condena movilizó al mismo tiempo a amplios sectores del pueblo francés y la prensa internacional hizo una gran campaña para lograr su liberación. Numerosas organizaciones celebraron manifestaciones y mítines de protesta contra la condena y a favor del antiguo guerrillero que había vestido y combatido con uniforme francés.

Estas campañas contribuyeron a que lo aislaran durante meses en celdas de castigo en el fuerte de San Cristóbal, donde estaba prisionero. Finalmente, la importante y larga presión exterior, y la intervención directa del general De Gaulle, propició que su condena fuera conmutada por reclusión perpetua y que al final quedara reducida a nueve años, que pasó en el penal de El Dueso, de donde fue liberado en mayo de 1953. Después vivió cerca de su familia en Huelva, decepcionado con algunos ideales por los que había luchado y que consideraba traicionados, y cercano al mundo editorial latinoamericano, traduciendo obras literarias y escribiendo novelas, cuentos y libros de poesía. Murió en Cartaya en diciembre de 1991.

Eugène Martres*

Sí, los españoles fueron los que comenzaron la Resistencia por esta zona, pero al principio no tenían fusiles, no tenían nada porque aquí no estábamos todavía ocupados por los alemanes y no tenían posibilidad de conseguir armas, como hicieron luego, atacándolos. Podían formar grupos, hacer propaganda, escuchar Radio Londres, hacer alguna página de periódico contando cosas incendiarias contra Franco, pero no tenían medios de combate. Sin embargo, en el primer atentado contra una vía férrea en Auvernia, se encontró cerca un periódico español, una hoja que distribuían los españoles. Seis meses después de haberse instalado y comenzado a trabajar, habían conseguido ponerla en marcha y distribuirla.

* Historiador y especialista de la Segunda Guerra Mundial en el Cantal y Auvernia. Entrevista con la autora.

Los españoles constituyeron unidades propias, formaban parte de la MOI pero, ya le digo, al principio no tenían medios, nada de dinero ni de armamento. Sabían utilizar muy bien un fusil porque habían llegado con la experiencia del combate, pero tuvieron que esperar a la ocupación alemana a finales de 1942.

Lucharon muy bien. Estaban por todos los sitios. En el Mont Mouchet había una compañía completa de españoles que luchaba dentro de los FFI franceses. Lucharon con mucho coraje. Los españoles trabajaban sobre todo en los pantanos y en las minas. Eran hombres duros, fuertes. Participaron en la Liberación por toda Francia.

Después de la guerra, los resistentes franceses se reunieron entre ellos y crearon una tarjeta de combatiente para que los soldados sin uniforme pudieran percibir una pequeña cantidad de dinero dos veces al año por lo que habían hecho, pero las condiciones que exigían no facilitaban las gestiones, había que hacer la demanda, preparar un dosier, tener dos testigos... Cerraron la puerta a muchos, sobre todo teniendo en cuenta que la mayoría no hablaba francés. Muchos españoles no las pidieron, no hicieron las gestiones que les habrían permitido recibir una pequeña paga. Muchos otros, además, decían: «Nosotros no hemos hecho esto por dinero...». Una mayoría de combatientes españoles se marchó luego a trabajar en la agricultura. Muchos volvieron a las minas.

Los españoles, más tarde, se fueron integrando, casándose, tuvieron hijos... Pero por algunas entrevistas que tuve con algunos de ellos, siguieron siendo siempre «muy españoles».

En los bosques de Aquitania

Compañías de Trabajadores Extranjeros y Grupos de Trabajadores Extranjeros

Los extensos bosques de Dordoña, en la región de Aquitania, sus árboles centenarios, guardan en silencio las huellas de los numerosos maquis españoles que por todo el departamento llevaron a cabo una importante actividad guerrillera. La más importante, junto con la del Ariège, de todos los departamentos franceses.

La mayoría de esos hombres, futuros combatientes, habían llegado a la región integrados en unidades de trabajo militarizadas, compuestas por exiliados acogidos en Francia en 1939, tras lo que se conoce como «la Retirada». Esos refugiados habían sido internados en los numerosos campos de concentración diseminados por todo el país, en condiciones de gran miseria.

Acogidos en Francia, pero tratados en su gran mayoría como «indeseables», los miles y miles de refugiados españoles en esos campos fueron incorporados poco después, tras la amenaza oficial de ser repatriados a España, en las Compañías de Trabajadores Extranjeros (CTE), creadas por el Gobierno francés por un decreto-ley del 12 de abril de

1939. Dependiente del Ministerio de Defensa, este decreto-ley obligaba a los extranjeros entre 18 y 48 años que se beneficiaban de un derecho de asilo a ponerse a disposición del ejército francés como soldados «no combatientes» pero al «servicio» de todo lo que los militares pudieran necesitar para sus trabajos en zonas fronterizas, en campos militares previstos para la defensa nacional o en la industria del armamento. Estas compañías, bajo mando francés, estaban constituidas por dos oficiales, uno francés y otro extranjero, en este caso español (el francés, encargado de la dirección, administración, control y custodia de los españoles movilizados, y el español, encargado de traducir, coordinar la labor y cumplimentar las órdenes del mando francés), ocho suboficiales, ocho cabos, doce soldados franceses y 230 soldados-trabajadores extranjeros. Los franceses crearon más de 500 compañías. La gran mayoría de sus integrantes eran españoles y fueron conocidas también como «Compañías de Trabajadores Españoles». Gran parte de aquellas compañías fueron enviadas a los importantes trabajos de construcción de la Línea Maginot (barrera de acero y hormigón armado única en Europa, prevista para defender la frontera del noroeste e impedir la entrada de las fuerzas alemanas a Francia), y las otras a trabajos en industrias de carácter estratégico instaladas en diversas regiones y departamentos del país, siempre muy controladas y a las órdenes del Ministerio de Defensa.

A la fábrica nacional de pólvora de Mauzac, en Dordoña, fueron enviados varios centenares de los españoles integrados obligatoriamente en las compañías. Cuando llegaron a la zona, los alojamientos que preparaba el ejército no estaban terminados y el acantonamiento de los obreros se hizo en vagones de tren de transporte de mercancías, en condiciones miserables. Durante varias semanas y antes de pasar a los enormes barracones que se conocerían como «campo Maury», los españoles vivieron esa situación de precariedad extrema, integrados en los trabajos de la fábrica nacional en la que se producía cloro; fosgeno, el gas venenoso de combate; y el combustible benzol, todos extremadamente tóxicos (productos cuya utilización había sido reprobada por el Tratado de Versalles del 28 de junio de 1919 y el Protocolo de Ginebra del 17 de junio de 1925, no así su fabricación).

El aragonés Joaquín Arasanz, uno de aquellos trabajadores-soldados, contaba al respecto:

> En las compañías de trabajadores estábamos organizados de forma militar, lo que nos permitió establecer contactos. Más tarde, en el momento que fue necesario, estábamos preparados para la Resistencia y es lo que hicimos. Cuando los alemanes invadieron el sur de Francia, nosotros escapamos de las compañías de trabajo y creamos maquis en muchos lugares. Dada nuestra larga experiencia en España con las armas y la guerrilla, servimos de instructores a los jóvenes franceses que se iban incorporando al maquis.[28]

Tras la declaración de guerra contra Alemania, en octubre de 1939 se dictó un nuevo decreto-ley bajo la autoridad del presidente del Consejo y ministro de Defensa de la época, Édouard Daladier, que añadía al decreto anterior que con una parte de los españoles refugiados que se encontraban todavía en los campos del Sur-Oeste, se crearían «más compañías de obreros españoles para ser utilizados como refuerzos en diversas construcciones, minería y pol-

---

28. Anne-Marie García, *Adiós guerrillero: Joaquín Arasanz Raso Villacampa, une vie et un parcours d'exception*, Angeville, Association La Brochure, 2013.

vorines». Estos obreros se verían sometidos también a las reglas de disciplina general del ejército.

Algunos meses después, tras el armisticio y la desmovilización del ejército francés (1.600.000 prisioneros de guerra retenidos en *stalags* o campos de prisioneros de guerra alemanes), cuando muchas de las compañías de trabajadores habían sido dispersadas o aniquiladas y muchos de aquellos «soldados» españoles habían sido deportados a campos de concentración en Alemania, sobre todo a Mauthausen, un nuevo decreto fechado a 27 de septiembre de 1940, transformó los restos de las Compañías de Trabajadores Extranjeros (CTE) en elementos civiles. Teniendo en cuenta esto y también las disposiciones de la convención del armisticio, este nuevo decreto los convirtió en Grupos de Trabajadores Extranjeros (GTE), incluyendo entonces a refugiados con edades comprendidas entre 20 y 55 años que deberían trabajar, a partir de esa nueva ley, bajo las órdenes del Ministerio de Industria y de Trabajo, pero mandados por militares de carrera. Esta operación tenía como objetivo evidente englobar y encuadrar a los republicanos españoles (considerados globalmente sospechosos) y utilizar una mano de obra útil y barata al servicio del Gobierno de Vichy o de los ocupantes del III Reich, tanto en la llamada «Zona Libre» como en la Zona Ocupada.

Ambas partes, franceses y alemanes, aprovecharon de igual manera este material humano para sus necesidades bélicas... Como antes lo habían hecho los franceses con la Línea Maginot, los alemanes utilizaron a los españoles cedidos por Vichy para integrarlos inmediatamente, de forma «voluntaria o no», en la Organización Todt. Esta organización fue creada por Adolf Hitler en 1938 y estaba encargada de todos los proyectos de construcciones militares del Reich, entre ellos los 15.000 búnkeres del Muro del Atlántico, levantado para proteger las costas e impedir un eventual desembarco. Más de 20.000 refugiados españoles fueron obligados a trabajar para la Organización Todt, dedicados a los grandes trabajos de construcción previstos por los nazis, como el Muro del Atlántico o las bases submarinas de La Pallice, Saint-Nazaire o de Burdeos, entre muchos otros.

A finales de 1942, cerca de 25.000 españoles ya se habían incorporado a la Organización Todt. Por su parte, los franceses de Pétain en la «Zona Libre» utilizaron a los españoles como habían previsto, repartiendo los grupos por diversas regiones, con muchos de esos refugiados todavía vestidos con el uniforme caqui con el que habían trabajado en las CTE y que tenía en la parte alta de la manga izquierda un brazal con las siglas TE (Trabajador Extranjero) y la indicación del grupo al que pertenecían.

Distribuidos principalmente como leñadores, carboneros o mineros forzados, los refugiados españoles de los GTE enviados a Dordoña, muy controlados por las gendarmerías locales, lograron ir organizándose entre ellos poco a poco. A pesar de la situación de indefensión total en que se encontraban y de la imposibilidad de huir del país por ninguna frontera, se fueron uniendo en pequeños grupos, dispuestos a escapar de sus lugares de trabajo, sobre todo cuando, con la complicidad de los franceses, se extendió la amenaza de enviarlos a trabajar a Alemania, como iban solicitando las fuerzas de ocupación. Los frondosos bosques de robles y abedules, de castaños o nogales que se extendían por todo el departamento de la Dordoña no tardaron en acoger y esconder a esos primeros grupos de desertores, en contacto sobre todo con las fuerzas inglesas, en los primeros tiempos. Cuando la Resistencia francesa ya organizada políticamente se puso en marcha, los refugiados, muchos de ellos expertos dinamiteros del combate español, estaban preparados y dispuestos para el combate en Francia. Algunos de ellos habían escapado con dinamita de las fábricas y minas donde trabajaban.

René Coustellier, conocido como «comandante Soleil» (antiguo miembro de la Organization Spéciale, transferido de Niza a la zona del Périgord por el Partido Comunista clandestino porque necesitaban «hombres con coraje»), fue uno de los más conocidos combatientes franceses de aquella época en Dordoña. Sesenta y cinco años después de aquellas acciones afirmaba: «La dinamita que aportaban los españoles desde las minas era importante porque no teníamos armas. Muchas vías ferroviarias, puentes y carreteras saltaron gracias a ella».[29] Gracias a ella y a ellos... a aquellos «desarrapados» o «indeseables» enviados a las minas más duras de la llamada «Zona Libre», donde, a pesar de las vejaciones y el abuso cotidiano, se sentían lejos todavía del peligro de la presencia y directivas alemanas de la Zona Ocupada. Dos de aquellos hombres, prototipo de tantos otros, se conocieron en el fondo de la mina y allí nacería una amistad que se mantuvo hasta el final de sus vidas: el aragonés José Gonzalvo y el madrileño Emilio Álvarez Canosa.

Gonzalvo, «Petit Pierre», y Álvarez Canosa, «Pinocho»

José Gonzalvo nació en Gelsa de Ebro, Zaragoza, en 1921. En agosto de 1936 —después de que su padre, alcalde republicano del pueblo, hubiera sido violentamente maltratado, arrestado por las tropas golpistas y conducido a Zaragoza para ser fusilado—, el muchacho consiguió enrolarse en la Columna Durruti a pesar de tener solo quince

29. Declaraciones realizadas en una entrevista con la autora.

años. Tras la muerte del dirigente anarquista, fue integrado en una compañía de carabineros que vigilaban y protegían la costa de Levante de las incursiones de la aviación italiana, que, activa día y noche, realizó en total más de 500 bombardeos que causaron más de mil muertos y más de cuatro mil heridos.

En febrero, tras la caída de Barcelona, conscientes de haber perdido la guerra, iniciaron la retirada hacia Francia. Bombardeados por los aviones enemigos hasta la misma frontera, con su batallón y los restos de las tropas republicanas consiguió atravesar los Pirineos por el Coll d'Ares. Todos fueron internados en el campo de Saint-Cyprien. José tenía dieciocho años y el grado de capitán, conseguido durante la guerra española. Unos días después de su llegada fue enviado al campo de Bram, de donde salió más tarde para ir a trabajar a las minas de oro de Salsigne, en Occitania, a 12 km de Carcassonne, en pleno macizo de la Montaña Negra. Allí conoció a Emilio Álvarez Canosa, alias «Pinocho» (él mismo se había puesto este sobrenombre por su gran nariz).

Emilio Álvarez Canosa, según los datos biográficos que él mismo aportó, nació en Madrid el 15 de diciembre de 1915 e hizo sus estudios con los jesuitas en el Colegio San Rafael. Cuando llegó a Francia tenía veintiséis años y dejaba atrás una importante historia militar. Afiliado al Partido Comunista, en la guerra de España había sido uno de los primeros en formar parte de la 1.ª Brigada Móvil de Choque de «El Campesino», alcanzando sucesivamente los grados de sargento, brigada, teniente, capitán de ametralladoras, comandante del 39.º Batallón de la 10.ª Brigada y, finalmente, comandante-jefe del célebre Batallón Divisionario de la 46.ª División de «El Campesino».

El 15 de septiembre de 1936 resultó herido de un tiro en la cabeza durante los combates del Cerro del Águila, en

Guadarrama. El 4 de enero de 1937 fue de nuevo herido con dos balas en el pulmón izquierdo, cuando en el Plantío de Majadahonda tomaba parte en la gran batalla por la defensa de Madrid.

El 25 de julio de 1938, al mando del 39.º Batallón de la 10.ª Brigada de «El Campesino», fue uno de los primeros en atravesar el río Ebro, en el momento de la célebre ofensiva republicana, resultando, una vez más, herido de tres tiros, uno en la pierna izquierda, otro en el brazo izquierdo y, el tercero, de nuevo, en el pulmón izquierdo.

Durante la guerra de España participó en las más importantes operaciones y batallas... Guadarrama, Somosierra, Guadalajara, Garabitas, Quijorna, Lérida y Teruel, entre otras, hasta la caída de Barcelona y la dura y cruel retirada. Al mando del Batallón Divisionario de la 46.ª División cruzó la frontera el 11 de febrero de 1939. Tras depositar las armas en territorio francés, fueron enviados al campo de concentración de Septfonds.

Considerado por las autoridades públicas como «un elemento peligroso», lo sacaron de allí poco después para enviarlo a Le Vernet, verdadero campo de castigo. En julio de 1939 fue trasladado de nuevo, esta vez esposado, al castillo de Collioure, un auténtico presidio donde estuvo varios meses, hasta que lo enviaron al campo de Bram, de donde salió hacia Marsella acompañado por su familia, tras haber solicitado emigrar a México. Ante la oposición de las autoridades alemanas y francesas a que los republicanos españoles emigraran a América, se fue a trabajar en una mina de carbón de la cuenca minera de Provenza. De allí saldría poco después para ir a Salsigne con el fin de trabajar en las minas de oro más importantes de Europa occidental. Los obreros trabajaban duramente cada día, rompiendo enormes bloques de piedras para la extracción del metal precioso, mientras estaban en contacto y respiraban otros elementos químicos, como el arsénico o el azufre, vigilados con prismáticos por los guardianes de la mina. En el departamento del Aude, las zonas cercanas al lugar donde se encuentra la mina, cerrada en 2004, siguen siendo hoy día de las más contaminadas de Francia.

José Gonzalvo y Emilio Álvarez Canosa se conocieron trabajando en aquel yacimiento. José apreció enseguida el temple de aquel hombre fuera de lo común, antiguo comandante del ejército republicano. La amistad fue mutua. La mujer y los dos hijos de Emilio (a ella se la conocía también como «Pinocha» y al mayor de los hijos como «Pinochín») también habían conseguido cruzar la frontera y fueron a parar a un campo del que Emilio logró sacarlos en cuanto consiguió el trabajo en Salsigne y pudo encontrar un lugar para vivir juntos.

José Gonzalvo se integró en la familia y pasaba con ellos muchos domingos, hasta que recibió la orden oficial de volver al campo de Bram. El joven José prefirió irse a Sète y se preparó para escapar. Vestido de civil y con una pequeña maleta, se dirigió hacia el Mediterráneo esperando poder embarcar hacia algún país de América, como México, Argentina o Venezuela. Consiguió llegar hasta Sète y luego a Marsella para tratar de coger un barco que lo llevara a México, pero no lo consiguió.

Errante después, yendo de un lado para otro, la fuga de Gonzalvo duró unos meses hasta que fue detenido en un control por los gendarmes y enviado al campo de Argelès, donde se encontraban todavía concentrados miles de refugiados y donde muchos morían cada día. De allí salió poco después en una de las Compañías de Trabajadores Extranjeros (CTE), que enviaban a la región del Limusin, donde los repartieron en pequeños grupos para talar árboles en los bosques, trabajando 12 horas diarias.

En ese trabajo, según Gonzalvo, muchos de los españoles, con hachas y sierras, cortaban enormes troncos, cantando aires de su tierra o canciones guerreras de la España perdida. Después bajaban los troncos hasta los pueblos cercanos. Mientras tanto, otros compañeros se ocupaban de descargar enormes sacos de las gabarras o barcazas que transportaban harina por ríos o canales, y que luego ellos tenían que transportar a hombros hasta los trenes que, por vagones enteros, los distribuían en zonas militarizadas. Unos y otros, asumiendo los duros trabajos y cantando durante horas, iban organizándose en pequeños grupos, preparándose para el inevitable combate que se anunciaba.

El Partido Comunista también se organizaba. Mientras duró el pacto germanosoviético, muy pocos comunistas franceses combatieron contra los alemanes. Las órdenes eran de abstenerse. Dos de los que, sin embargo, no aceptaron la derrota francesa ni la obediencia al pacto fueron los militantes Charles Tillon y Georges Guingouin.

Charles Tillon había sido diputado comunista cercano a los medios sindicales y obreros, fundador y comandante de los FTPF y combatiente de la primera hora, y fue uno de los pocos que no aceptó que tras el acuerdo germano-soviético el Partido Comunista Francés (PCF) cesara la lucha contra los alemanes. El 17 de junio de 1944, un día antes de que lo hiciera De Gaulle en Londres, denunciaba la entrega del país al fascismo y llamaba a los franceses a la lucha. A su lado combatieron varios miles de españoles.

Por su parte, Georges Guingouin, que era maestro, se fue al maquis en la región de Limoges desde el primer momento de la Ocupación sin aceptar las consignas de su partido. Fue un verdadero representante de la resistencia civil y un eficaz organizador, hasta el punto de que en la lucha armada consideraba su deber dirigir en persona las operaciones más peligrosas, siempre a la cabeza de sus hombres.

Consiguió reunir importantes grupos en la región, entre los que había numerosos españoles. Desobedeciendo las consignas del PCF en la fase de la Liberación, decidió sus propias estrategias y, como coronel Guingouin, apoyado por una tropa dispersa de 14.000 guerrilleros, consiguió la rendición alemana en diversos sectores del departamento y ocupó Limoges fácilmente, sin derramamiento de sangre. Expulsado del PCF tras bastantes problemas y después de ejercer diversos cargos de responsabilidad, volvió a su puesto de maestro donde siguió ejerciendo la enseñanza hasta el final de su carrera.

Tanto Tillon como Guingouin, por separado, desobedeciendo las órdenes del Comité Central, decidieron resistir al ocupante reagrupándose con otros transgresores frente a la obediencia del pacto. En septiembre de 1940, Georges Guingouin se unió al maquis en la Haute-Corrèze. Desde los primeros momentos, estuvo en contacto con diversos grupos de trabajadores españoles, muchos de los cuales combatirían a su lado.

Tras la ruptura del pacto germanosoviético y la invasión alemana a Rusia ese mismo día, el 21 de junio de 1941, los partidos de la Internacional Comunista recibieron la orden de Stalin de atacar al enemigo alemán en todos los frentes y con todos los medios posibles. El Partido Comunista Francés entró inmediatamente en la lucha contra los nazis, llamando a sus militantes a la acción y creando y activando nuevos órganos. Por toda Francia empezaron a organizar o reorganizar unidades armadas, como Mano de Obra Inmigrada (MOI), Francotiradores y Partisanos (FTP) o Francotiradores y Partisanos Franceses (FTPF), Frente Nacional (FN) o Fuerzas Francesas del Interior (FFI), y a formar equipos, buscando los mejores combatientes para incorporarlos. Contaron para ello especialmente con los españoles, pues en el Comité Central muchos sabían que aquellos miles y miles de refugiados diseminados por Francia y empleados en trabajos forzados, habían llegado de España con una importante preparación militar y política, con la experiencia del combate y con muchos ideales intactos. Aquellos hombres constituían un «material humano» ideal para preparar a los nuevos equipos de combate.

José Gonzalvo fue uno de los primeros combatientes en ese inicio de Resistencia organizada. En un certificado de las Fuerzas Francesas del Interior (FFI), fechado el 20 de enero de 1945, sobre sus actividades en el combate, se puede leer: «16 de junio de 1943: [José Gonzalvo] fue uno de los primeros voluntarios en incorporarse al combate, formó parte de los primeros grupos del maquis de Dordoña y se convirtió rápidamente en jefe del destacamento».[30]

En realidad, José Gonzalvo había entrado en la Resistencia mucho antes, cuando lo que se conocería más tarde como la «Resistencia» todavía no existía oficialmente. Como también había comenzado a organizarse el militante comunista Emilio Álvarez Canosa, preparando pequeños grupos autónomos en la región de Marsella, desde 1940. Pinocho y Gonzalvo no tardarían en combatir juntos en los bosques de Dordoña, y en extender esa lucha por los departamentos cercanos y los bosques fronterizos.

Fue José Gonzalvo, instalado en los bosques de Sarlande y convertido en «capitán Pierre» (algunos lo conocían como «Petit Pierre» o «Pequeño Pierre») en una unidad armada de los Francotiradores y Partisanos (FTP), el que, con el acuerdo de los dirigentes comunistas franceses de la zona, pidió a Emilio, en contacto ya desde Marsella con los españoles de la MOI, que se incorporara a los grupos de la Resistencia que se estaban organizando por todo el depar-

30. Este certificado se halla en posesión de la autora.

tamento de la Dordoña. Pinocho aceptó y unos días después llegaba acompañado de otro compañero, Angelo Ricco, un comunista italiano que había participado en las Brigadas Internaciones en España y al que había conocido en las minas de Salsigne, donde se habían convertido en compañeros de lucha y en grandes amigos. El italiano, apreciado inmediatamente por todos, no tardaría en convertirse, con Gonzalvo y Álvarez Canosa, en otro de los principales dirigentes de la Resistencia en Dordoña.

Con una amplia experiencia en el combate y al mando de la región norte del departamento, Álvarez Canosa —junto a sus dos tenientes, Gonzalvo y Ricco, ambos en primera línea— organizó los primeros grupos de combate de los FTP, de obediencia comunista, en los alrededores de Sorges, en una zona conocida como Montcourly. Con poco armamento para iniciar la lucha, el comandante español lanzó enseguida varias acciones contra las tropas vichystas para conseguir armas y, más tarde, contra el ejército de ocupación. Las emboscadas en carreteras, ferrocarriles o vías fluviales se multiplicaron por todo el departamento con el fin de conseguir el material necesario y poder armar a sus grupos.

Con la primera compañía de los Francotiradores y Partisanos Franceses (FTPF) que creó (integrada en principio por los destacamentos Henri Naboulet, Gabrielli y Guy Mocquet), continuaron la serie de ataques, atentados, sabotajes y destrucción de vías férreas, locomotoras y material diverso utilizado por los alemanes y destinado a la Wehrmacht. Al mismo tiempo, llevaron a cabo la destrucción de trilladoras y prensas de heno y paja (7 trilladoras y 3 prensas destruidas con dinamita), la reorganización de destacamentos, la creación de escuelas de formación de mandos, una escuela de explosivos y varios sabotajes en Dussac y Corgnac-sur-l'Isle contra aserraderos donde se construían traviesas para ferrocarriles. En el mes de diciembre destruyeron una enorme grúa de 25 toneladas en la estación de Périgueux. Robert Bellanger, en su libro sobre la Dordoña, concreta otras de sus acciones:

> Cuarenta y siete locomotoras fueron destruidas en el norte de Dordoña, catorce en el depósito de Périgueux, once en Bergerac, ocho en Buisson, veintiocho entre Périgueux y Agen... El 10 de enero, el destacamento de «Sampaix» —también bajo órdenes de Álvarez Canosa— hacía saltar la fábrica de energía eléctrica de Mauzac y el de los «Gabrielli», la central térmica de Tuilières. El dispositivo de defensa de esta central, protegida por unos quince gendarmes, fue rápidamente neutralizado. Mientras algunos de los hombres cortaban las alambradas eléctricas que protegían la central, Pinocho aseguraba el ataque y la defensa exterior, y Ricco y Curtis colocaban las potentes cargas de dinamita... Los destrozos fueron muy importantes: el enemigo perdía así 37.000 kw.[31]

Durante los meses de julio y agosto de 1943, siempre junto a sus dos compañeros y ya con un pequeño «ejército» de españoles a su mando, Álvarez Canosa se encargó de organizar y armar a los refractarios franceses de la quinta del 42 que llegaban huyendo del Servicio de Trabajo Obligatorio (STO) instaurado por los nazis, quienes tenían previsto trasladarlos e incorporarlos al trabajo en Alemania.

Gracias a la eficacia de estas acciones, en diciembre de 1943, los maquis de Sarlande, especialmente los que esta-

---

31. Robert Bellanger, *Dordogne en armes*, Périgueux, Éditions Fontas, 1945, p. 70.

ban al mando de españoles, consiguieron que los Aliados ingleses, a través del comandante Violette, jefe de los grupos AS instalados también en la zona, aceptaran enviar armas a los maquis de los FTP dirigidos por ellos. El primer envío se llevó a cabo en el lugar convenido por Pinocho y el instructor del SOE. Uno de los testigos, Claudinet, lo contaría así:

Las tres hogueras estaban preparadas en el lugar elegido. Los hombres esperaban ansiosamente. Las horas iban pasando. Mirábamos impacientes el inmenso cielo estrellado intentando vislumbrar y escuchar algún sonido. De repente, el ruido de un motor atravesó el silencio de la noche. El zumbido llenó nuestros oídos y aceleró los latidos del corazón. Encendimos las hogueras que se elevaron como brazos tendidos al cielo. El avión giraba, se acercaba, subía, descendía, se alejaba y volvía, creando una enorme tensión y angustia y, al mismo tiempo, una alegría loca. Y de golpe, en la noche clara, los paracaídas se abrieron y cayeron en el bosque con su precioso cargamento. Los gritos de entusiasmo saludaron aquella llegada y corrimos para ir a buscar los inmensos círculos de seda atrapados en los árboles. Contamos hasta quince, cortamos las cuerdas y los contenedores fueron apiñados en los carros y llevados hasta el campo, donde hicimos el inventario delante de todos los compañeros que se habían despertado. Fue una gran alegría para todos... 2 ametralladoras, 30 fusiles ingleses, 60 fusiles-ametralladora, granadas, bombas, una gran cantidad de explosivos y municiones... Ese día fue para todos un día de fiesta y las canciones patrióticas nos acompañaron hasta la noche: «Los alemanes y los milicianos no saben lo que les espera —decía nuestro compañero "Paquito"—. Hasta ahora solo les hemos hecho caricias. Ahora van a ver lo que es morder...».[32]

José Valverde, «Paquito», moriría unos días después, junto a su inseparable compañero Chico, alcanzados los dos por las mismas ráfagas de ametralladoras alemanas.

El acoso de los soldados de la Wehrmacht, la Gestapo, la Milicia, los Guardias Móviles, la gendarmería y la policía francesa no logró impedir que, entre enero y julio de 1944, los combatientes de los bosques al mando de Pinocho llevaran a cabo sabotajes y destrucción de material sin precedentes: hicieron saltar con dinamita fábricas, polvorines, trenes, líneas de ferrocarril y puentes, quemaron mercancías, incendiaron miles de litros de combustible, ametrallaron camiones repletos de alemanes y armamento, sabotearon fábricas que trabajaban para enviar material a Alemania, asaltaron cárceles, liberaron prisioneros, atacaron gendarmerías y cuarteles, ocasionando centenares y centenares de pérdidas enemigas, como el 18 de abril, cuando unos 160 guerrilleros atacaron un tren que transportaba tropas mixtas, 1.200 milicianos y alemanes, causando más de setenta bajas entre muertos y heridos contra tres muertos y seis heridos entre los guerrilleros.

En esas duras batallas, cuando eran apresados, los españoles que dirigían o integraban los diversos grupos, sufrían sin remedio la tortura, la deportación o la muerte. Los muertos en los enfrentamientos, cuando era posible hacerlo, eran enterrados en un rincón del monte o del bosque, sin flores ni discursos, con la sola presencia de algún compañero... La mayoría de ellos quedaría en el olvido. Como tantos otros por toda Francia.

32. *Ibid.*, p. 37.

León

Entre las primeras unidades de combate de la Resistencia organizadas por el Partido Comunista francés a partir de junio 1941, la Mano de Obra Inmigrada (MOI), integrada al principio casi totalmente por republicanos españoles, tuvo un destacado papel en la lucha contra los ocupantes alemanes. Esta organización de tipo sindical había sido creada en los años veinte bajo el nombre de Mano de Obra Extranjera (MOE), reagrupaba a los trabajadores de diversos países y dependía de la Internacional Sindical Roja, pero en los años treinta el Partido Comunista decidió renombrarla. Dos españoles, inolvidables y muy olvidados, estuvieron desde el principio al mando de la nueva organización, Eliseo Martínez-López, «León», y José Fernández, «Pernales».

Eliseo Martínez, alias «León», con responsabilidades importantes tanto en el Movimiento de Guerrilleros Españoles como en el de la MOI, en los departamentos de Corrèze y Dordoña, nació en Piqueras, provincia de Guadalajara, el 12 de junio de 1912. Su padre trabajaba una pequeña propiedad familiar y él le ayudaba. En 1936, cuando los militares dieron el golpe de Estado, él tenía veinticinco años e inmediatamente se enroló en el ejército republicano. «Yo no era un soldado, era un campesino y no tenía ninguna instrucción militar. Pero tenía tanto interés en defender la República que pronto llegué a comandante», manifestó el propio Eliseo. Después, como todos, la Retirada, los campos de concentración... Integrado en un GTE destinado a realizar tareas agrícolas en el sur-oeste, en Saint-Antoine, cerca de Brive, donde el Partido Comunista de España (PCE) instalaría su Puesto Central clandestino, desde primeros de 1941, León estableció contacto con Delors, el responsable de las juventudes comunistas de Brive, y juntos contribuirían a estructurar en grupos de combate a los trabajadores de los diversos GTE instalados en los departamentos de Dordoña y colindantes. Algo más tarde, en marzo de 1943, León y sus grupos serían vinculados «militarmente» al XIV Cuerpo de Guerrilleros Españoles (llamado así en homenaje a la importante formación de combate de la guerra española), creado en el departamento del Ariège y del cual León sería el responsable, bajo control del PCE.

En el segundo semestre de 1942, la preparación de estos grupos armados se intensificó y en Corrèze entró en acción un primer grupo importante que se llamaba Lina Ódena (en recuerdo de una destacada militante y guerrillera comunista catalana que se suicidó de un tiro en la sien el 14 de septiembre de 1936 junto al pantano de Cubillas, en Granada, cuando se vio sin posibilidad de escapar frente a un control de falangistas) y que estuvo dirigido por un español conocido como «Cobos». En julio de 1942, ante el importante desarrollo de la lucha en aquella zona, León fue enviado para contactar con los españoles de los GTE que trabajaban en los bosques cercanos y en las minas de Simeyrols, Veyrines y Merle, de donde salieron los explosivos para diversos sabotajes. Con algunos de aquellos trabajadores nacería en marzo de 1943 el primer grupo armado de la MOI en Dordoña.

Instalado en Brive y en contacto directo con la población local, León no tardó en reunir y organizar a más de sesenta hombres para integrar la MOI bajo su mando. Constituidos en pequeños grupos de tres o de seis a ocho hombres, estos se caracterizaban por ser extremadamente móviles y fundirse fácilmente en el entorno. Los grupos se desplazaban con facilidad, creando un sentimiento de fuerte y constante presencia pero siendo muy difícil localizarlos, dada su agilidad en aparecer y desaparecer, lo que lograba provocar una gran inseguridad entre sus enemigos.

Cuando lo consideraban necesario para una operación de más envergadura, se reunían de forma puntual varios de esos grupos, realizaban la operación conjuntamente y después cada uno de ellos regresaba a sus bases, ignoradas por todo el resto. Al mismo tiempo que esta táctica de guerrilla, adquirida evidentemente en la guerra de España, mostraba la eficacia de los grupos de la MOI en su lucha contra los nazis y sus colaboradores, demostró también que combatían tratando siempre de evitar las represalias del enemigo hacia las poblaciones que los ayudaban. De esta forma consiguieron ganarse el apoyo y la confianza de la población local, que no dudó en compartir con ellos en muchas ocasiones una parte de lo poco que poseían. Diversos testimonios han coincidido en la opinión favorable que tenían de ellos la mayoría de los habitantes de toda la zona donde combatían.

En julio de 1943, contactó con León un oficial del ejército republicano español, el comandante Francisco Coy. Este era natural de Cataluña y había combatido en el campo republicano, adquiriendo una sólida formación militar. Tras la guerra y la Retirada, estuvo en los campos de Argelès y Agde, y luego fue incorporado a una CTE de Orleans. Tras la Ocupación fue transferido al Arsenal de Limoges y después a Brive, como leñador y carbonero. De allí fue extraído como militante responsable del Partido Comunista para encargarse de la inter-región FTP y del mando militar de la Escuela de Mandos recién creada en la comuna de Fanlac, que continuó funcionando hasta la Liberación. Coy mantuvo su puesto ejerciendo responsabilidades con el grado de teniente-coronel.

Coy, conocido como «Dubois» y «Pistolette», le propuso a León que, junto a su compañero «Pernales», le ayudara a crear la escuela de mandos FTP de Fanlac, cerca de Montignac. Así, la escuela tuvo como director a Francisco Coy y como instructores, a León y Pernales. Pero ni Eliseo ni José lograron la aprobación de uno de los principales dirigentes franceses en la región que había ordenado la creación de la escuela, y los dos guerrilleros de la MOI fueron reemplazados poco después por otros dos españoles, Ortiz, especialista en dinamita, y Deogracias, técnico de armamento, ambos muy eficaces y mucho más obedientes.

Los dos indisciplinados camaradas, León y Pernales, volvieron a su anterior clandestinidad encargados de formar otros maquis de la MOI. Poco después nacía el grupo La Trappe cerca de Got, el de la Plaine de Bord, o los creados en Domme, Veyrines o la Bessède. León y Pernales los controlaban e iban de uno a otro grupo asegurando el contacto entre todos y participando en las operaciones más peligrosas, al lado de sus hombres.

Tras el combate francés y la liberación de varios pueblos y ciudades de la Dordoña, León formó parte de la aventura del Valle de Arán.

Vicente López Tovar

En el último trimestre de 1943, se creó en Lyon el Comité Militar de la zona Sur y, para unificar las diferentes zonas de combate, Vicente López Tovar fue nombrado responsable militar de la 5.ª Región MOI, que reunía a la Dordoña, la Corrèze, el Lot y la Haute-Vienne. Su misión principal consistía en tratar de captar a los maquis que no estaban todavía controlados y que vivían aislados en los bosques. Algunos los llamaban «maquis blancos» y los calificaban como «peligrosos». López Tovar, con su disciplina militar y sus métodos propios, no tardó en lograr reunir a muchos de ellos y mantenerlos bajo su autoridad, en contacto con el comandante Soleil y el coronel Berger (André Malraux), del Ejército Secreto gaullista.

Nacido en Madrid en 1909, Vicente López Tovar pasó su infancia en Buenos Aires, donde sus padres se habían instalado. Regresó a España en 1921, tras la muerte de su padre, y entró como aprendiz en un estudio fotográfico. Más tarde estuvo algún tiempo en prisión por no querer hacer el servicio militar y allí contrajo lo qué el calificaría como «virus del marxismo».

Poco después del comienzo de la guerra se unió al Batallón Thälmann (una unidad de 1.500 alemanes voluntarios de las Brigadas Internacionales) y en 1937 ascendió a comandante al mando de la 18.ª Brigada Mixta. Combatió en la defensa de Madrid y después formó parte del XV Cuerpo del Ejército Popular que combatió en la batalla del Ebro. Salió desde Elda el 7 de marzo de 1939, en avión, con varios de los últimos dirigentes del Partido Comunista. El propio Vicente López Tovar ha contado que ese día estuvo dispuesto a matar a Líster porque le había ordenado quedarse en tierra para proteger el campo de donde iban a despegar los aviones Douglas, en los que viajaría también Negrín. Al final pudo salir tirando del avión algunas maletas de los futuros exiliados.[33]

En Francia, Vicente estuvo escondido en casa de unos militantes comunistas cerca de Toulouse, realizando pequeños trabajos para sobrevivir y contactando con diversos compañeros: «Los refugiados españoles estábamos curtidos por nuestra guerra civil. Podíamos escapar con mayor facilidad porque no teníamos nada que perder. No teníamos ni vivienda, ni siquiera maletas, lo habíamos perdido todo en España». No tenían ni partido: todos los dirigentes comunistas se habían instalado en Moscú o en Améri-

33. Vicente López Tovar, *Biografía de Vicente López Tovar, coronel de los guerrilleros españoles en Francia*, manuscrito mecanografiado inédito, Toulouse, 1986.

ca Latina. El SERE le facilitó poco después algo de ayuda.

Lentamente, comenzó a reorganizarse una nueva base, con dirigentes en contacto con Moscú pero actuando de forma bastante independiente. Jesús Monzón, conocido entonces como «Mariano», sería el nuevo dirigente clandestino y el que, con un equipo muy cercano, diseñaría el proyecto de la reconquista de España.

En noviembre de 1942, la ocupación alemana de la «Zona Libre», tras el desembarco aliado en el norte de África, convirtió en guerrillero a López Tovar. Vicente se fue a los bosques como leñador y organizador y allí permaneció durante todo el año 1943, en contacto con el equipo que creó el 14.ª Grupo de Guerrilleros y la 3.ª Brigada de Guerrilleros, de la que él fue nombrado jefe de Estado Mayor, con el nombre de «Fernand». En enero de 1944 fue destacado a Dordoña para tomar el mando de la Resistencia española, como delegado de la 5.ª Región Militar MOI.

Tras varios meses de intensa actividad de la Resistencia en el gran sector que le había sido atribuido y donde llegó a crear la 15.ª División de Guerrilleros Españoles, brigadas A, B, C, D, en julio de 1944 le comunicaron desde Lyon que se había creado el Estado Mayor de la Agrupación de Guerrilleros en Toulouse, del que estaban excluidos todos los jefes guerrilleros que habían combatido en primera línea, cercanos a los FTPF, los MOI y el AS. Aunque alguien le había dicho que a él también pensaban destituirlo, no lo hicieron.

En septiembre se dio por terminada su misión en Dordoña y la dirección del Partido Comunista de España le ordenó dirigirse al castillo del pueblo pirenaico de Chalabre. Tenía que instalarse allí y preparar una nueva unidad que debería invadir España por el Valle de Arán y de la que él asumiría el mando.

Carlos

Los grupos MOI se extendieron por el territorio, destacando varios personajes como figuras emblemáticas del mando, además de las de León, Pernales y López Tovar. Una de ellas fue la de Juan Giménez, que sería el primer jefe de la MOI muerto en combate, en Vaurez, en marzo de 1944. El catalán Carlos Ordeig, alias «Carlos», fue otro de los principales dirigentes y su grupo, conocido también como «grupo Carlos», uno de los más representativos y casi legendario.

Carlos Ordeig nació en Mataró el 11 de noviembre de 1913. Estudió en la escuela de guerra de Barcelona, de donde salió con el grado de teniente de Infantería. Durante la guerra combatió en el frente de Aragón, en un batallón de ametralladoras del ejército republicano, alcanzando el grado de capitán. Tras la derrota republicana y la Retirada hacia Francia, fue internado en el campo de Agde, donde sería nombrado poco después agente de enlace entre las autoridades francesas y la comandancia del campo, antes de ser destinado al arsenal de Pamiers para construir talleres de carga de obuses.

En el verano de 1942 entró en contacto con la dirección de los guerrilleros españoles, con el fin de iniciar las acciones de la Resistencia en ciernes, y poco después se integró en la MOI en Dordoña, bajo las órdenes de los FTPF. Su comportamiento y eficacia fueron uno de los motivos por los que los Aliados reconocieron el combate de los españoles, tras la visita de un instructor de la misión inter-aliada, que había sido enviado para enseñarles el manejo de las armas que iban a enviar desde Inglaterra y los terrenos donde serían recibidas. Tras conocer a algunos grupos de la MOI, y en especial el de Carlos, el instructor dio enseguida su visto bueno. Según Mariano Alcalá Serrano, oficial del ejército republicano y miembro activo del Grupo Carlos, este aceptó hacerse cargo de la seguridad de esos envíos, que comenzaron a realizarse tras los mensajes convenidos y emitidos por la BBC desde Londres: *«Le drôle peut attendre»* («Lo divertido puede esperar»), *«Nous n'irons plus au Lac Saint-André»* («No iremos más al lago San Andrés») y *«Dolores est gentille»* («Dolores es amable»).

Carlos estableció contactos con diversas fuerzas de la Resistencia, entre ellas las del comandante Soleil, René Coustellier, discutido personaje que combatía rodeado de españoles y que aunque siempre defendió sus convicciones comunistas, su guardia cercana estaba compuesta por anarquistas en los que decía tener una total confianza... Entre las otras fuerzas estaba la Red Buckmaster, dirigida por el capitán Jack, próximo al coronel Berger (André Malraux). Este último le envió a seis hombres de su Estado Mayor para ayudarlos a conseguir armas. Juntos organizaron diversos ataques.

Herido en combate el 15 de marzo de 1944, Carlos sería reemplazado durante varias semanas por otro compatriota, Colomer, alias «Dupont». Más tarde, ya recuperado, participaría en la operación del Valle de Arán con numerosos miembros de su grupo. Lo harían también Pinocho, Gonzalvo, Pujadas, López Tovar... y tantos otros guerreros y guerrilleros españoles que combatían por todos los departamentos.

El tren de Neuvic

Un mes antes de la Liberación, el 26 de julio de 1944, se llevó a cabo en Neuvic, una comuna a 30 km al oeste de Périgueux, en zona de maquis españoles, uno de los robos más importantes del siglo. Se ha mantenido una gran discreción sobre este atraco, conocido —o mal conocido— como «El tren de Neuvic» o «El robo de la Resistencia», y actualmente se sigue especulando todavía sobre quiénes fueron los responsables directos y dónde fue a parar la enorme cantidad de millones incautados (2.800 billones de francos, unos 450 millones de euros; varias veces más que la cantidad robada en el tren de Glasgow y la más importante que se conoce). No cabe duda de que en la ejecución de ese robo participaron numerosos españoles, elegidos para llevar a cabo la acción, a los que después no se les dio ni las gracias, según el testimonio de uno de los guerrilleros que intervinieron, Pedro Alba.

Pedro Alba nació en Castro del Río, provincia de Córdoba, y militó desde muy joven en la Federación Ibérica de las Juventudes Libertarias y en la CNT. Sus padres fueron fusilados cuando entraron las tropas franquistas. Como miliciano, durante la guerra combatió en los frentes de Andalucía, Extremadura y Cataluña. Internado en diversos campos después de la Retirada, se integró en un Cuerpo Franco y combatió en el frente contra los alemanes, en el departamento de la Somme. Fue desmovilizado en octubre de 1940. Enviado a los bosques de Périgueux, entró en la Resistencia y combatió como sargento en el Primer Batallón FFI de Dordoña. Por su acción en el combate del 20 de agosto de 1944 en Saint-Astier, en el que murieron o fueron heridos nueve de sus compañeros, recibió la Cruz de Guerra con estrella de bronce, «por negarse a abandonar su posición y haber resistido con una ametralladora, solo y herido, durante siete horas, frente a la artillería alemana».

Los pocos que han contado algo de aquella operación de robo perfecta, aseguran que se montó como una auténtica misión de guerra y para ello se eligió muy bien a los que tenían que llevarla a cabo.

Los maquis de la Resistencia, que ya habían efectuado

varios robos en diversos lugares con el fin de conseguir medios de supervivencia («robo patriótico» para muchos) fueron prevenidos en esta ocasión por autoridades muy competentes todavía al servicio de Pétain, como lo era el prefecto de Dordoña, Jean Callard... Estas complicidades de última hora podían resultar muy útiles frente a los cambios de poder que se avecinaban. La duplicidad se puso en marcha y los mandos superiores de la AS (*Armée Secrète*, o «Ejército Secreto») y de los FFI (Fuerzas Francesas del Interior) fueron informados de que el Banco de Francia preparaba un importante envío de los fondos depositado en Périgueux (donde el Banco de Francia había trasladado una parte de su capital en previsión de los bombardeos) a Burdeos, solicitados por la Kriegsmarine alemana.

Los detalles de ese envío fueron conocidos rápidamente. Los 150 sacos que contenían el dinero iban en un vagón especial sellado con el número 1709, enganchado a un tren de viajeros con dirección a Burdeos. Saldría de Périgueux el día 26 de julio a las 18.25 y llegaría a la estación de Neuvic-sur-Liste a las siete de la tarde... A esa hora, los maquis ya estaban en posición. Tres unidades seguían a distancia la operación, impidiendo el acceso a la estación situada en las afueras del pueblo. Los otros, el grupo de choque, entre los que se encontraban Pedro Alba y otros compañeros españoles pertenecientes al maquis Roland, se ocupaban mientras tanto de los viajeros y de los empleados de la estación. El vagón llegó en cabeza y esto facilitó la maniobra de dirigirlo hacia la vía prevista y ocuparlo inmediatamente, tras neutralizar a varios alemanes y agentes sin necesidad de violencia. Dos camiones a gasógeno de 3,5 toneladas cada uno estaban preparados para acoger el preciado cargamento. Seis hombres cargaron los camiones: 150 sacos de 30 kg cada uno, debidamente sellados. Lo hicieron en apenas 15 minutos. Otra docena de hombres se ocupó de trasladar el cargamento hasta el puesto de mando instalado en los bosques de Cendrieux y de entregarlo a «Martial», el jefe departamental de los FFI en Dordoña.

«Realizamos la operación sin víctimas, gracias a un golpe de audacia, y a nuestra serenidad...», le contó Pedro Alba a Federica Montseny, según explica esta en su libro *Pasión y muerte de los españoles en Francia*. «Entregamos la cantidad íntegra al puesto de mando. Recuerdo el hecho porque ni nos dieron las gracias por ello. Nos dijeron fríamente: "Dejad eso ahí; podéis retiraros".»[34]

Entrevistado para un documental sobre el tema, un francés miembro de la Resistencia de los que participaron en el robo fue más preciso: «Aquella noche nos dieron de cenar un bote de sardinas y patatas hervidas». Y otro añadía: «La mayoría de los guerrilleros que participaron en el robo fueron enviados a otros maquis y murieron poco después en los enfrentamientos».[35]

Sobre este atraco, que para muchos tiene todavía aspectos de leyenda, se han publicado varios libros que cuentan con muchos detalles las peripecias del robo, explican dónde y cómo se escondió el dinero, entre qué personajes y grupos diversos pudo repartirse y su utilización... pero sin confirmar nada. Indican también que esa suma nunca estuvo bajo control de la Resistencia armada y que algunos personajes que pasaron por la región estrenaron mansiones después de la guerra. Cuentan igualmente que varios millones sirvieron para sacar a Malraux de la cárcel y para ayudar a crear el maquis Alsace-Lorraine, que estuvo bajo su mando.

El prefecto Callard fue cesado de sus funciones en septiembre de 1944. En 1946 fue nombrado secretario general

34. Federica Montseny, *op. cit.*
35. *Le train de Neuvic* (2005), documental de Ramon Maranon.

en el departamento de La Manche, en Normandía. El ejército y otras autoridades llevaron a cabo interrogatorios, encuestas e investigaciones, y se escribieron numerosos informes. Se archivaron centenares de dosieres. La mayoría de esos documentos desaparecieron después o «no se encuentran». Lo que sí confirman todos los libros publicados es que ninguno de los resistentes que participaron en la acción se enriqueció, que ninguno se llevó ni un céntimo del botín.

En 1945, solo un 35 por ciento del capital robado fue reintegrado a la Tesorería francesa.

Los maquis franceses

Ralph Finkler, alsaciano, siendo todavía estudiante creó con dos de sus amigos una sección del Movimiento Nacional Contra el Racismo (MNCR). Refugiado en Périgueux durante la ocupación alemana, entró en el maquis a los dieciocho años.

Por su parte, Michel Carcenac escribe en el prólogo de su libro de memorias: «Los republicanos españoles tienen toda mi estima. Me avergüenza que mi país los acogiera de forma tan odiosa y los entregara unos meses después a Hitler».[36]

Estos dos destacados resistentes franceses de los maquis de Dordoña combatieron bajo las órdenes de los guerrilleros españoles. En sendas entrevistas con ellos, con varios meses de distancia entre una y otra, los dos emplearon casi las mismas palabras cuando hablaron de sus compañeros españoles: «Cuando yo llegué para integrarme en el ma-

36. Michel Carcenac, *Les combats d'un ingénu*, Belvès, Éditions du Hérisson, 2002.

quis, fueron ellos los que me recibieron. Eran ellos los que
habían comenzado el combate en aquellos bosques».

Ralph Finkler*

Con dos amigos de infancia que habíamos seguido
la misma formación y que nunca habíamos aceptado la
derrota de nuestro país, queríamos hacer algo, entrar en
combate contra los alemanes, pero no sabíamos cómo,
no era nada fácil. Un día un amigo de Estrasburgo, refugiado en Périgueux, nos habló. A través de él nos guia-
ron hacia uno de los maquis que estaban en los bosques.
Con mis amigos Phil y Paul salimos en tren hacia una
primera cita, con una maleta cada uno cargada de alimentos, un tesoro para nosotros. Bajamos en Belvès, una pequeña estación que no conocíamos. En el exterior, en el
lugar convenido, había unas bicicletas y un hombre que
nos dijo con un fuerte acento: «Seguidme». Se llamaba
Eugenio. Lo seguimos en bicicleta abriéndonos camino
en la nieve. Éramos muy jóvenes y no teníamos miedo
al esfuerzo. El camino subía y subía y subía, hasta que
entramos en un bosque frondoso con muchas coníferas.
Pronto llegamos a una barraca semidestruida, mitad de
madera, mitad de material diverso de albañilería, donde
había un español en el control. Estábamos a finales del
año 1943, uno de los más rigurosos, con frío y nieve.
Seguimos avanzando y a unos cien metros de la cabaña
Eugenio nos dice: «Hemos llegado». A nuestro alrededor no había nada, aparte de algunos montículos, pequeños montículos... Esos montículos, en forma de iglú, eran
los techos de unas cuevas de un metro cincuenta de pro-

* Combatiente del maquis en Dordoña. Entrevista con la autora.

fundidad, de varios metros de diámetro, con ramas en el techo y la nieve encima. Entramos en ellos a cuatro patas... En el interior se estaba bien y allí se dormía en algunos huecos tres o cuatro, siete u ocho, cinco... no éramos muchos. Fuimos acogidos sin especial entusiasmo, solo nos preguntaron «¿cómo te llamas?». Después abrimos las maletas y las cosas buenas desaparecieron enseguida, nos quedamos rápidamente sin nada. Aquello nos sorprendió, nos desconcertó, pero para ellos era normal, «lo tuyo es mío y lo mío tuyo», totalmente normal. Ese era su estado de espíritu. Y su hambre.

Veníamos de muchas discusiones y discusiones con gente como nosotros y aquellos hombres nos impresionaron porque eran mayores, llevaban barba, iban mal vestidos, no nos inspiraban seguridad... Pero tras la primera impresión y los primeros intercambios nos distribuyeron armas y aquello fue una recompensa extraordinaria. Tenían ametralladoras, granadas, pistolas... y enseguida nos enseñaron a utilizarlas. Nos dieron una pistola para cada uno, una Llama, de marca española, una pistola automática que parecía del 45... Enseguida nos sentimos otros, estábamos armados, podíamos combatir...

No nos dejaron respirar. El mismo día de la llegada nos dijeron que los siguiéramos. Sin saber quién dirigía el grupo, hicimos unos 20 km en bicicleta detrás de ellos hasta un pueblo, y allí, ayudados por ametralladoras, nos apropiamos de un camión y, conducidos por un español, atravesamos varios pueblos hasta llegar a una cabaña, una pequeña casa de piedra plana, con una pequeña entrada. Los españoles entraron y salieron con unos containers repletos de armas y material diverso que pertenecía a un grupo de la AS. Era un envío reciente que habían ocultado allí y los de la MOI, que lo sabían, venían a apropiárselo. Nos lo llevamos.

En aquella zona, en ese momento, había varios pequeños grupos de resistentes y dos formaciones importantes, la primera la AS, en contacto con Londres, y la segunda la FTP-MOI, comunista. La MOI tenía una cierta autonomía y una dirección propia en Limoges, pero todo lo que era táctico sobre el terreno dependía del Estado Mayor FTP. Las dos formaciones eran divergentes en sus métodos. El de la AS era prepararse para esperar el día G, y para ello recibía y escondía las armas que enviaban de Inglaterra. Los FTP buscaban armas para utilizarlas enseguida.

Trabajo duro. Éramos seis o siete para llevar aquel material hasta el camión y transportarlo a nuestro campo. El que conducía se llamaba Juan Jiménez. Era el que mandaba la formación. Iba siempre delante. Respecto a nosotros, era la primera vez que tenían franceses con ellos. Esto les venía bien porque ellos apenas hablaban algunas palabras de francés. Fueron unos meses duros, muy duros. Nosotros habíamos llegado queriendo acción pero aquello era demasiado... Aprendimos mucho de aquellos hombres.

En todos los maquis de la Dordoña había españoles, muchos más que franceses. Uno de los más importantes lo dirigía Pinocho. También estaba León. Y Alberto. Era gente aguerrida y sabían combatir. Para mí, al principio, todos eran comunistas. Después, mucho después, vi que había muchos matices, que había anarquistas, socialistas, republicanos, catalanes... pero en el combate, todos eran compañeros. No hay un solo grupo de Resistencia en Francia, AS, FTP, que no haya tenido españoles entre sus efectivos.

La cosa más dura que viví con ellos fue el 16 de marzo de 1944, el ataque al Canadier, una casona medio derruida, en un rincón del bosque cercano a Veyrines-de-Domme, donde nos refugiábamos algunos. Una noche que dormíamos allí cinco, al alba, nos rodeó un grupo de guardias móviles. Nos atacaron inmediatamente. Sin duda, fuimos traicionados. Los del Canadier no fueron asesinados por alemanes... A Flores, nuestro jefe, lo hirieron gravemente. Estábamos en la oscuridad total y le oía llamar a su madre... Flores era un hombre alegre y simpático, no era taciturno o sombrío, como los otros españoles. Sus gemidos los he llevado siempre dentro.

En la parte de atrás de la granja había una ventana, y en el intercambio de tiros, a la desesperada, salté lanzándome a la oscuridad y corrí como un loco, sin volverme. Corrí mucho tiempo, como podía, entre los árboles y los arbustos... Fui el único que se salvó, aunque estaba herido. Todos los españoles murieron en el asalto. No los he olvidado: se llamaban Ángel Poyo Muñoz, de veinticinco años; Agustín Crespo Quevedo, de treinta y tres años; José Flores Sánchez, de veinticinco años; Desiderio Romero Martínez, alias «Luis», de veintinueve años. Para mí es un orgullo haber podido combatir con esos hombres, vivir con ellos ese período de experiencias duras pero tan intensas y fraternales.

Michel Carcenac*

La guerra de España fue el preludio de la nuestra. Yo vivía en Belvès y era un joven estudiante de diecisiete años. Quería ser médico y quería irme a luchar contra los alemanes. Dos de mis tíos habían muerto en las trincheras de la Gran Guerra luchando contra ellos. A primeros

* Secretario del comandante Soleil y médico. Entrevista con la autora.

de junio, habíamos terminado las clases y, a través de Gérard, un vecino al que yo ayudaba en ciertas cosas y que había estado en las Brigadas Internacionales, conseguí averiguar cómo podíamos irnos al maquis, con otros dos amigos. Unos días después, justo el mismo día del desembarco de Normandía, recibí una llamada suya diciéndome que había conseguido un acuerdo y dándonos una cita. A los pocos días recalamos en una compañía llamada «Pepé», perteneciente al Maquis Soleil y donde había muchos españoles. No tardé en conocer al jefe. Con él estaban numerosos refugiados. Paco y Juta eran sus dos guardaespaldas. Con ellos al lado, Soleil se sentía totalmente protegido. Cuando supo que yo acababa de terminar el bachillerato, Soleil me admitió a su lado para ayudarlo, porque yo sabía escribir a máquina. Me entregó también un Colt... Paco y Juta me dieron lecciones particulares. Eran excelentes maestros. Conocí también a Rodríguez, que conducía y reparaba los coches. ¡No podía ni oír hablar de los curas...! Según los españoles, Soleil, que tenía veinticuatro años, no tenía experiencia en combates de guerrillas pero sí un gran coraje, cosa que apreciaban los españoles.

El 19 de julio de 1944, los MOI decidieron celebrar por primera vez la fecha en que, en 1936, España se había levantado en armas contra el golpe militar franquista. Habían preparado un banquete e invitado al comandante Soleil. Con él, nos presentamos los tres, Paco, Juta y yo, en el lugar indicado, en un claro del bosque que ellos habían elegido. Fue León, el jefe del Grupo Carlos, creador del primer maquis MOI en Dordoña, el que nos recibió. Con él también estaban los jefes Alberto y Víctor.

Durante la comida se habló principalmente de la insuficiencia de armas en el maquis, de la próxima liberación de la Dordoña y, sobre todo, del retorno a España del maquis español. Había allí unos 150 o 200 hombres sentados en bancos, con la pistola en la cintura y la ametralladora a un lado. Yo estaba sentado en la mesa de los jefes, cerca de Soleil. Él habló el primero, dando las gracias. Después los jefes del MOI. Todos muy dignos. Los discursos se intercalaban con vivas y gritos de «¡Muerte a Franco!». Y después de «¡Viva los FTP!» y de «¡Viva España!»... Yo gritaba alegremente con ellos. En un momento de más calma, quise participar también y lancé un rotundo «¡Arriba España!». La estupefacción fue general. Un silencio total. Un silencio de muerte durante un instante y enseguida los fusiles y ametralladoras fueron dirigidos hacia mí. Alberto se levantó y aclaró rápidamente que yo conocía mal el castellano, que era un resistente y no un fascista, que lo que había querido gritar era «¡Viva España!» y no «¡Arriba España!», que yo no sabía que aquello era el grito franquista... Todos comprendieron enseguida, y el primero, yo. Todos terminaron riendo y yo, excusándome y riendo también.

Un día, para mi mucha alegría, se puso en contacto con nosotros el coronel Berger (André Malraux) que estaba en relaciones con la Francia Libre como miembro del Ejército Secreto y pretendía reunir y unir a los diversos grupos de maquis de la región y ponerse al mando como coronel, bajo la dirección del general Koening. Después de varias reuniones, los mandos FTP no aceptaron. El comandante Soleil, al que quería poner a sus órdenes, estaba tan indignado que quería matar a Malraux. Muchos españoles se opusieron. Para ellos Malraux era un héroe. Después, cuando creó el maquis Alsace-Lorraine, muchos españoles se fueron con él.

Maurice Nussembaum*

Los españoles aparecieron en las montañas y en los bosques, antes de que estuvieran formados los maquis. Yo estaba en Grenoble y desde 1940 me preparaba para realizar acciones clandestinas. En 1943 me enviaron a una escuela de cuadros en Dordoña y luego me quedé en el maquis con el grupo del comandante Soleil. Yo era su segundo de mando en el grupo y me pusieron un guardaespaldas que se llamaba Paco. Tenía una confianza total en él. No salía nunca sin él a mi lado. Con nosotros había muchos españoles. ¡Con ellos aprendí todas las palabrotas en su lengua! Eran gente ruda pero sabían disparar, sabían hacer la guerra...

Teníamos contacto con diversos grupos de los españoles, sobre todo con el de Carlos. Había que buscarlos porque estaban muy escondidos. Cuando en los maquis descubrían a un traidor, nos llamaban porque ellos no querían matarlo. Nos proponían que lo hiciéramos nosotros y lo hacíamos. En los maquis españoles había también franceses. La mayoría de ellos estaban organizados a partir de un mando en Toulouse, el coronel Tovar, con el que tuve relaciones de amistad. Su dirección me fue facilitada por André Malraux.

El coronel Berger, André Malraux, llegó a Dordoña en marzo de 1944 con la intención de reunir a los maquis y ponerse al mando. Me dijo que deseaba contactar con los maquis españoles y lo llevé al grupo de Carlos. Todos los hombres lo conocían de la guerra de España y estuvieron muy contentos de verlo llegar. Él les dio una larga charla y terminó con el puño en alto como gesto republicano, que fue seguido por todos los espa-

---

* Dirigente francés del Maquis Soleil, pintor. Entrevista con la autora.

ñoles. Hubo mucha emoción. Después mantuvo el contacto con ellos, les consiguió algún envío de armas desde Inglaterra y más tarde formó una unidad a la que llamaron Brigada Alsace-Lorraine, con combatientes españoles y alsacianos para luchar en Estrasburgo.

Aquellos españoles tenían un gran ideal que nosotros no teníamos. Muchos de nosotros ni habíamos oído hablar de De Gaulle, no era nuestra taza de té. Teníamos además opiniones diferentes, convicciones diversas…, ellos eran republicanos convencidos. Teníamos la impresión de que entre ellos había mucha unión, una gran amistad.

No, no se les ha reconocido. La gente no sabe la importante participación que tuvieron. Nos enseñaron muchas cosas. La mayoría de nosotros no tenía formación militar, no teníamos entrenamiento. Participaron en todos los combates y luego se les dejó de lado, olvidados. Antes de terminar la guerra se fueron al Sur de Francia para ir a combatir a España. Muchos se iban cantando. No participaron de los honores. Es una injusticia pero fue así. No tenían a nadie para reivindicarlos.

Christian Legrand, «Charlie» o «Charlot»*

En enero de 1944 me encontraba en una propiedad que servía de colonia de vacaciones en las cercanías de Périgueux. Me había refugiado allí porque querían enviarme a Alemania. Tenía diecinueve años. Un maquis que necesitaba mantas y ropa y sabía que allí había, vino a buscarlas. Eran españoles. Cuando se iban, yo, con-

* Combatiente del maquis en Dordoña. Entrevista con la autora.

vencido de que tenía que ayudar a echar a los alemanes, como ellos lo hacían, les pregunté si podía irme con ellos. Me preguntaron cosas, después discutieron entre ellos y ¡al final aceptaron! Así entré en la Resistencia. Yo era el único francés. Después me propusieron cambiar de grupo pero yo no quise. Me trataron exactamente como uno de ellos. Ese maquis estaba allí desde 1943 pero ya tenían experiencia de combate. Y yo aprendía español.

Allí había anarquistas, comunistas, MOI... La mayoría de la gente tenía buena opinión de ellos. Otros nos consideraban unos bandidos, ¡pero era normal! Cuando se apropiaban de dinero, y lo hicimos en algunas ocasiones, era para redistribuirlo y nunca para cosas personales. Un día, con Ralph, nos apropiamos de unas gorras de los gendarmes de prisión... Carlos nos echó una enorme bronca. No aceptaba que se robara ningún material que no se considerara necesario.

Carlos era un hombre estimado por la mayoría, un gran señor. Siempre enviaba a la gente cuando consideraba que todo estaba bien controlado, pero si había algún peligro, era él quien se ponía a la cabeza del grupo. Era un personaje extraordinario. Discutía las cosas claramente con todos. Los ingleses, a pesar de tener ideas muy diferentes a las suyas en política, le enviaban a agentes para que los formara en ciertas cosas... Ellos también venían para enseñarnos. Nos explicaban el funcionamiento de las granadas utilizadas con otros detonadores, el «plástico», el mastic, nosotros no lo conocíamos entonces. Tengo que decir que luchaban bien. Tenían la experiencia y el entrenamiento que no teníamos nosotros. No se exponían inútilmente.

A él lo respetaban mucho, le enviaban armas. Los españoles estaban en pequeños grupos y se reunían de vez en cuando. Aunque estuvieran separados, formaban parte de una unidad.

López Tovar era uno de los jefes pero a él yo no le vi nunca meter los pies en el barro... No, no era como Carlos. Carlos jamás criticaba a los otros, nunca teníamos problemas con él, todo funcionaba bien. Yo me sentía muy seguro con ellos, me sentía uno más entre todos.

Nunca evocaban su vida en España. No hablaban de esas cosas. Yo tampoco. Estábamos allí para echar a los alemanes... Éramos solidarios y combatíamos juntos...

Cuando se prepararon para entrar en España, estábamos cerca de Pau y a mí me dijeron que ellos sí se iban pero yo no... No lo acepté: ellos habían limpiado mi país, habían echado a los alemanes para darme libertad, muchos habían muerto y ellos ahora iban a seguir luchando... ¡Yo quería devolverles la moneda! Los quería mucho, eran mi familia, no podía dejarlos. Me fui con ellos, claro.

Entré con un grupo de Tovar por otro sitio que el Valle de Arán. Bajamos hacia Huesca. Él y un grupo tuvieron que volverse. Mi grupo llegó a Barbastro, en octubre de 1944. Estuvimos dos largos meses en la zona; nos detuvieron en diciembre. Muchos aragoneses nos ayudaban pero otros nos denunciaron. Me condenaron a muerte con otros cuatro el día 5 de marzo de 1945 y luego me la conmutaron por treinta años de prisión. Me liberaron al cabo de diez años. Primero estuve en Zaragoza. Después nos llevaron a Valencia, a San Miguel de los Reyes. Allí me encontré con una quincena de extranjeros que habían entrado con los españoles y que también habían sido capturados.

Nos organizamos enseguida en prisión... ¡Había que construir un mundo donde fuéramos más felices que los guardianes!... Nos proyectábamos en el futuro como si el presente no existiera. Los españoles también...Teníamos que pasar página hacia el capítulo siguiente. Inventábamos muchas cosas, pequeñas cosas, como cazar moscas para la lagartija que venía a vernos... Jugar al ajedrez... Yo aprendía el español y daba clases de francés a algunos. La mayoría de los presos aprendieron allí a leer y escribir, porque había muchos analfabetos. Leíamos y escribíamos libros juntos y hasta dimos algún premio. Yo pude leer bastante. En la biblioteca de la cárcel tenían muchas historias de santos y de cosas técnicas, pero conseguíamos algunos otros libros. De manera excepcional, pude leer el *Quijote*. Y pude descubrir bastante de poesía española. Yo mismo empecé a escribir poemas... Escribí muchos, incluso alguno en español:

> *... suavizando lo que hiere,*
> *animando lo que yace muerto,*
> *haciendo un mundo*
> *mío*
> *sin nada, por gusto,*
> *un mundo que muere, que se va*
> *y renace de nuevo, luego...*

Cuando volví a Francia me di cuenta de que muchos estaban instalados en un lugar que nunca habían ocupado... Vi que había muchos usurpadores bien instalados...

Las montañas de Glières

*Les Espagnols tombés ici en se souvenant
des champs de l'Ebre...*
(«Los españoles que cayeron aquí recor-
dando los combates del Ebro...»)

ANDRÉ MALRAUX, discurso en
Glières, 2 de septiembre de 1973

El Sendero de los españoles

Desde hace algún tiempo, en las montañas de Glières, en la zona de Thorens, se ofrece un circuito turístico de cuatro horas con un desnivel de 530 m y una altitud de 1.425 m. La ruta se llama «Sendero de los españoles». Es uno más de los que existen en diversos lugares de Francia y que ahora se visitan rindiendo homenaje a aquellos hombres.

En la Alta Saboya son decenas y decenas de senderos los que podrían llevar ese nombre... La presencia y la resistencia de los españoles dejó una huella profunda en la memoria de los habitantes de la región.

El jueves 9 de agosto de 1945, el periódico *La Résistence Savoisienne* publicaba en portada un amplio reportaje titulado «Los españoles en la Resistencia», que comenzaba: «En la historia de la Resistencia de la Alta Saboya debe hacerse una mención especial al papel que han desempeñado los españoles». A ese lugar recóndito y hermoso que son las cadenas montañosas de la Saboya francesa, los españoles llegaron en 1940, desde los campos de concentración donde habían sido confinados tras su exilio en Francia.

En septiembre de 1940, el Gobierno francés de Vichy formó los Grupos de Trabajadores Extranjeros (GTE), que reemplazaban a las Compañías de Trabajadores Extranjeros (CTE) creadas durante la Tercera República del Gobierno Daladier, en abril de 1939, y que tenían como objetivo contribuir a los gastos de internamiento en los campos, compensar la penuria de mano de obra francesa movilizada tras la declaración de guerra y apoyar el esfuerzo de guerra como auxiliares del ejército francés. Los archivos franceses no parecen poseer datos muy fidedignos (durante mucho tiempo se han negado a facilitarlos) sobre la cantidad de trabajadores españoles en estas compañías (entre 75.000 y 100.000, según diversas fuentes), pero Pablo Casals y Arthur Koestler no dudaron en calificarlas de «versión moderna de la esclavitud organizada».

Los nuevos GTE, agrupaciones también disciplinarias y con una gran mayoría de españoles, fueron obligados a trabajar por todo el país con la misma dureza y pronto se convertirían en un vivero de resistentes por toda Francia.

Tres de estos grupos (llamados 514, 515 y 517) fueron enviados a la región de Annecy, destinados a realizar trabajos de construcción de carreteras, drenajes de suelos, tala de árboles y producción de carbón, o a la construcción de pantanos, como el de Génissiat, entre otros. En total, más de 750 españoles serían desplazados a la región alpina: la 514 Compañía a Savigny, la 515 a Vacheresse, y la 517 al mismo Annecy. Casi todos fueron alojados en inconfortables barracones, con todo tipo de privaciones. A esas circunstancias de explotación se añadiría pronto la amenazadora orden de ir a trabajar a Alemania o de ser devueltos a España. Los primeros que se negaron a trabajar para los alemanes fueron detenidos y obligados a ello, mientras otros huían para esconderse en las montañas. Fue allí, en los bosques y las montañas, donde el resistente francés Richard Andrès se puso en contacto con ellos.

Richard Andrès era de origen español pero nacido en París, adonde su familia había emigrado a principios de siglo. Siendo muy joven, tras la muerte de su padre, se trasladó con su madre a Annecy, donde vivía una hermana que estaba casada con un francés. Richard comenzó a trabajar con su cuñado, aprendió el oficio de peluquero y con él entraría más tarde en su primera red de Resistencia, tras negarse a aceptar el armisticio y el Gobierno de Vichy. La llamada del general De Gaulle a continuar el combate —lanzada el 18 de junio de 1940 desde Londres—, lo convirtió inmediatamente en uno de los primeros resistentes voluntarios para luchar contra la ocupación alemana.

Richard fue miembro del partido socialista SFIO, un partido político francés constituido en 1905 después del Congreso de París y tras la fusión del Partido Socialista de Francia fundado por Jean Jaurès, del Partido Obrero Socialista Revolucionario y de varias federaciones autónomas, y que en 1969 desapareció como SFIO tras el Congreso de Issy-les-Moulineaux y, asociado con la Unión de Clubs por la Renovación de la Izquierda, se convirtió simplemente en Partido Socialista. Esa filiación y la identificación de Richard con sus raíces españolas le habían llevado a seguir con atormentado interés el desarrollo de la guerra de España, presintiendo a través de ella el drama que se anunciaba en Europa. Militante activo y totalmente integrado en la vida asociativa de Annecy, sobre todo en la Federación de

Obras Laicas, no dudó en encargarse de la distribución del periódico *Le Coq enchainé* («El Gallo encadenado»), fundado por un grupo de resistentes laicos de Lyon, cercanos a la masonería y subvencionado por el SOE (Special Operations Executive). Este organismo clandestino había sido creado en julio de 1940 por Winston Churchill para promover la lucha contra los alemanes en los países europeos ocupados y estaba dirigido por el coronel Maurice Buckmaster, periodista y hombre de negocios británico, que se convirtió en jefe de la Sección F de los servicios secretos clandestinos ingleses, sección encargada de las acciones de sabotaje y apoyo a la Resistencia interior francesa.

En contacto con ellos desde su llegada a Francia, Richard fue implicándose y organizando con su apoyo una red de resistencia que se extendió de forma importante por toda la región, desde Lyon a Annecy. Guy Sanglerat, en aquella época uno de los miembros más jóvenes del grupo de la Resistencia, me recibió en su casa de Lyon y me mostró fotos de aquellos momentos «intensos», según dijo, y también me enseñó y me regaló algún billete del dinero que los Aliados tenían preparado para lanzar cuando tutelaran Francia, y que nunca se utilizó. De Richard, con el que Sanglerat estaba en contacto directo, guarda un recuerdo admirativo:

Yo me encargaba, como enlace, de trasladar a Annecy el periódico desde Lyon, en el tren. Los trenes iban siempre llenos y con mi amigo Raymond viajábamos siempre de pie, a pesar de la distancia, para dejar los asientos a las personas mayores y a las mujeres. Los periódicos clandestinos los llevábamos escondidos entre los libros de matemáticas y de física. Los alemanes pasaban regularmente controlando a muchos pero nunca tuvimos problemas con ellos. Mi misión consistía después en entregar esos periódicos a Richard Andrès.

Del resto se encargaba después Richard, que había ingresado igualmente en el movimiento Combat (el más importante de los que se han conocido en el territorio), creado en 1940 por Henri Frenay y Berty Albrecht, heroína de la Resistencia, capturada y brutalmente torturada por los alemanes, quien, por temor a no poder resistir más las torturas, se ahorcó en la prisión de Fresnes el 29 de mayo de 1943. Con ellos desarrolló Richard un papel de gran importancia y participó activamente en la organización de los primeros maquis.

Sobre esa etapa, su hijo Guy Andrès, que reside en el Périgord, explicaba:

> Mi padre era socialista y francmasón pero abandonó la SFIO en 1937 porque habían aceptado la no intervención en España y porque, tras la derrota francesa, habían dado el voto a los plenos poderes de Pétain. Desde entonces y a pesar de su gran actividad, no se sintió realmente integrado en ningún organismo constituido ni en ninguna capilla... salvo con sus amigos francmasones, que también participaban en el grupo Combat.

Convencido de que su padre fue traicionado por gente muy cercana, Guy Andrès vivió en una bella casona, cerca de Vézac, rodeado de árboles en el exterior, a orillas de un bosque, y rodeado de libros en el interior, donde, muy apegado a la memoria de su padre, del que se siente serenamente orgulloso, dedica una gran parte de su tiempo a diversas asociaciones humanitarias y culturales. Durante muchos años, los hombres del maquis que habían combatido con su padre le mostraron el gran afecto y el respeto que seguían teniéndole.

Richard Andrès fue durante varios años miembro del Club Alpino Francés (CAF) y practicaba el alpinismo por todas las montañas de la región, que conocía muy bien. Ese conocimiento fue esencial en la organización de los grupos de la Resistencia. Se desplazaba en coche y en motocicleta por todos los lugares y el hecho de que hablara también castellano facilitó su contacto con los refugiados españoles llegados con los GTE y diseminados por todos los bosques. Estos apreciaron inmediatamente a aquel hombre que defendía sus mismos valores. Muchos aceptaron desertar de sus trabajos para integrarse en el combate clandestino a su lado, conscientes de que iban a luchar por la misma causa que ya habían defendido y contra las mismas injusticias y los mismos enemigos a los que ya habían combatido en su país. Detrás del nuevo combate aparecía para ellos la esperanza de poder volver un día para seguir luchando en España. Uno de aquellos hombres, Rodrigo Pérez, conoció bien a Richard: «Era el organizador y el enlace entre la Resistencia española y la Resistencia francesa. Fue un contacto muy importante para nosotros». Rodrigo iba con Richard al mercado de los martes y los viernes a comprar comida para los maquis españoles, a los que les aseguraba la subsistencia. Richard esperaba hasta mediodía, poco antes de la hora de cierre, para ir a ver a los campesinos y poder comprar pagando a precio reducido las legumbres que luego centralizaban en casa de un compañero... Después empaquetaban y transportaban el precioso cargamento a los diferentes campos de españoles, situados en lugares secretos e inaccesibles para la mayoría de la gente.

En esos contactos, a primeros de junio de 1942, Richard conoció a Miguel Vera, un manchego de Puertollano con orígenes andaluces en Nerja, perteneciente al grupo 517 de los trabajadores extranjeros instalados en la región y que por su dinamismo y organización se había convertido en el primer coordinador departamental de diversos grupos de españoles. Vera, reconocido como hombre preciso y riguroso, se entregaba intensamente a intentar reunificar a los compañeros.

La camaradería y el acuerdo entre los dos hombres fue rápido. Tras varios encuentros, comenzaron a reunirse cada semana en un café restaurante de Annecy llamado L'Auberge du Lyonnais, cuyos propietarios, Flora y Jean-Marie Saulnier, colaboraban con Andrès desde hacía tiempo. Desde el restaurante del albergue, convertido por ambos en bastión de la Resistencia, los dos hombres no tardarían en capitanear a la mayoría de los resistentes españoles de la Alta Saboya que iban desertando de los grupos de trabajo, ni en organizar la lucha clandestina contra las tropas de ocupación enemigas.

En 1943 los españoles representaban el 83,7 por ciento de los trabajadores de los GTE por todo el país.[37] A primeros de ese año, un grupo de 25 leñadores instalados en el poblado de Arcine, a 36 km de Annecy, constituyeron el primer núcleo de luchadores españoles en la Alta Saboya. En el mes de abril, otro grupo integrado solo por españoles se estableció en Mont Veyrier y en mayo, en el desfiladero de La Colombière, en el municipio de Le Grand-Bornand. A estos les seguirían otros grupos, la mayoría de ellos con el criterio de no luchar contra los franceses, de no disparar contra ellos aunque fueran colaboradores de Vichy. Su lucha la centraron contra los italianos y los alemanes. Más tarde, el 1 de febrero de 1944, 57 españoles de esos diversos grupos se unirían para subir con Tom Morel hasta la meseta de Glières.

Tras el desembarco aliado en el norte de África en noviembre de 1942, los alemanes disolvieron el ejército regular francés y sus tropas invadieron el resto de Francia. Co-

37. *Les républicains espagnols en Couserans*, catálogo de exposición, 2010.

menzaba así una nueva y más peligrosa etapa. Esta nueva ocupación, la disolución del ejército de Pétain y el hecho de que los alemanes hubieran invadido la Rusia soviética en junio de 1941 y de que el Partido Comunista hubiera dado entonces a sus militantes la orden de combate, acentuó los movimientos clandestinos y la extensión de los maquis. Los diversos grupos se fueron organizando y consolidaron sus fuerzas.

Las montañas de la Alta Saboya constituían un terreno ideal para las operaciones del maquis, sobre todo las que iniciaron los batallones de cazadores alpinos (BCA), militares entrenados para actuar en condiciones extremas, especializados en las regiones montañosas. Se trataba de un cuerpo de élite del ejército francés que había formado parte del ejército del armisticio bajo el mando del comandante Vallette d'Osia, oficial de gran coraje, reconocido como el mejor especialista en problemas de guerra en zonas de montaña. Desde hacía tiempo, este militar preveía que los alemanes violarían un día u otro las condiciones de ese armisticio, y con un centenar de oficiales y soldados —entre ellos el teniente Théodore Morel y el capitán Maurice Anjot— había ido separándose del ejército regular de Pétain y había constituido poco a poco un núcleo de ejército secreto, la Armée Secrète (AS), en todo el departamento y sus cercanías. Este ejército clandestino entró en contacto con miembros de la organización Combat, con Richard Andrès entre ellos, y había ido acercándose a la Francia Libre. En relación directa con Londres, fueron organizando igualmente el contacto con los diversos grupos de maquis cercanos a la organización MUR (Movimientos Unidos de la Resistencia). Esta organización francesa de resistencia a la ocupación alemana y al régimen de Vichy fue creada bajo el impulso de Jean Moulin el 26 de enero de 1943 con la fusión de varios grandes movimientos no comunistas de la zona sur, como Combat, Franc-Tireur (FTP) y Liberation-Sud, que ya habían creado antes un Comité de coordinación de la zona Sur que incluía a *Le Coq enchainé* y al AS.

En esos contactos con los maquis, el teniente Morel, que a través de Richard Andrès había oído elogios de los combatientes españoles, quiso conocerlos directamente y propuso un encuentro con Miguel Vera. A la cita, una noche de diciembre, fue acompañado por un cura, el padre Truffy, que tenía también una buena relación con los españoles. Morel salió muy satisfecho de la entrevista, y dijo bromeando: «¡Qué grupo de terroristas hemos formado! Un militar francés, un rojo español y un cura... ¡Los alemanes van a tener que llevar ahora mucho cuidado!».[38] Desde aquel momento, su relación con los españoles estuvo basada en una total confianza, fidelidad y mutuo respeto. Más tarde, en la lucha junto a ellos, Morel escogería siempre a estos hombres como su guardia cercana.

Por aquellas montañas se iban extendiendo también los maquis del grupo Francotiradores y Partisanos (FTP), creados en 1942 de la fusión de tres grupos militares comunistas: la Organización Especial del partido (OS), los grupos de Mano de Obra Inmigrada (MOI) y los Batallones de la Juventud Comunista. Los FTP estaban controlados por los comunistas y, aunque ambas tendencias se encontraban prácticamente bajo las órdenes del Consejo Nacional de la Resistencia (órgano que dirigió y coordinó el resistente Jean Moulin con los distintos movimientos de la Resistencia francesa, hasta que fue traicionado y entregado a la Gestapo), sus opiniones políticas eran irreconciliables y sus objetivos y tácticas, muy diferentes.

La mayoría de los maquis gaullistas tenían orden de pre-

38. Miguel Vera, «Les espagnols dans la Résistance», *La Résistance savoisienne*, n.° 343, 16 de agosto de 1945.

pararse en secreto para el día en que los Aliados desembarcaran en Francia, y solo entonces deberían salir de su clandestinidad para atacar a los alemanes y contener sus movimientos hacia los frentes del ataque aliado. Mientras tanto, sus acciones debían limitarse a actos de sabotaje. Por el contrario, para los maquis comunistas, alentados por Moscú tras la ocupación alemana, el objetivo era atacar y destruir a los alemanes y a las unidades de Vichy por todos lados. Conseguir esos objetivos era para sus dirigentes más importante que evitar los riesgos y las duras represalias que podían conllevar estos ataques, que era lo que deseaba evitar en aquel momento el entorno de De Gaulle.

Denunciadas las dos tendencias como «grupos terroristas» en sus diversas acciones, el régimen de Vichy creó el 30 de enero de 1943 la Milicia Francesa, una organización política y paramilitar de tipo fascista, con el fin de «reagrupar a los franceses dispuestos a contribuir activamente en la renovación política, social, económica, intelectual y moral de Francia», y compuesta de voluntarios decididos a participar como una policía política en el mantenimiento del orden nacional y de luchar contra el conjunto de la Resistencia, colaborando con la Gestapo y otras fuerzas alemanas. Junto a ellos, los milicianos se mostraron especialmente activos en la persecución de judíos, las detenciones arbitrarias, la delación, la tortura, las ejecuciones sumarias y las matanzas. Alrededor de 35.000 franceses colaboraron activamente con los alemanes contra los demás franceses de la Francia Libre, y lo hicieron especialmente en las montañas de Glières.

En julio de 1943, tras la detención y desaparición de Jean Moulin, Richard Andrès, responsable de los grupos guerrilleros españoles de la Alta Saboya y personaje esencial en el contacto con los diversos grupos de la Resistencia franceses, fue nombrado desde Inglaterra jefe de la SAP (Section des Aterrissages et des Parachutages) y responsable de las operaciones aéreas y de la recepción de armas y sustento que Londres había decidido enviar a los maquis de la región (denominada con el código «Diamante» por los servicios del SOE) para preparar los combates decisivos, ante el desembarco aliado, que se preveían cercanos.

En la búsqueda de los terrenos, la preparación y recepción de esos envíos, Richard contaba con los españoles, y a finales de septiembre, en una reunión con Miguel Vera, propuso la fusión y la reorganización de los diversos destacamentos españoles para coordinar mejor sus acciones. Esos envíos de armas necesitaban una perfecta organización y coordinación, además de la fuerza y el coraje de aquellos españoles. El mínimo error podía costarles la vida. Para él, como para otros importantes jefes de la Resistencia francesa y aliada, los republicanos españoles tenían una gran capacidad de organización y combate. Todos sabían que la experiencia de la guerra de España contribuía a ello...

José Mari Juan fue uno de los españoles responsables de los equipos de recepción de material militar y uno de los que pudo testimoniar de la participación española:

... después vino a vernos Richard Andrès y me encargó que tomara las disposiciones necesarias para organizar la recepción de una importante remesa de material por vía aérea, al tiempo que me facilitó la clave con que Radio Londres anunciaría el día y la hora del «recital de paracaídas»: unas estrofas de Stendhal. Tan pronto fueron captadas, fuimos a escoger el terreno con mi compañero Sáez, y a marcarlo, para que pudiera ser «señalizado» convenientemente. Enseguida, nuestro grupo emprendió la marcha hacia el lugar de recepción; bueno, nuestros hombres y docenas de colaboradores benévolos. Los aviones daban varias pasadas y, cuando habían perdido el máximo de altura, descargaban su precioso cargamento. La maniobra, debido al relieve de la zona, era bastante peligrosa por los repetidos «baches» que se originaban. Pasado el mal trago para los pilotos, empezaba el que nos correspondía a nosotros, ya que teníamos que buscar y encontrar todos aquellos recipientes metálicos en plena noche, dispersos en un radio de varios kilómetros, recuperar los paracaídas que colgaban de pinos altísimos y repartir el material y el armamento para que pudiera ser escondido con mayor facilidad, hasta su distribución definitiva. Los campesinos y campesinas que nos ayudaban sabían muy bien a qué se exponían si los alemanes encontraban en su poder, o en sus tierras, el más mínimo objeto procedente de un envío aéreo. El menor tropiezo equivalía a ver incendiada su casa y a ser fusilado allí mismo con su familia o, en el mejor de los casos, a ser puesto en manos de la Gestapo, pasar por hábiles interrogatorios de la policía alemana o vichysta y ser enviado al final a un campo de exterminio.[39]

En contacto cercano con Tom Morel, hombre dinámico y destacado oficial a las órdenes del comandante Vallette d'Osia y uno de los principales militares responsables de la AS y del Estado Mayor de la Resistencia en Alta Saboya, Richard Andrès preparaba con sus españoles y otros grupos la importante llegada del armamento cuando fue traicionado, como lo fueron otros varios dirigentes relacionados con Londres. A pesar de su rigurosa clandestinidad y prudencia, el 18 de enero de 1944, volviendo en coche hacia Annecy con uno de sus mejores compañeros (tras reco-

---

39. Eduardo Pons Prades, *Republicanos españoles en la Segunda Guerra Mundial*, Madrid, La Esfera de los Libros, 2003, p. 263.

ger uno de los aparatos de radio para el contacto con Londres y la preparación de los próximos envíos), cayeron en una emboscada organizada por la milicia y la Wehrmacht, que habían sido perfectamente informados por uno o varios delatores cercanos: tres ametralladoras, situadas en ángulos diferentes en una curva de la carretera por la que tenían que pasar, destrozaron el coche en el que viajaban. Los dos cuerpos, rotos y ensangrentados, casi irreconocibles, fueron retirados horas después por unos vecinos y la alcaldía de Annecy pagó los féretros y organizó al día siguiente el entierro al que asistieron, a pesar de la gran tensión con los alemanes, numerosos ciudadanos de la región. Para la mayoría de los españoles, la muerte de Andrès fue un golpe muy duro.

La traición y asesinato de los dos dirigentes no paralizó los proyectos en marcha. Las medidas necesarias fueron tomadas inmediatamente y los cambios se llevaron a cabo manteniendo la búsqueda de los terrenos susceptibles de recibir los importantes envíos aéreos indispensables para los combates previstos. El comandante Vallette d'Osia, en contacto con De Gaulle, le había asegurado que en la Alta Saboya más de 2.500 hombres estaban dispuestos a luchar por la Francia Libre, pero que no tenían las armas necesarias (la realidad era que apenas podían contar con unos centenares). Londres aceptó enviarlas y para ello se necesitaba el lugar apropiado. Morel y Vera, bajo las órdenes de Henri Romans-Petit, decidieron juntos que el mejor lugar para la recepción de los envíos sería la meseta de Glières.

Con 8 km de largo y 2 km de ancho, y situada a unos 1.500 m de altitud en el macizo del Borne, la meseta de Glières constituía una inmensa fortaleza natural en el corazón del departamento, un gigantesco bastión dominando los valles de Thônes, Thorens y Borne. Era un terreno arbolado en algunos lugares, rodeado de suaves pendientes con tres niveles, pero sus accesos eran extremadamente difíciles, protegidos por gargantas y desfiladeros. Su escalada necesitaba la experiencia de buenos montañeros. Los organizadores calculaban conseguir reunir a un millar de hombres para poder defenderlo, pero algunos jefes sabían que no podrían reunir tantos hombres en aquel maquis. Algunos esperaban que cuando alzaran en la meseta la bandera de la Cruz de Lorena, de la Francia Libre, muchos otros vendrían para incorporarse a la lucha. Pero la división y la sospecha entre los diversos grupos de la Resistencia, así como...

... la apatía y el miedo de la mayoría de los franceses, hizo que los efectivos que lucharon activamente por la libertad no sobrepasaran en ningún momento más del 10 por ciento de la población, hasta el momento de la Liberación, cuando el movimiento se hinchó de repente con los patriotas de última hora.[40]

El lugar fue elegido teniendo en cuenta su inaccesibilidad para evitar un ataque por sorpresa. Si entre abril y noviembre su acceso era difícil, en invierno la ascensión constituía un esfuerzo de más de siete horas, incluso para alpinistas entrenados. La situación de la meseta permitía una buena vigilancia de los alrededores, recibir los contenedores de armas y municiones y su transporte a lugares seguros donde pudieran distribuirlos.

La dirección de las fuerzas aliadas en Londres fue informada de la elección de Glières como terreno para la recepción del material y aceptaron rápidamente la decisión, prometiendo inminentes envíos aéreos.

40. Michael J. Bird, *Le Bataillon des Glières*, París, Ed. France-Empire, 1967, p. 21.

La decisión de instalar y atrincherar en la meseta a varios centenares de hombres llegó de Londres, apoyada por Vallette d'Osia. Los españoles del antiguo ejército republicano se atrevieron a opinar y consideraron desacertada la idea. Para ellos, los grupos de acción guerrillera debían ser siempre pequeños, extremadamente móviles y capaces de atacar al enemigo por iniciativa propia, generalmente por sorpresa, y evitar las grandes concentraciones, mucho más vulnerables. Los dirigentes franceses en Londres y algunos grupos instalados en la zona prefirieron considerar la concentración como un trampolín ofensivo para el momento propicio.

El Batallón de Glières, formado en un principio por 98 hombres, entre ellos 56 españoles, instaló su campamento en la meseta, en una zona con posibilidades de alojamiento en algunos chalets de montaña donde pernoctaban los alpinistas en las excursiones invernales. A uno de esos chalets se le llamó enseguida «el de los españoles». El pequeño ejército estaba bajo las órdenes del teniente Morel, que tenía solo veintisiete años pero un gran prestigio militar y numerosas condecoraciones conseguidas en varias batallas frente a los italianos. Poco después de la instalación llegaron hasta el campamento dos destacamentos de FTP, unos 50 hombres, que dijeron desear integrarse y participar en la recogida y distribución de las armas británicas. Los jefes FTP en Lyon les habían autorizado a ponerse temporalmente a disposición del Ejército Secreto, pero prohibiéndoles entrar en acciones ofensivas sin consultarlos antes.

El Batallón de Glières llegó a reunir 456 combatientes bajo el mando de cinco antiguos oficiales y suboficiales del 27.º Batallón de Cazadores Alpinos. Estaban divididos en quince secciones: Liberté Chérie, Leclerc, Ebro, Hoche, Verdun, Allobroges, Le Chamois..., entre otras, y casi todas integradas también por numerosos españoles. E incluso dos de ellas eran totalmente «hispanas» y contaron después con más de un centenar de hombres; se llamaron primero Ebro y más tarde, juntas, Sección Ebro, bajo el mando de Antonio Vilches. Morel decía de ellos: «Son excelentes combatientes, hombres en los que puedo confiar totalmente».

Una vez instalados en la planicie, rodeados por extensas dunas de dos metros de nieve, bajo el mando del teniente Morel —al que todos llamaban «Tom»—, los hombres de Glières consideraron la meseta como el primer terreno de Francia ocupado y liberado por su voluntad. Fue allí donde, por primera vez desde 1940, organizaron abiertamente, con las armas en la mano, el primer compromiso importante de resistencia en suelo nacional contra el ejército alemán. Diversas radios y medios informativos de los Aliados difundieron enseguida la noticia: un trozo de tierra francesa se había liberado de la opresión enemiga. La BBC, desde Londres, proclamaba: «Tres países resisten en Europa, Grecia, Yugoslavia y Alta Saboya».

En ese reducido espacio de libertad, los hombres de Morel tuvieron que enfrentarse también con sus compatriotas vichystas, los guardias móviles (encargados de la ley y el orden petainista que consideraba a los guerrilleros como «terroristas») y las milicias petainistas. Frente a todos, la presencia del teniente Morel y sus hombres mostraba por fin la realidad de la Resistencia ante los ojos de los Aliados y del pueblo francés. En el campamento, enarbolando en lo alto del asta la bandera tricolor de la Francia Libre con la Cruz de Lorena del general De Gaulle, Morel y sus guerrilleros hicieron el juramento de «Vivir libre o morir».

Cuando los alemanes conocieron el gran despliegue de maquis y comprendieron el peligro que representaba para ellos aquel ejército en la meseta, ordenaron a los franceses neutralizarlos rápidamente, o ellos mismos se encargarían de hacerlo. Unos días después, el 5 de febrero, las fuerzas francesas de la milicia y de los GMR intentaron el asalto a la meseta desde diversos puntos. Los duros enfrentamientos causaron muchos muertos de un lado y del otro, pero las tropas de Pétain no pudieron lograr el acceso al campamento. Ante esa imposibilidad, las fuerzas alemanas decidieron realizar ellos mismos el asalto.

Aunque los hombres de Morel pasaron a la historia como héroes, ninguno de ellos ganó la batalla de Glières. Muchos murieron en los enfrentamientos. Morel fue uno de los primeros, el 9 de marzo, tras una orden de combate que se desarrolló de forma rápida y perfectamente regulada militarmente contra los GMR (Guardias Móviles Republicanos) en la zona de Entremont. Los GMR se rindieron a los maquis. Después, en un encuentro con su jefe, el comandante Lefebvre, este le habría asesinado... De las circunstancias de esa muerte se han dado versiones diferentes.

En principio, se dijo que había sido un alemán el que lo había matado... Después se dieron otras versiones, la más extendida es la de que fue precisamente el jefe de los GMR, quien, a pesar de haber sido desarmado antes de entrevistarse con Morel al final del combate, lo habría matado con una pistola que llevaba oculta, siendo a su vez abatido por los hombres de Morel. Sigue habiendo dudas sobre las circunstancias reales, contadas de forma distinta por diferentes testigos o historiadores. Para algunos, resultó simplemente extraño que fuera asesinado una noche antes del más importante envío previsto de contenedores de armas y material aerotransportado, del que era responsable Morel. Un material especialmente codiciado por muchos... Se esperaban más de 500 contenedores.

Lo cierto es que en Entremont, cuando, unos segundos después de oír un fuerte tiroteo, llegaron corriendo los españoles que estaban vigilando a los prisioneros del GMR, Tom Morel yacía muerto y desangrándose en la nieve. Para los españoles fue una terrible tragedia. Uno de ellos, Ángel Segura, lo contaba todavía con emoción sesenta años después:

Unos compañeros habían salido a buscar un trineo para recoger el cuerpo. Mientras esperábamos, mirando la sangre sobre la nieve, mirando y mirando el cuerpo ensangrentado de Morel, no pude esperar más. La rabia y la tristeza me impedían casi respirar. Me decidí y lo cargué sobre mi espalda y lo llevé un trecho de camino hacia arriba, hasta que no pude más. Los compañeros se habían puesto a mi lado, éramos 25, y fueron sucediéndose, uno tras otro, para cargar el cuerpo y continuar subiendo entre doscientos y trescientos metros cada uno. Fue mi grupo el que lo subió... No podíamos creer que Morel estuviera muerto. Nosotros éramos hombres fuertes... pero llorábamos todos. Lo subimos a hombros con mucha dificultad hasta la meseta, hasta que llegó un trineo tirado por mulos y terminó de llevarlo hasta donde teníamos nuestro puesto de mando... Allí le rendimos honores. Lo hicimos con lágrimas. Yo estuve velándolo toda la noche. Con Morel perdimos a uno de los hombres que más apreciábamos los españoles.

Como estaba previsto, la noche siguiente a su muerte llegaba a Glières el tercer envío de material aerotransportado... Algunos aseguran que fueron 580 contenedores de armas y material diverso lo que lanzaron, y otros, que apenas sobrepasaron los 200 contenedores. Fuera mayor o menor la cantidad, lo que estuvo claro es que el material recuperado por unos y otros ya no sirvió para defender la meseta ni para evitar el desastre de Glières.

Tras la desaparición de Morel, por orden de Londres uno

de sus adjuntos y compañeros más cercanos, el capitán Maurice Anjot, del 27.º Batallón de Cazadores Alpinos, se hizo cargo del mando de los hombres de Glières. Anjot, de treinta y nueve años, tenía una personalidad muy diferente a la de Morel, mucho más reservada, pero gracias a su serenidad, su seriedad y su valentía no tardó en ganarse la confianza de sus hombres. Anjot recurrió también a los españoles, reconociéndoles los mismos valores que les había reconocido Morel y apreciando especialmente su experiencia de combate. Junto a ellos, el nuevo capitán trató de organizar y de resistir sabiendo de antemano que esto no sería posible frente a las enormes fuerzas lanzadas contra ellos.

El 12 de marzo comenzó la operación militar contra los guerrilleros de Glières, a la que se llamó «Korporal» y que estaba dirigida por la 157.ª División Alpina de Reserva, con el general Pflaum al mando, estacionado en Grenoble: varios aviones Heinkel y Stuka bombardearon diversas posiciones guerrilleras en la meseta, al mismo tiempo que se iban produciendo ataques por tierra coordinados con las fuerzas de la Milicia Francesa. Más de 2.500 franceses y 6.000 soldados alemanes, entre ellos tres batallones alpinos, entraron en el dispositivo de aniquilación del maquis. Unidas las fuerzas de Pétain y de Hitler, precedidas por los bombardeos y un diluvio de metralla de la artillería alemana, asaltaron la meseta de Glières, rastreando y eliminando sin piedad a los guerrilleros. Estos, diseminados en pequeños grupos, fueron rechazando día tras día todas las ofensivas, hasta disparar el último cartucho. Algunas gestas fueron comentadas durante mucho tiempo, como la de Antonio Vilches, que dio un enorme salto en un terreno muy peligroso para conseguir un emplazamiento estratégico para su ametralladora y desde allí poder proteger la retirada de sus hombres en una situación especialmente difícil. Salió con vida a pesar de que las balas le destrozaron la ropa. En uno de los ataques, totalmente rodeados por centenares de soldados alemanes, dos grupos de guerrilleros efectuaron en último extremo una salida de sus posiciones con granadas de mano, muchas de ellas inservibles, la única munición que les quedaba... Murieron todos.

El 26 de marzo, el jefe del batallón de los Glières, Maurice Anjot, consciente de que no quedaba ninguna otra posibilidad, firmó la orden general de repliegue de todas las secciones de la meseta. Fue un penoso y dramático repliegue, teniendo en cuenta que el enemigo acechaba por todos lados y que los hombres estaban exhaustos. Los guerrilleros se comportaron heroicamente pero les era imposible ya sostener la potencia de fuego de los asaltantes, los continuos bombardeos y la superioridad numérica. Los resistentes, que carecían de todo, obedecieron las órdenes y se pusieron en marcha, retrocediendo por inmensos precipicios cubiertos de nieve, para intentar atravesar el control enemigo. La mayoría fueron aniquilados. El capitán Anjot caería al día siguiente en una emboscada, donde fue masacrado junto a otros dos oficiales franceses y varios españoles que intentaron protegerlo hasta el último momento. Cerca de 200 hombres de Glières caerían en el repliegue general, entre ellos numerosos españoles. Otros españoles consiguieron atravesar las montañas plagadas de militares enemigos y reagruparse más tarde para seguir combatiendo. Muchos de ellos pudieron participar algún tiempo después en la liberación de Annecy y de otros pueblos de las montañas.

Numerosos supervivientes españoles decidieron luego instalarse en la región. Más de la mitad, se casaron después de la Liberación con muchachas de la zona, en su mayoría hijas de las familias que les habían ayudado durante todo el tiempo del maquis. Algunos franceses bromistas y simpatizantes de los españoles, repetían con frecuencia: «¡Y además, se casaron con las chicas más guapas de los alrededores!». Otros hicieron venir a su familia de España para instalarse definitivamente en la bella región montañosa que ayudaron a liberar.

Hoy, a 20 km de Annecy, subiendo las montañas hacia la meseta de Glières y después de atravesar el puerto de Bluffy, una carretera en suave pendiente cruza entre los macizos montañosos de la Tête Ronde y la Dent de Cruet... Desde allí, un impresionante paisaje ofrece la belleza que rodea los diversos pueblos de la Alta Saboya donde tuvieron lugar los numerosos combates en los que participaron de forma heroica los refugiados españoles durante la Segunda Guerra Mundial. En una de las curvas, situado a la derecha, al pie de la montaña, discreto y rodeado de silencio, aparece el cementerio de Morette, en el que reposan 120 combatientes de aquellos maquis de Glières... Entre los españoles enterrados allí, al lado de Richard Andrès, Tom Morel o Maurice Anjot, figuran algunos nombres de aquellos combatientes de libertad... Félix Belloso, Patricio Roda, Pablo Hernández, Victoriano Ursúa Salcedo, Paulino Fontoba, Avelino Escudero, Manuel Corps, Florián Andújar... Estos nombres quedaron grabados para siempre en el hermoso poema «Cementerio de Morette-Glières» (1944) de José Ángel Valente:

> *No reivindicaron*
> *más privilegio que el de morir*
> *para que el aire fuese*
> *más libre en las alturas*
> *y los hombres más libres.*
> *Ahora yacen,*
> *con su nombre o anónimos,*
> *al pie de Glières ante la roca pura*

que presenció su sacrificio.
Hombres
de España entre los muertos
de la Alta Saboya:
ellos lucharon por su luz visible,
su solar o sus hijos, mas vosotros
solo por la esperanza.

La nieve aún dura prodigiosamente
viva en el aire mismo
donde morir fue un puro
acto de fe o de supervivencia.

¿Quién podría decir que murieron en vano?

Al cielo roto y a la tierra vacía,
a los pueblos de España,
a Hervás, a Mula, a todas
las islas Baleares,
a Mendavia, Viñuelas,
Hambrán, La Almunia,
Terrecampe, Tembleque,
le devuelvo el nombre de sus hijos:
Félix
Belloso Colmenar, Patricio
Roda, Gabriel Reynes o Gaby, Victoriano
Ursúa, Pablo Hernández,
Avelino Escudero,
Paulino Fontoba, Florián Andújar,
Manuel Corps Moraleda.

Otros duermen tal vez
bajo una cruz desnuda, lejos
de su país, de su memoria, donde

todos los muertos son
un solo cuerpo ardiente:
carne nuestra, palabra,
historia nuestra que no conocimos,
sangre sonora de la libertad.

Decenas de muchos otros españoles fueron enterrados, pero sin nombre, en los bosques y montañas donde murieron.

En la entrada del cementerio de Morette, junto al asta donde ondea la bandera francesa, grabada en la piedra, figura la divisa que unió a todos aquellos hombres: «Vivir libre o morir».

José Caballero*

Nacido en Nora, provincia de Córdoba, cuando lo entrevisté vivía en las afueras de Annecy, rodeado de las montañas donde había combatido. Los años no habían desorganizado su cerebro. Los recuerdos seguían muy vivos y contaba su vida serenamente, con un humor sencillo. Este es su testimonio:

Cuando dieron el golpe, yo tenía dieciocho años recién cumplidos y me fui a la guerra sin perder un día. Luché contra los grupos fascistas que había por toda España. Estuve con el ejército en la defensa de Madrid, Guadalajara, Jarama, Belchite, Teruel, Ebro y Brunete. Después de todo eso, si sales vivo, sales con mucha experiencia... En Teruel me hirieron tres veces y una de ellas me dejaron por muerto. Era el mes de diciembre,

* Combatiente de Glières, en el batallón Ebro. Entrevista con la autora.

hacía mucho frío y me pasé todo el día tiritando en un agujero. Estaba herido en las dos piernas. Al anochecer llegaron unos camilleros y me sacaron. Me llevaron a una cueva donde operaban y lo que más recuerdo es que los médicos me decían «¡Estate quieto, estate quieto!», mientras me tenían las manos cogidas, y también que estaba totalmente en cueros, como me parió mi madre, y apareció una enfermera muy guapa, que me cogió casi en brazos y me llevó a la cama... Estas cosas no se olvidan...

Pasamos el Ebro de noche. Yo iba en una barca y en medio del río me decía interiormente que no sabía nadar... Había un catalán que lloraba y yo le decía que no llorara, pero yo también tenía ganas de llorar. En aquel momento le tenía más miedo al Ebro que a los fascistas.

Estuvimos en la sierra de Cordera y allí vinieron y mataron a muchos con bayonetas. A mí, cuando me dijeron «¡Alto, alto!», tiré una granada y pude salir. Nos faltaban refuerzos, nos faltaba todo... Los responsables políticos que teníamos eran cuatro tontos... Fueron los responsables de muchos muertos.

Pasé la frontera francesa el día 9 de enero de 1939, con la idea de poder volver cuanto antes para seguir luchando contra el fascismo.

Me llevaron a los campos, cerca de Perpiñán y luego a Le Barcarès, donde no había nada y nosotros construimos las barracas, después a Argelès y Septfonds. Nos sacaron de los campos para ir a las compañías de trabajo. Me llevaron a la número 127 y nos enviaron a la Alta Saboya. Llegamos en septiembre de 1940 y enseguida fuimos a los bosques a cortar leña y hacer carbón. Te hinchabas a trabajar y nos daban 5 francos por metro cuadrado... No teníamos ni para tabaco.

Después del armisticio, un día, en pleno trabajo de

cortar leña, sonó la sirena de la empresa. Bajamos enseguida y nos hicieron poner en fila india. Los alemanes de la empresa nos preguntaron si queríamos ir a trabajar a Alemania, que se pagaría mejor. Ninguno de los españoles dio un paso adelante. Eso los enfadó y nos dijeron que, puesto que no queríamos ir como voluntarios, iríamos por la fuerza. Ahí nos preparamos todos, y el día que alguien nos dijo que iban a venir a por nosotros, aquella misma noche, nos fugamos a la montaña y no bajamos hasta que supimos que se habían ido. Después de este incidente no nos quedó más alternativa que irnos al maquis. Esto ocurrió en 1943, cuando ya se estaban organizando algunos grupos de guerrillas y los dirigentes nos enviaron a la meseta de Glières. Nosotros habíamos ingresado antes en el Ejército Secreto, la Armée Secrète, que eran militares, y Miguel Vera y otros nos dijeron que teníamos que agruparnos en los FTP.

Con Morel tuvimos una relación magnífica. Nos estimaba mucho: nos eligió como su fuerza de seguridad. Estaba también un poco loco, como nosotros. Apreciaba mucho nuestra experiencia, porque los jóvenes franceses que llegaban no sabían ni coger un fusil. Nosotros fuimos la columna vertebral del dispositivo Morel. Nos decía que después de la guerra nos iba a dar trabajo a todos y estoy seguro de que lo habría hecho. Tenía mucha confianza con nosotros. Lo mató alguien que él conocía, alguien que llevaba una pistolita escondida... No tenía que haberse fiado... Fue nuestro grupo el que lo subió hasta la montaña, mi grupo. Lo llevamos a hombros hasta que llegaron los caballos con el trineo. El primero que se lo echó a la espalda fue Ángel García Segura y luego cada uno de nosotros, uno detrás de otro. Yo estuve, después, toda la noche velándolo.

En la liberación de Annecy participaron los españoles, toda la Sección Ebro. Y luego muchos nos fuimos al Valle de Arán. Aquello fue muy duro: grupo que entraba, grupo que se perdía... Yo tenía que entrar e infiltrarme hasta Andalucía... Me enviaban como capitán de ametralladoras. No pudimos llegar muy lejos. A los que se adentraron más, los mataban. Yo creo que estaban muy preparados para recibirnos y, por otro lado, si no cuentas con el pueblo, no puede hacerse nada. Y el pueblo, aunque algunos nos ayudaron con comida, tenía mucho miedo. Muchos murieron y otros pasaron años en la cárcel. Con mi grupo, nos volvimos. Yo me quedé en Toulouse hasta que me desmovilizaron. Después trabajé en una fábrica. Había trabajo para todos... Volví a mi pueblo después de la muerte de Franco. Ya no era mi pueblo... Pero he vuelto alguna otra vez. Sí, me moriré en estas montañas. Me quedaré aquí, con muchos otros compañeros.

Miguel Vera*

Se llama como su padre, vive en Annecy y, desde hace años, como presidente de la Amicale de la Résistance Espagnole en Haute-Savoie, se dedica a transmitir la memoria de su padre y la de tantos otros compañeros. Como «transmisor de memoria», recorre las escuelas del departamento, da conferencias en diversas asociaciones y representa en numerosos actos oficiales la presencia de los maquis españoles en la liberación de la Alta Saboya.

Desde que tenía siete años, ha vivido siempre en Francia, pero asegura que se siente muy español. Como se sintió hasta el último momento su padre, fallecido en 1976.

* Entrevista de su hijo Miguel con la autora.

Para que me contara directamente esas historias de las que fue testigo a través de su padre, nos damos cita en el restaurante L'Auberge du Lyonnais, una institución en Annecy y memoria viva de la época en la que se reunían allí los resistentes, sobre todo Richard Andrès y Miguel Vera. Con un poco de imaginación, podemos sentirlos muy cerca...

Miguel, que en muchos momentos se refirió a su padre llamándolo Vera, me llevaría después a conocer a Ángel Segura y a José Caballero, con los que siempre mantuvo un contacto muy cercano, incluso después de la muerte de su padre. Juntos nos acercamos también hasta el cementerio de Morette, próximo a la meseta de Glières. Un pequeño cementerio (calificado de Monumento Histórico y considerado Patrimonio del siglo xx) donde, pensando en aquellos hombres y mirando aquel paisaje de montañas, no resulta difícil la emoción. Esto es lo que explicaba Michel sobre su padre:

Después de su servicio militar, mi padre volvió a su pueblo de origen, Puertollano, y luego se fue a Nerja, donde tenía algunos familiares. Allí creó una pequeña empresa de albañilería. En el pueblo, la situación que vivían los obreros era tan miserable que no tardó en rebelarse. Sobre todo cuando veía que los trabajadores iban a la plaza cada mañana temprano, esperando encontrar trabajo para ir al campo, y la mitad se volvía sin conseguirlo, sin tener nada para comer ese día. De aquella miseria nos hablaba más que de la Resistencia. Mi padre comenzó a denunciarla y a denunciar a los que la provocaban, los que los hacían vivir en chozas, sin cobrar y haciéndoles trabajar solo para darles de comer. Con sus denuncias, se le echaron encima los terratenientes y los duques, y todos los que permitían aquella explotación.

Pero él continuó denunciándolos y, en el ámbito republicano, participó en la alcaldía de Nerja proponiendo muchas cosas para terminar con aquellas vidas miserables. Por su trabajo y sus ideas manifestadas claramente, era respetado por mucha gente pero muchos otros, los que lo odiaban por proponer aquellos cambios, estaban preparados y, cuando se dio el golpe, tuvo que marcharse del pueblo porque su vida corría peligro. Después estuvo al mando de una compañía de carabineros. Estuvo en Valencia y después en Madrid, hasta el final de la guerra. Desde allí salió para la frontera francesa. Tardó una semana en llegar a los Pirineos. Después estuvo en los campos de concentración, hasta que lo enviaron con las Compañías de Trabajadores, a la número 517, en la Alta Saboya. Llegó en el mes de septiembre de 1940. Allí estuvo cortando árboles, haciendo carbón, construyendo carreteras, secando terrenos inundados y otros trabajos difíciles, hasta 1942, en que conoció a Richard Andrès.

Se conocieron aquí, en L'Auberge du Lyonnais. El hecho de que hablaran el mismo idioma los unió, y más cuando vieron que tenían el mismo ideal y constataron juntos el enorme potencial que había entre los españoles para organizar el maquis, todos aquellos hombres con el mismo deseo de luchar por la libertad. Poco a poco, los españoles se fueron uniendo al maquis organizado por Andrès y por Vera. Al principio había mitad de franceses y mitad de españoles, pero a partir de 1943 solo había españoles en un maquis de la AS, el Ejército Secreto, y su misión consistía en mantener en buen estado todas las armas que iban consiguiendo y otras que estaban escondidas.

Morel apareció en septiembre de 1943. Los cuatro o cinco maquis españoles estaban ya muy bien organizados y actuaban de forma eficaz. El alto mando de la Resistencia francesa vio en ellos un verdadero vivero. Tom Morel, que formaba parte de ese Estado Mayor de la AS, quiso conocerlos de cerca y le pidió a un cura en el que confiaba, que organizara un encuentro con Vera. Morel estaba en la clandestinidad y los españoles también. El encuentro se llevó a cabo clandestinamente en un depósito de carbón. Morel quedó encantado. Aquellos hombres no le parecieron los indeseables y terroristas que denunciaba el régimen de Vichy. Todo lo contrario. Al final del encuentro parece ser que comentó: «Con este grupo de terroristas, un militar francés, un cura y un rojo español, los franceses van a tener delante de ellos un buen equipo».

A ellos se unieron después el jefe Romans-Petit y Anjot, que tomó el mando tras la muerte de Morel, y cuando a finales de septiembre llegó una misión inter-aliada para comprobar si los maquis de la Alta Saboya merecían las armas que estaban pidiendo, se volvieron con una opinión favorable, diciéndoles que buscaran el lugar adecuado donde poder lanzarlas. Morel y Vera se recorrieron las montañas de los alrededores y decidieron que el mejor lugar era la meseta de Glières.

La relación entre Tom y los españoles fue muy intensa. Los apreciaba, les tenía mucho cariño. Se podrían contar muchas anécdotas. A mediodía comía en su puesto de mando con ellos. Iba a verlos al chalet por las noches, cantaba con ellos... Los españoles le devolvieron ese afecto. Morel sabía y apreciaba también la experiencia de combate de aquellos hombres. Los defendía siempre ante cualquier crítica.

La población de las montañas los recibió primero con cierto recelo, pero cuando los conocieron, los apoyaron mucho y siempre les dieron asilo y la ayuda que podían.

La muerte de Morel les afectó muchísimo. Era un verdadero líder para ellos. Los españoles sufrieron mucho su pérdida. La noche que murió, quisieron subirlo a la meseta de Entremont, y para ello tenían que buscar un trineo. Mientras esperaban, con Morel en el suelo, Ángel Segura, que lo apreciaba tanto, no lo pudo resistir; se cargó a Morel en la espalda y comenzó el ascenso. Los 25 españoles lo siguieron detrás, y cada español fue relevando a Ángel, y así lo llevaron hasta la mitad del camino, hasta que llegó el trineo. Lo subieron a la enfermería y la Sección de Caballero lo instaló para que se le rindieran honores y se montara una guardia de honor, a pesar del peligro que corrían. Algunos pasaron toda la noche al lado del cuerpo de Morel.

En los ataques a Glières, los que resistieron hasta el final fueron los españoles. Después de Glières, fueron ellos los que liberaron el valle de la Maurienne, antes de volver a la vida civil, al trabajo. Muchos no quisieron ir al Valle de Arán. Mi padre tampoco. La mitad de los españoles supervivientes se casaron con las hijas de los hombres que los habían socorrido en los malos momentos.

A mi padre le dieron el grado de comandante y a finales de 1945 lo llamaron de París para proponerle un plan de carrera: ir a Indochina como teniente coronel y regresar como general... Mi padre no quiso ir a Indochina porque consideraba que aquel pueblo luchaba por la libertad. Los FFI querían que fuera desmovilizado pero el Gobierno le dio un año para pensárselo y decidirse. Cuando volvieron a llamarlo, mi padre dijo no. Lo desmovilizaron y entró en la vida civil, con su familia, a la que había hecho venir, y su trabajo.

Mi padre era albañil y quería hacerse su propia casa. Algunos compañeros franceses de la Resistencia lo ayudaron y pudo, poco a poco, hacerse una casa muy boni-

Francisco Ponzán.

Francisco Ponzán.

Pilar Ponzán.

Palmira Pla.

Ramón Acín.

Evaristo Viñuales.

Floreal Barberà, integrante de la Red Ponzán.

Ángel Tomás, colaborador de la Red Ponzán.

Refugiados españoles trabajando en la construcción del pantano del Águila.

Grupo de guerrilleros del pantano del Águila. A la derecha, Juan Escoriza, «Alcántara», dirigente del Batallón Didier.

El ingeniero menorquín Santiago Rubio.

El Batallón Didier, importante maquis guerrillero del Cantal.

Richard Andrès, uno de los jefes de los maquis de las montañas de Glières.

Españoles del maquis de Glières.

Españoles rindiendo homenaje a Morel, en Glières.

Entierro del teniente Morel en Glières.

Guerrilleros rindiendo homenaje a Morel, en Glières, antes de enterrarlo.

Guerrilleros de La Madeleine. Entre ellos una mujer, de la que se ignora incluso el nombre.

Monumento erigido como recuerdo-homenaje a la batalla de La Madeleine.

El mayor inglés William «Bill» Probert, alias «Krypte», el comandante Royo y el comandante Marcel Bigeard, combatientes del Ariège.

El comandante Royo con su esposa y su hija, en 1944.

El comandante Robert, destacado guerrillero del Ariège.

Monumento en Prayols dedicado a los guerrilleros españoles que liberaron el Ariège.

Soldado alemán prisionero de los españoles, París, 25 de agosto de 1944.

Alemanes detenidos por los españoles en el asalto a la Ópera de París.

El guerrillero vasco Emeterio Soto, «Tiragomas», héroe del asalto a la Ópera de París.

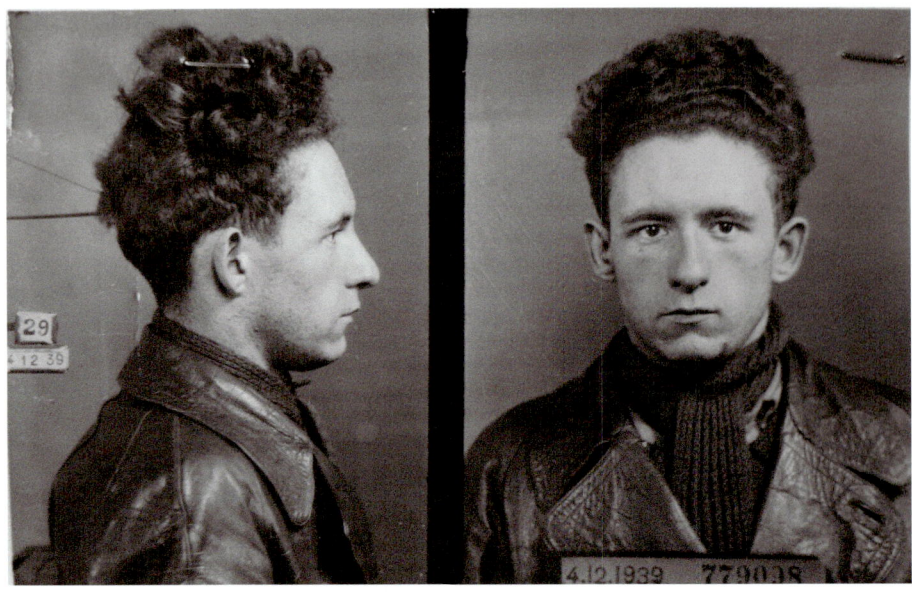

El «coronel Fabien», uno de los verdaderos héroes de la Resistencia francesa y de la Liberación de París.

«Fabien» disfrazado de cura durante la Resistencia para escapar de los alemanes.

Trabajadores españoles en los bosques franceses, futuros maquis-resistentes.

Trabajadores españoles en los bosques franceses.

Trabajadores españoles en los bosques franceses.

Emilio Álvarez-Canosa, «Pinocho», uno de los mejores guerrilleros del maquis francés.

Tres miembros de la Resistencia francesa: Emilio Álvarez-Canosa, «Pinocho», y Carmen Martín Belinchón, «Pinocha», con su hijo Emilio, «Pinochín», con la hija y hermana pequeña.

El catalán Juan Pujadas, destacado guerrillero de la Resistencia francesa.

Roque Carrión, otro destacado guerrillero de la Resistencia francesa.

Los guerrilleros españoles desfilando delante del general De Gaulle. Tras este desfile, el general pronunció en su discurso la frase: «Y ahora, volved a vuestras casas».

Guerrillero español preparando las armas para entrar en el Valle de Arán. (Fotografía cedida por Yannick Bellon.)

Guerrillero español en puesto de vigilancia antes de la incursión en el Valle de Arán. (Fotografía cedida por Yannick Bellon.)

ta. La gente lo apreciaba mucho. Algo más tarde trabajó como vigilante en garajes de coches, pero al final el Ayuntamiento de Annecy le otorgó dos puestos para poder vender helados... Y en eso trabajó el resto de su vida. En los puestos de los helados participábamos toda la familia. Con mis hermanos íbamos muy temprano con un remolque, a las seis de la mañana, a recoger las barras de hielo y luego las cortábamos a trozos, todo a mano porque no teníamos material eléctrico, como ahora. Todos aprendimos las fases que conlleva hacer helado. Eran muy buenos y a la gente le gustaban. Muchos venían y decían: «¡comandante Miguel, un helado!». Mi padre se ganaba la vida honradamente. No le pesaba nada haber renunciado a su carrera militar. Eso sí, se pasó la vida esperando volver a España. Lo hizo en 1975, después de la muerte de Franco. En el pueblo fue recibido como un héroe y mi padre parecía muy feliz. Compró una casa en Nerja, quería irse allí... Murió en 1976.

Los silencios de Tulle

Las cuerdas para la horca fueron atadas a las farolas y postes eléctricos del pueblo y a los hierros de los balcones. Fue el 9 de junio de 1944.

Tres días antes, al alba del 6 de junio, las tropas aliadas comenzaron el desembarco en las playas de Normandía y, en el Estado Mayor del regimiento Der Führer, una de las dos brigadas de infantería de la Das Reich recibía un breve mensaje del Cuartel General de la división instalado en Moissac: «Invasión enemiga iniciada al alba. Tomar disposiciones para movilización inmediata».

Ese mismo día, en Tulle, la ciudad de las siete colinas, situada a 505 km al sur de París, a orillas del río Corrèze y dominada en los alrededores por escarpados cerros cubiertos de frondosos bosques, se cerraron las escuelas y, sobre las cuatro de la tarde, se anunciaba por altavoz por todo el pueblo que, en caso de escaramuzas o tiroteos en las calles, se atrancaran las ventanas, que los habitantes se protegieran y que nadie saliera de sus casas.

Tulle era principalmente conocida por su importante artesanado de encaje y su industria de fabricación de armas y de acordeones, que daban trabajo a numerosos obreros y obreras en la región. Como centros principales, además de sus fábricas, de un cuartel militar, la prefectura y el ayuntamiento, contaba con tres grandes escuelas situadas en lo alto de una de las colinas.

Ese día, desde los montes y bosques cercanos, varios grupos de guerrilleros se dirigían hacia el pueblo, organizados y dispuestos para la insurrección. Aquello anunciaba combates duros. Las tropas alemanas y gubernamentales acantonadas en diversos puntos de la localidad, tras haber solicitado importantes refuerzos al Estado Mayor alemán, se prepararon para enfrentarse a las unidades guerrilleras.

En aquel momento los efectivos enemigos y «oficiales» en el pueblo ascendían a 880 militares alemanes y 600 guardias móviles, más las fuerzas francesas de la policía, la gendarmería y la milicia. Las fuerzas del maquis más próximo se calculaban en 1.400 guerrilleros, pero fueron alrededor de 400 los que al día siguiente, al amanecer, llegando de las montañas cercanas, se organizaron para ocupar Tulle, bajo la responsabilidad del Estado Mayor del sector y bajo el mando directo del teniente Kleber, que a las dos de la madrugada llegaba hasta la alcaldía, y dos horas y media más tarde daba la señal de ataque.

En el barrio de Souilhac, por donde empezaron a desplegarse furtivamente, los asaltantes avanzaron con dificultad. Desde las casernas y las escuelas donde estaban confinados, alemanes y milicianos iniciaron rápidamente la respuesta al ataque de los guerrilleros. Estos, a pesar de estar «bien dirigidos, aguerridos y dotados de una magnífica moral», según el dirigente comunista, Marcel Godefroy, de los FTPF, disponían de poco armamento y las columnas alemanas, que disparaban ráfagas de ametralladora de forma intermitente sobre todo lo que se movía, les impedían avanzar. Las fuerzas enemigas sí disponían de una importante cantidad de munición y estaban protegidas por los bloques de sólidos edificios... Los hombres del maquis, a pesar del peligro, fueron infiltrándose poco a poco en pequeñas columnas.

Los enfrentamientos, de gran dureza, se prolongaron durante todo el día. Al anochecer, el enemigo alemán estaba cercado por casi toda la ciudad, pero seguían ocupando dos escuelas y la fábrica de armas. Algunos incendios y muchos muertos y heridos eran la prueba de la lucha mantenida. Solo la noche trajo el silencio de las armas. Los combates más duros estaban por llegar.

Desde el mes de abril, los numerosos grupos de maquis instalados en los bosques de Corrèze, al norte de Tulle, coordinados en su mayoría por los FTP, todos incluyendo gran cantidad de españoles, habían ido organizándose por todo el departamento y llevando a cabo ataques esporádicos contra a las tropas vichystas y alemanas asentadas en la zona, a pesar de que desde Inglaterra, la Francia Libre del general De Gaulle les pedía esperar. Sus órdenes eran... «No intervenir hasta que se dé la orden de ataque».

Esas consignas no impidieron que, desde el 27 de abril al 25 de mayo, la dirección de la gendarmería de Tulle contabilizara 78 operaciones llevadas a cabo por los maquis, 14 contra las vías férreas, 8 contra diversos caminos y carreteras, 19 contra líneas telefónicas, 1 contra una fábrica dirigida por los alemanes, 8 por robo de material diverso, 13 contra las tropas de policía y gendarmería, 7 contra los milicianos de Pétain y 2 contra las tropas de ocupación. En los últimos días, el acoso se había intensificado y, tras la noticia del desembarco, la insurrección se inició abiertamente por la dirección de los FTP, sin tener en cuenta las órdenes de De Gaulle y sin el acuerdo ni la coordinación con otros grupos de Resistencia cercanos.

La División Das Reich

A finales de mayo la División Das Reich, instalada en Aquitania y en fase de reconstitución tras su dura campaña en Ucrania, contaba con 18.468 hombres más o menos disminuidos —entre ellos, 460 oficiales— y 15.000 hombres de las tropas SS. El día 27, el general Bernard Lammerding, comandante de la Segunda SS Panzer-División-Das-Reich, fue informado del estado de movilización total en que se encontraba el movimiento de la Resistencia francés: «Todos los grupos, armados o no, han recibido órdenes de misión...».

Lammerding era un ingeniero que se había convertido desde muy joven al nacionalsocialismo, y en 1935 pasó a ser miembro de las SS con el n.º 247062. Ascendido a capitán de los Waffen SS al principio de la guerra, fue un gran amigo de Himmler. Tras ser informado de los planes de la Resistencia, el general Lammerding propuso inmediatamente al general Krueger, comandante del 58.º Cuerpo Blindado, una operación de limpieza del espacio donde operaban «las bandas», entre Cahors, Aurillac y Tulle, y entre las medidas expeditivas que preconizó, figuraba el arresto de 5.000 sospechosos para enviarlos a Alemania y el anuncio del dispositivo inmediato que podría ser aplicado: por cada alemán herido morirían 3 «terroristas» y por cada alemán muerto, 10 hombres serían ahorcados...

Mientras el grueso de las tropas alemanas iniciaba el movimiento urgente hacia la zona del desembarco en el norte de Francia, el SOS lanzado por sus tropas desde Tulle era escuchado y tenido en cuenta. La División Das Reich se desvió para dirigirse a Tulle...

Al amanecer del día 8, las explosiones y el estrépito de las armas despertaron de nuevo al pueblo. Los enfrentamientos fueron duros y se prolongaron durante toda la mañana.

Al principio de la tarde, ante la «resistencia extrema» del enemigo, Kleber ordenó la retirada de una parte de sus hombres hacia las afueras de la ciudad, alegando la falta de munición. A las seis de la tarde, cuando todavía luchaba una parte de sus hombres, Kleber envió un mensaje al comité militar inter-regional de los FTP: «La operación de Tulle se ha llevado a cabo. Ha fracasado».[41]

En el pueblo se vivía el miedo. Asediadas, las tropas sitiadas seguían esperando refuerzos. Los asaltantes habían conseguido llegar lo suficientemente cerca de los muros de la Escuela Normal, donde se habían refugiado grupos de alemanes, para poder lanzar granadas incendiarias que provocaron el fuego en una parte del edificio. El incendio se propagó inmediatamente. Los tiros fueron cesando y poco después la gran puerta central se entreabría mostrando una bandera blanca. Unos cuarenta alemanes, con las manos en la cabeza, se rendían. Diversos relatos explican de forma diferente lo sucedido posteriormente... lo cierto es que los cuarenta alemanes que se habían rendido fueron ejecutados y algunos mutilados.

Las tropas SS de la Das Reich llegaron al anochecer. Setenta tanques y alrededor de 1.800 hombres al mando del general Lammerding. Poco después habían recuperado todo el pueblo, sin gran resistencia. Los maquis fueron duramente atacados, y los que aún pudieron escapar a la embestida tuvieron que retirarse abandonando a muchos de sus heridos. La represión y el terror se instalaron y la venganza fue implacable. Elie Dupuy, uno de los participantes en el asalto, explicaría aquel momento más tarde, en su libro *Le parcours d'un «terroriste» ordinaire*:

41. Gilbert Beaubatie, «Pour mieux comprendre le drame de Tulle», en Vincent Brousse y Philippe Grandcoing (dirs.), *Un siècle militant. Engagement(s), Résistance(s) et mémoire(s) au xxᵉ siècle en Limousin*, Limoges, Pulim, 2005, p. 30.

Era un espectáculo dantesco. Las bengalas luminosas fluían por todos lados, seguidas por ráfagas de ametralladoras, cañonazos y tiros de mortero ensordecedores. Exhaustos, desmoralizados, nuestras unidades, nuestros hombres, veían evaporarse en unos minutos todos sus esfuerzos, sus sacrificios y sus esperanzas...[42]

Más de un centenar de guerrilleros murieron en los enfrentamientos.

Los alemanes recogieron a sus muertos y se prepararon para el día siguiente... Para la División Das Reich, el balance del combate de aquella noche fue de 3 muertos y 9 heridos, pero los enfrentamientos del día anterior habían dejado 139 muertos y 40 heridos entre las otras tropas alemanas, más los 40 soldados que se habían rendido y que fueron ejecutados.

La selección

A primeras horas del día 9, apuntando el alba, dos compañías de soldados de la Das Reich comenzaron a sacar de sus casas a todos los hombres entre dieciséis y sesenta años que encontraban, escondidos o no, y a conducirlos brutalmente a la Fábrica Nacional de Armas, donde se les iba agrupando en el patio. En pocas horas habían reunido a más de 5.000, entre ellos numerosos españoles. Por el camino, mientras los empujaban entre golpes e insultos, todos habían podido presenciar el inquietante espectáculo de las calles llenas de tanques, cañones y ametralladoras, así como los cables de teléfono arrancados, las puertas y ven-

---

42. Elie Dupuy, *Le parcours d'un «terroriste» ordinaire*, Corrèze, Imprimerie du Corrézien, 2001.

tanas destrozadas, los muros ametrallados, los charcos de sangre en las aceras, los bidones de gasolina, los cadáveres de civiles por todas partes...

En el patio de la fábrica, los hombres detenidos fueron clasificados en tres grupos. En un lado los más jóvenes, en el otro los de mayor edad y en el centro los que desde el primer momento fueron considerados «terroristas» o sus cómplices. A media mañana, en medio de un ambiente de pánico, aparecieron carteles en todas las calles anunciando que, tras el abominable asesinato de 40 soldados alemanes por los maquis, las autoridades alemanas habían decidido que 120 maquis, o quienes les ayudaron, serían ahorcados.

Desde muy temprano, el prefecto de la región y su secretario general que hablaba alemán, que también habían sido detenidos, negociaron con los oficiales alemanes su propia liberación y luego la de muchos de los detenidos, insistiendo en que ellos mismos no tenían nada que ver con los ataques de los maquis y que a la mayoría de los habitantes del pueblo no los consideraban cercanos a estos. Insistieron en que la gran mayoría de los detenidos eran elementos «totalmente indispensables» para el funcionamiento de la vida cotidiana en la ciudad... Funcionarios diversos, agentes de correos, carteros, médicos, panaderos, electricistas, tenderos y muchos otros fueron liberados poco a poco durante la mañana. Sobre todo gente del pueblo. Los extranjeros, los hombres mal afeitados o con la ropa manchada o arrugada, con alpargatas o zapatos sucios, fueron seleccionados y enviados a la fila central. También seleccionaron a algunos franceses que habían sido denunciados por sus propios vecinos. En su libro *Departs: souvenirs de l'année 1944*, publicado en 1951, el abogado Jacques-Louis Bourdelle, uno de los supervivientes de aquella selección, recuerda aquellos momentos: «Me sorprende dolorosamente que algunos franceses y alemanes se enorgullezcan de haber conseguido hacer liberar a algunos de los rehenes. Los desgraciados no se dan cuenta que, diciendo esto, confiesan haber participado en las ejecuciones... Yo recuerdo con qué terror mis camaradas y yo veíamos, después de cada liberación, al teniente Walter acercarse a nosotros y elegir a otro como futura víctima».

Al final de la mañana todavía quedaban en el patio de la fábrica alrededor de 400 detenidos en tres filas, sin saberse exactamente lo que les esperaba. Las negociaciones continuaban... En la fila central se encontraban varias decenas de hombres, entre ellos muchos españoles, rodeados de SS impávidos y glaciales. En el exterior de la fábrica, mucha gente se había reunido con la esperanza de obtener noticias de los suyos. Mientras, milicianos franceses colaboraban con los alemanes, aportando cuerdas y escaleras y colocándolas en los lugares previstos para el castigo.

Poco antes de las tres de la tarde, en el barrio cercano de Souilhac, Marie-Louise Marthon, en la puerta de su casa, junto a sus padres, vio llegar llorando desesperada a una vecina del pueblo casada con un refugiado español antifranquista, repitiendo entre sollozos: «¡Van a colgarlos, van a colgarlos!... ¡Van a colgarlos! Los van a colgar, a los españoles los primeros... ¡¡¡Van a colgarlos!!!».

Horrorizada e incrédula, la pequeña Marthon se volvió hacia su padre: en su mirada obtuvo la atroz confirmación: «sí, los van a colgar...».[43]

Primero fueron los españoles, según Marie-Louise Marthon. Algunos iban descalzos. Muchos, con barba de varios días. Los que habían sido obligados a presenciar las ejecuciones los vieron avanzar agrupados, con las manos atadas, rodeados y empujados brutalmente por soldados ale-

43. Marie-Louise Marthon, «La peur au ventre», Montauban, *Revue Arkhaia*, 2005.

manes armados y por jóvenes milicianos franceses. Uno de los hombres que iba a ser colgado consiguió dar una fuerte patada al soldado SS que iba a ponerle la cuerda al cuello, empujar la escalera que lo sostenía y tratar de salvar la valla que daba al río. Fue ametrallado en el momento de saltar.

En grupos de diez hombres cada vez, fueron ahorcados casi al mismo tiempo. Antes habían sido insultados y golpeados, acusados de «bandidos», de «terroristas». Como se hizo con todos los demás que fueron colgando. Más de un centenar...

Al atardecer de aquel 9 de junio, se encargó a un grupo de jóvenes franceses recoger los cuerpos de los hombres ejecutados. Los alemanes, en principio, habían decidido echarlos al río, pero al final prefirieron tirarlos al vertedero que se encontraba en Cueille, a las afueras del pueblo. Otros dos grupos de franceses se encargaron de cavar dos enormes fosas donde poder enterrar más de un centenar de cadáveres... Los cuerpos fueron enterrados unos junto a otros, separados por una capa de tierra y de cal viva. Los alemanes vigilaron los trabajos, sin intervenir.

En los días y semanas siguientes, nadie en Tulle sabía exactamente cuántos habían sido los ahorcados ni quiénes eran muchos de ellos. Los cuerpos habían sido enterrados con las pertenencias que llevaban encima, con sus papeles de identidad. Muchos familiares pedían poder desenterrarlos... Solo tres meses después, cuando la región estaba totalmente liberada y nuevas autoridades ocupaban puestos de poder, se creó un Comité de Mártires y, bajo su vigilancia, se accedió a desenterrar los cuerpos para identificarlos y poder enterrarlos dignamente, como deseaban las familias de algunos de ellos. Esta vez, el trabajo de exhumación fue impuesto a prisioneros alemanes, bajo control de las Fuerzas Francesas del Interior (FFI). El proceso de identificación se prolongó durante varias semanas.

Todavía hay muchos que dudan de que la identificación efectuada se correspondiera con la realidad. El calor del verano, la cal viva, la proximidad del río que propiciaba la fermentación, el hecho de que algunos cuerpos se hubiesen pegado y al separarlos se desgajaban a trozos, puede justificar la duda. Antoine Soulier, padre de uno de los jóvenes ahorcados y autor del libro *Le drame de Tulle*, escribiría posteriormente:

> Aquello no eran cadáveres. Eran trozos descompuestos, huesos calcinados, desarticulados, que se convertían en cenizas al tocarlos, cráneos sin pelo y que se deshacían, todo formando una masa fundida a la que solo alguna ropa descolorida y a trozos servía de envoltorio y permitía dar una apariencia de persona a aquellos restos humanos.[44]

También justifica la duda el hecho de que se podía constatar la identidad de los hombres a los que nadie defendió. Los nombres de todas las víctimas estaban inscritos en el cuaderno del ayudante del comandante que dirigía el pelotón de ejecución. Allí estaban los nombres de los que no fueron salvados. Ese cuaderno, que algunos vieron, no se ha encontrado. Hasta hace poco tiempo, muchos habitantes de Tulle todavía ignoraban que entre las víctimas de aquella sórdida selección se encontraban numerosos españoles. Solo uno, Máximo Pastor, figura en la larga lista expuesta en el Memorial de Cueille que hoy recuerda a los ahorcados...

Desde entonces, cada año, el 9 de junio, el Ayuntamiento y el Comité de Mártires de Tulle recuerdan a las víctimas, junto a sus habitantes, colgando flores en los balcones de la ciudad y con una marcha a pie desde la plaza de Souil-

---

44. Antoine Soulier, *Le drame de Tulle*, Tulle, Éditions Comité des Martyres de Tulle, 2002.

hac o de los Mártires hasta el Memorial de Cueille, que se encuentra en las afueras, junto al río, en el mismo lugar donde se encontraba entonces el vertedero al que fueron arrojados los cuerpos.

Probablemente nunca se sabrá cuántos españoles fueron ahorcados. No se sabrá nada, ni siquiera sus nombres, nada de sus vidas. Nada. Ellos no se encontraban entre los «imprescindibles» y fueron, seguramente, el precio que se pagó para salvar a muchos otros.

Muchos de los ciudadanos de Tulle fueron obligados a presenciar aquellas ejecuciones. Todos guardaron, y guardan, un largo y profundo silencio...

Máximo Pastor*

Me encontré con Máximo Pastor, sin conocernos, en el Ayuntamiento de Tulle. Teníamos cita con el alcalde, por separado. Él llegaba con su familia desde Alicante y yo desde París. Él, acompañado por su esposa, deseando saber más detalles sobre su padre. Yo, para intentar saber más sobre los ahorcados de Tulle. Al día siguiente, en el acto de homenaje a la memoria de los ahorcados, ese 9 de junio de 1944, por primera vez se depositó una corona dedicada a Máximo Pastor y a los republicanos españoles sin nombre... Algunos franceses vinieron después a abrazar a la familia. El presidente François Hollande, que asistía a la ceremonia, también quiso saludarlos...

El hijo de Máximo Pastor me atendió después, en su casa de Alicante, rodeado de fotografías, de cartas y postales escritas por su padre, guardando largos silencios para controlar la emoción, la historia, tanto tiempo desconocida, de su padre:

* Entrevista de su hijo Máximo con la autora.

No conocí a mi padre. Solo conservo de él unas fotografías, algunas cartas y algunos libros, como puedes ver.

Cuando él se incorporó a filas como teniente Pastor, mi madre estaba embarazada de cuatro meses. Se despidieron en Valencia en 1937, cuando él se fue al frente. Ella se volvió para Alicante. Se habían casado el 14 de abril de 1936. Esa fue toda su vida de matrimonio. No volvieron a verse. Yo nací en enero de 1938.

Mi padre era el mayor de cinco hermanos, de dos chicas y tres chicos. Su padre murió cuando él era muy joven y tuvo que dejar la escuela y ponerse a trabajar. Creo que tenía trece o catorce años. Entró como aprendiz en un taller mecánico y terminó como tornero ajustador.

Tras el golpe militar, se incorporó a la Escuela de Guerra de Paterna, luego fue enviado a la escuela de Alcalá de Henares y después al 101.º Regimiento, donde estaba también El Campesino. De su campaña de guerra sé que estuvo en Teruel y en el Ebro y que después salió con la retirada hacia Francia y allí estuvo en los campos de Le Barcarès y Saint-Cyprien.

Mi padre era anarquista. Un hombre muy inteligente. Autodidacta total, a pesar de haber ido muy poco a la escuela, adquirió una gran cultura leyendo. Era vegetariano y naturista. Un hombre tremendamente curioso que se creó rápidamente una gran autoridad moral entre los que le rodeaban. Muy interesado por las cosas culturales, llegó a reunir una biblioteca de más de 300 libros, que iban desde los clásicos españoles a Marx, Schopenhauer o Ibsen... pero mi abuela, que tenía miedo cuando terminó la guerra y dijeron que llegaban las Fuerzas Nacionales, hizo una hoguera en el patio con muchos de ellos... He conservado algunos, como su *Quijote* y un extraordinario diccionario de 1931 que todavía consulto de vez en cuando.

Los que me rodeaban, mi madre, abuelos, tíos, son los que me transmitieron la imagen de mi padre, los que me contaron lo importante que era para él la libertad y el respeto. Esa libertad y ese respeto que ellos trataron de inculcarme también. Todos esperaban volverlo a ver un día.

Yo iba creciendo sabiendo que mi padre estaba lejos, pero de vez en cuando se recibían cartas de él con algunos párrafos dedicados a mí, donde me decía que fuera bueno, que pronto vendría, que me aplicase en el colegio, que tratara bien a mamá. Ese es el recuerdo que guardo de su ausencia.

Hasta que llegó aquel día y aquel alarido salvaje, de fiera herida, lanzado por mi madre, que cayó al suelo fulminada y que me aterrorizó. Yo tenía siete años. Al principio yo no sabía lo que había ocurrido, no comprendía bien, pero fue la primera noción que tuve de que mi padre, el hombre al que no conocía, había muerto. La impresión se confirmó cuando mi abuela comenzó a sacar ropa y se puso a teñir todo de negro. En dos barreños de cinc comenzó a meter ropa azul, blanca, amarilla, que salía toda negra, y a mí me vistieron de negro también. ¡Yo tenía 7 años! Unos meses después me negué a que me vistieran de negro y nunca más he querido vestirme de ese color. Tampoco volví a llorar hasta 70 años después... Luego, cuando descubrí la verdad sobre su muerte, lloré mucho...

Fue un amigo de mi padre, Joaquín Torres-Ibern, un ingeniero industrial catalán, también exiliado, el que nos comunicó la noticia diciendo primero que había tenido un accidente y poco después que había muerto y que él conservaba una maleta con diversas cosas suyas que nos enviaría a través del Consulado de España. Lo hizo unos meses después, desde París.

En las gestiones que hizo mi madre para obtener información y documentos, el certificado de defunción de Tulle decía que «había fallecido» el 9 de junio de 1944, sin explicar nada más. La Cruz Roja, más tarde, comunicó que había sido «víctima de la barbarie nazi», sin explicar nada más tampoco. En la familia, no sé por qué, quedó la idea de que había sido un acto de represalia y que los alemanes lo habían fusilado junto a otros españoles.

Esa es la imagen que guardé de mi padre toda la vida, hasta que mi nuera, hace algunos años, comenzó a preguntarme cosas a las que yo no podía contestar y ella a extrañarse de que yo no hubiera hecho más gestiones. A través de sus pesquisas, nos enteramos por internet, en 2010, de lo que realmente había ocurrido en Tulle...

Enseguida contactamos con el Ayuntamiento de Tulle y decidimos que haríamos un viaje en familia para ir hasta la tumba de mi padre.

El viaje estuvo lleno de emociones. ¿Qué buscaba yo realmente con ese viaje? Fui allí haciéndome muchas preguntas y pude encontrar algunas respuestas. Otras no. Sobre todo, por qué la gente de Tulle guarda silencio cuando preguntas por aquella tragedia, cuando deseas saber lo que ocurrió. Todos se portaron muy bien con nosotros, muy bien, el Ayuntamiento, la gente... pero no conseguimos que nos hablaran de lo que sabían. Tuve la impresión de que había un pacto de silencio, de que, de forma natural, nadie quería hablar de ello. Alguien me dijo: «Sí, claro que he sabido cosas, pero no les diré nada». Y otro: «Mi madre estuvo presente pero no hablará: de aquello solo se habla en familia». Se sabe que mi padre está enterrado allí y nada más. Por otro lado, te das cuenta de que lo que ocurrió está muy presente y de que para el pueblo es importante conmemorar y rendir homenaje a las víctimas.

Para mí, Tulle fue una conmoción. Era importante conocer los paisajes que conoció mi padre, ver los lugares donde estuvo, donde trabajó y donde seguramente estaba en la Resistencia, como tantos otros españoles. Quería conocer el pueblo pero, sobre todo, quise ir para decirle, de alguna forma, que yo también defiendo las ideas que él defendía, que estoy muy orgulloso de él. Quería darle las gracias, y también a los otros, a los que no han dejado sus nombres, porque creo que les debemos mucho. Volvimos a Tulle al año siguiente y pudimos, públicamente, oficialmente, colocar una corona de flores con los colores republicanos y dedicada a todos los combatientes españoles que lucharon por la libertad, como lo hizo mi padre. Mucha gente vino después a saludarnos y darnos un abrazo.

He vuelto dos veces más a Tulle, siempre con emociones encontradas, pero ahora me siento más sereno, más rebelde y más cerca de mi padre.

«Un millón de caricias...»

He reunido aquí fragmentos de algunas de las cartas y postales de Máximo Pastor, enviadas a su mujer y a su hijo. En todas ellas se despide siempre de la misma forma: «Un millón de caricias de vuestro...».

Ussac, 21-3-43
... Ya que hemos tenido la fatalidad de estar separados en los años mejores de nuestra vida, por lo menos que se salve algo. La vida ha sido bastante madrastra con los dos, yo espero que el porvenir nos será más bondadoso y pródigo. Espero que nos recompensará de todos estos sinsabores que hoy estamos pasando...

Brive, 23-5-43

... Procuro conservar la forma esperando que llegue ese día tan deseado en el que nos reuniremos para no separarnos más...

Brive, 27-5-43

... Yo también he cambiado bastante. ¿Seré más feliz que he sido? No lo sé. Espero que sí, pues la experiencia, de algo ha de servir, y también el haber eliminado todos los sueños de verano de la juventud. Todo esto ya pasó para dejar paso al nuevo yo forjado en el dolor y bañado en múltiples contratiempos...

Brive, 20-7-43

... Estoy seguro de que cuando llegue ahí y me vista con otra ropa, pareceré tanto o más joven que tú. Lo que ocurre es que el tiempo deja huella y la cara de niño ha pasado para dejar paso a la del hombre...

Brive, 12-8-43

... Mañana, si no me equivoco, hará seis años que me fui de casa, sin tener la menor idea de estar alejado tanto tiempo. Tiempo de fatigas pero también de enseñanzas. Tengo unas ganas enormes de comenzar nuestra nueva vida...

Brive, 18-10-43

... No te desesperes porque esto toca a su fin. En cuanto a la enseñanza del nene, no te preocupes. Cuando yo llegue, y esto será aún a tiempo, irá al colegio que necesite y, además, como yo tendré que captarme su simpatía, ya procuraré que tenga ilusión por aprender, y yo al mismo tiempo procuraré enseñarle algo y al mismo tiempo hacerle tomar interés por el estudio...

Brive, 15-11-43

... Tengo ganas de que las circunstancias me permitan reunirme con vosotros, con el objeto de ver si pasan todas esas estrecheces y tienes la compensación que te mereces...

Tulle, 30-11-43

... No te puedes imaginar la necesidad que tengo de un poco de calor familiar, de encontrar tu regazo acogedor. Aunque tuviera todas las riquezas, no podría ser feliz. Me acuerdo más de lo que crees de vosotros...

Tulle, 5-1-44

... Tengo el presentimiento y la esperanza de que pronto nos podremos abrazar. De que nos reuniremos para no separarnos jamás...

La batalla de La Madeleine

En el departamento del Gard, la comuna de Tornac se extiende a través de 1.900 hectáreas de colinas y terrenos boscosos entre los que destacan sauces, robles y castaños. A través de esos árboles aparecen algunos pequeños pueblos, separados unos de otros por diversos cerros y riachuelos. En ese paisaje de la Francia profunda, sobre un gran espolón rocoso, se alzan las ruinas del castillo de Tornac, rodeadas de una espesa floresta y de árboles centenarios. Las torres del castillo, construido en los siglos XI y XII, dominan la pequeña aldea de La Madeleine y la ribera derecha del río Gardon. Del 23 al 25 de agosto de 1944, ese castillo en ruinas y sus alrededores fueron el escenario de una de las más importantes batallas de la Resistencia francesa. Una batalla librada por un grupo de españoles.

Desde principios de julio de 1944, las fuerzas alemanas acantonadas en el sur de Francia habían recibido órdenes de evacuar sus tropas y dirigirse hacia el norte para combatir a los ejércitos aliados desembarcados en Normandía. En el repliegue, avanzando por diversas vías de acceso, las columnas alemanas se vieron obligadas a enfrentarse a numerosos grupos de guerrilleros que habían recibido órdenes de ataque y bloqueo para retardar la marcha de los destacamentos enemigos. Los enfrentamientos retardaron efectivamente la marcha y causaron un gran número de pérdidas entre las filas alemanas. Los diversos grupos de guerrilleros españoles con los que se enfrentaron, sufrieron también numerosas pérdidas.

A unos 45 km al noroeste de Nimes, en los bosques y montañas cercanos a la comuna de Tornac, «vivían» o se escondían diversos grupos de esos combatientes de la Resistencia, incorporados en los FTP-MOI, entre ellos los pertenecientes a la 3.ª División de guerrilleros españoles al mando de Cristino García.

Cristino, asturiano de Gozón, nació en una familia de mineros pero él prefirió ir a trabajar cerca del mar. Miembro de las Juventudes Comunistas, con apenas veinte años participó en la revolución de Asturias. Más tarde, tras la insurrección militar del 18 de julio, se incorporó enseguida a las milicias republicanas, preparando audaces incursiones en la zona fascista, como dinamitero. Cuando la República perdió el norte de la península, continuó sus actividades en el XIV Cuerpo de Ejército español actuando detrás de las líneas enemigas, efectuando sabotajes, trabajo de información y, como vanguardia, en los combates nocturnos, en forma de tropa de choque en situaciones difíciles. Su grupo constituía una fuerza de élite y para su trabajo se requerían cualidades excepcionales de valor, audacia y serenidad. Entró en un batallón del ejército republicano español y participó en la Resistencia asturiana hasta que la región cayó bajo el control de los golpistas. Cristino se trasladó entonces a Cataluña e ingresó en la 11.ª División mandada por Líster, donde puede ser que alcanzara un grado superior. Poco después, en agosto de 1938, se integró en el XIV Cuerpo, que tenía como misión actuar como guerrilla y efectuar sabotajes en la retaguardia nacional, así como pasar a civiles republicanos atrapados y retenidos en la zona rebelde, hacia la zona leal.

Refugiado en Francia en 1939, tras la Retirada, estuvo recluido en el campo de concentración de Argèles durante algún tiempo y después fue enviado con el GTE número 805 a La Grand-Combe, en el Gard, para trabajar en las minas de carbón Les Luminières. Cuando se firmó el armisticio en Francia, comenzó enseguida a organizarse en la Resistencia con otros compañeros, y cuando el Partido Comunista solicitó que sus miembros entraran en la lucha, después del ataque alemán a la Unión Soviética, Cristino se integró en la Unión Nacional Española (UNE), el primer grupo creado por el Partido Comunista de España (PCE), supervisado por el Partido Comunista Francés.

Unos meses más tarde, en abril de 1942, como jefe militar fue convocado a una reunión nacional del PCE celebrada en Toulouse, donde fue decidida la creación del XIV Cuerpo Guerrillero, considerado como el brazo armado de la UNE y llamado así en honor de la famosa unidad del Ejército Popular de la República que había luchado en la defensa de Madrid y en la que había combatido el guerrillero asturiano.

De esa reunión, Cristino volvió al trabajo de la mina con el grado de teniente, al mando de la 3.ª Brigada del Cuerpo Guerrillero recién creado, y tuvo como primera misión, como experto en la lucha armada, fabricar explosivos para sabotajes con la dinamita recuperada en las minas. En el curso del último trimestre de 1943 creó y dirigió un grupo de dinamiteros que actuaron esencialmente en el Gard y en la Lozère.

El Cuerpo Guerrillero en principio fue organizado en brigadas compuestas entre 60 y 90 hombres y se calcula que reunió a unos 700 hombres reclutados entre los trabajadores de las minas de Alès y la Grand-Combe y de los leñadores de bosques de Lozère y Ardèche. Más tarde fue organizada, como otras unidades militares, en divisiones, brigadas, batallones y compañías, aunque el número de combatientes era mucho menor que en las estructuras militares. En 1943 el Cuerpo de Guerrilleros se organizó en dos divisiones y fue integrado en los FTP, siempre controlados por el Partido Comunista Francés, a pesar de que seguían actuando como brazo armado de la UNE.

En mayo de 1944, las unidades españolas incluidas en los FTP fueron reconocidas como totalmente españolas, bajo la denominación Agrupación de Guerrilleros Españoles (AGE), e integradas dentro de las Fuerzas Francesas del Interior (FFI). En aquel momento, los diversos grupos españoles ascendían ya a más de diez mil combatientes en la Resistencia francesa y esa fuerza fue muy importante en los momentos de la Liberación para el ataque frontal contra las unidades de la Wehrmacht y la liberación de numerosas localidades francesas.

Entre esos miles de guerrilleros, numerosos grupos anarquistas funcionaban como grupos autónomos o más cercanos de las redes inglesas (SOE) o del Ejército Secreto (AS) de la Francia Libre. Cristino no tenía inconveniente en combatir junto a ellos puntualmente y en recibir armas de ellos para sus grupos. Juan Pujadas, Miguel Arcas o Ramón Capdevila (véanse sus semblanzas en este capítulo) fueron algunos de los combatientes con los que mantuvo una excelente relación. En muchas de sus acciones contra los alemanes, en atentados y en la preparación de explosivos, colaboraron juntos.

Una de las acciones más conocidas de las organizadas por Cristino fue la evasión de prisioneros políticos de la prisión de Nimes, decidida por el mando FTPF y llevada a cabo por él y sus guerrilleros españoles. En la noche del 4 al 5 de febrero de 1944, el equipo dirigido por Cristino, con la complicidad de un guardián, penetró en la prisión y consiguió liberar a una veintena de maquis encarcelados.

Durante la acción, Cristino se hirió accidentalmente en la pierna con su pistola Parabellum. Este accidente lo obligó a suspender sus actividades sobre el terreno durante varias semanas pero pudo seguir al mando de las acciones guerrilleras de sus hombres.

Uno de esos guerrilleros, el sevillano Miguel Arcas, alias «Víctor», oficial de caballería durante la guerra de España e integrado en la 21.ª Brigada de la 3.ª División dirigida por Cristino, fue la persona que contactó con el mando británico del SOE (Special Operations Executive) para participar con ellos en aquellos momentos de la liberación de Francia. Los ingleses conocían desde hacía tiempo a Miguel y decidieron entregarle un envío de armas y le comunicaron la próxima llegada a la zona de un destacamento del ejército alemán en ruta hacia el norte. Un oficial aliado y un alto mando militar francés del SOE, con los que Miguel había combatido anteriormente, le proporcionaron el importante material, confiando especialmente en él y en sus compañeros para ese difícil enfrentamiento.

Nacido en 1912 en Benacazón, provincia de Sevilla, Miguel Arcas estuvo al mando de la 79.ª Brigada Mixta como oficial superior de caballería y asumió transitoriamente el mando de la 70.ª División de Maniobras. Combatió en Andalucía y al mando de tropas en las batallas de Madrid, Valencia y Castellón de la Plana. Al final de la guerra, consiguió llegar a Argel con su Estado Mayor. En mayo de 1939 se trasladó a Toulouse y allí contactó con los anarquistas de la CNT-FAI, con los que se identificaba. Un responsable de la organización lo puso en contacto con los servicios especiales británicos (SOE) instalados en la región y, con su ayuda, logró crear un grupo de republicanos españoles dispuestos para entrar en combate efectuando misiones diversas en España, entre ellas la destrucción, cerca de Cádiz, de barcos que distribuían combustible a submarinos alemanes. Detenido y encerrado en la prisión Saint-Michel de Toulouse, logró escapar con ayuda exterior y trasladarse a Marsella, desde donde organizó una red de evasión de judíos a través de los Pirineos y planeó diversos atentados contra las tropas de ocupación. Activamente buscado por la Gestapo por sus actividades como agente de los servicios especiales británicos, tuvo que decidir alejarse de la zona y el SOE lo invitó a integrarse en el Maquis Bir-Hakeim, en el departamento del Gard. Creado en el verano de 1942 por el comandante Rigal, jefe del Ejército Secreto de Toulouse (AS), y por Jean Capel, alias «Barot», del movimiento Combat, el nombre de Bir-Hakeim se debía a la victoria de la batalla contra Rommel en Libia, donde combatieron también numerosos republicanos españoles en la Brigada Francesa Libre. El Maquis Bir-Hakeim fue conocido por su audacia, su movilidad y su fuerte estructura militar. Poco después de que el comandante Barot anunciara su deseo de unificar los maquis de la región, algo que no apreciaban los jefes locales de la Resistencia, una unidad de la Wehrmacht muy bien informada rodeó y exterminó el Maquis Bir-Hakeim, matando a 59 combatientes del AS, entre ellos a dieciséis españoles.

Debido a su experiencia militar, Arcas fue puesto al mando del grupo que organizó y consiguió atacar la intendencia de policía de Montpellier, donde consiguió un importante volumen de armas. Miguel no dudaba en criticar la forma de dirigir el maquis por los mandos franceses y no tardó en ser desplazado por ellos a la zona montañosa de Cévennes. Allí se relacionó con diversos maquis junto a otros españoles. Fue jefe del cuerpo franco de Lassale e instructor del Maquis Montaigne, y estaba en contacto con los maquis de Glières, del Vercors y del Mont Mouchet, integrados en el AS (Ejército Secreto) y el ORA (Organización de Resistencia Armada), que terminarían reagrupándose en el MUR (Movimientos Unidos de la Resistencia), encargándose de organizar el aprovisionamiento de armas, ropa y comida, antes de pasar a dirigir durante algún tiempo, el maquis-escuela de La Picharlerie, que abandonó también por desacuerdos de orden militar con los otros dirigentes. Conocido en toda la región como Víctor, el sevillano llevó a cabo con gran eficacia numerosas acciones junto a Cristino García.

El 23 de agosto, Miguel Arcas, junto a Gabriel Pérez, otro de los hombres de confianza de Cristino, recibió la orden de dirigir el combate contra el destacamento alemán que se acercaba. A Cristino, instalado en el pueblo cercano de La Grand-Combe (donde estaba la sede del Estado Mayor de la 3.ª División de Guerrilleros Españoles del Gard-Lozère-Ardèche), le resultaba imposible asumir la ofensiva personalmente, debido a la grave herida que sufrió mientras recargaba su pistola Parabellum en el asalto a la prisión de Nimes y de la que estaba todavía convaleciente.

Arcas y Pérez asumieron la dirección del ataque. Bajo el mando de ambos, 36 españoles y 4 franceses (o 32 y 8, según otros testimonios) fueron distribuidos entre los muros del castillo, en el cruce de La Madeleine, cerca del río y de un puente que dominaba la carretera, dispuestos de forma estratégica en un arco con una longitud de 700 m y fuertemente armados. La columna alemana apareció en la mañana del 24, procedente de Toulouse y de Saint-Hippolyte-du-Fort, donde ya había sufrido un ataque tres días antes y había dejado varios muertos entre los guerrilleros.

Uno de los participantes en la batalla fue el guerrillero Joaquín Arasanz Raso, alias «Villacampa», nacido en Castejón de Sobrarbe, Huesca, en 1916. Había entrado a formar parte de las milicias obreras de su región (Columna

Roja y Negra) el 18 de julio de 1936, y después, del ejército republicano, participando en las batallas de Madrid, Brunete, Teruel y del Ebro. Tras la Retirada, pasó por cuatro campos de concentración, una compañía y un grupo de Trabajadores Extranjeros y dos prisiones. En el Gard, enviado como talador de árboles, asumió la dirección del PCE y de la UNE. En 1943 organizó un maquis en Les Cévennes y participó en la creación de la 3.ª División junto a Cristino García, jefe militar. Villacampa ostentó el cargo de jefe de Estado Mayor. En septiembre de 1944 participó en la llamada «Reconquista de España», de donde regresó habiendo perdido a varios de sus hombres. En abril de 1946 los dirigentes de la UNE lo enviaron de nuevo a España, con un pequeño grupo de guerrilleros, para unificar los maquis del Alto Aragón. Detenido poco después, fue condenado a 30 años de prisión. Villacampa, que también era un hombre de confianza de Cristino, daría más tarde su propio testimonio de la batalla de La Madeleine en el libro biográfico *Adiós, guerrillero*, escrito por Anne-Marie García, y confirmaría que no fue Cristino García el que dirigió el combate de La Madeleine, como afirman numerosos libros de Historia:

> Nos habían advertido que una columna de soldados alemanes que se dirigía hacia el Valle del Ródano, pasaría probablemente por la carretera cercana a La Madeleine.
>
> Nosotros sabíamos por experiencia que las tropas alemanas eran capaces de las peores represalias contra la población civil, sobre todo en los momentos de derrota... La columna anunciada agrupaba más de mil soldados alemanes.
>
> Dos días antes del ataque nos habíamos reunido los miembros del Estado Mayor para preparar la em-

boscada. Después, descendimos de las montañas de Cévennes para acercarnos al lugar por donde debían pasar, con el fin de tomar posiciones.

En el momento de los enfrentamientos, yo fui el encargado de proteger el depósito de armas. Cristino se hallaba conmigo. No fue él quien estaba al mando de la batalla, como se ha dicho después. Fueron Gabriel Pérez, jefe de la 21.ª Brigada del Gard, y Miguel Arcas, alias «Víctor», los que dirigieron el combate.

Cuando nos reunimos para preparar el plan de batalla, convinimos que el cruce de La Madeleine, rodeado en medio círculo por colinas y con la carretera debajo, cruzando un túnel de tren, era el lugar ideal para una emboscada, así que decidimos bloquear la carretera y hacer saltar el puente... No lo conseguimos totalmente pero las vigas que habían caído quedaron atravesadas en la carretera. Después nos ocupamos de preparar algunas trampas, como simular cañones con ruedas de camión y postes telefónicos. Decidimos también como estrategia hacer creer a los alemanes que estaban en presencia de un importante grupo de resistentes. Nuestros hombres debían desplazarse a toda velocidad para que sus tiros llegaran de lugares diferentes...[45]

Primero apareció un sidecar con dos soldados alemanes que los guerrilleros dejaron pasar y neutralizaron algo más lejos, sin necesidad de disparar. Unos minutos después llegaron los primeros coches alemanes y, detrás de ellos, 60 camiones, 4 *half-tracks* y numerosos cañones, algunos de ellos antitanque y antiaéreos, arrastrados por

45. Anne-Marie García, *Adiós, guerrillero*, Angeville, Association La Brochure, 2013.

potentes vehículos, todo acompañado por los más de mil soldados.

Las órdenes de Arcas habían sido firmes: «Ni un tiro antes de la primera ráfaga de ametralladoras». Arcas y Pérez tenían previsto dejar que se reagruparan los vehículos hasta muy cerca de la barrera que habían levantado para obstruir la carretera y, en cuanto comenzara el tiroteo, hacer saltar con dinamita dos tramos de la carretera, atacar principalmente los vehículos que transportaban las tropas y dejar fuera de combate los vehículos de cabeza y de cola. Esto obstaculizaría la posibilidad de moverse hacia delante o hacia atrás. Como así ocurrió. Los alemanes, ante la imposibilidad de avanzar o retroceder, tuvieron que instalarse a la defensiva, empleando en general ametralladoras y morteros de pequeño calibre.

Los enfrentamientos duraron muchas horas. Desde sus escondrijos, los guerrilleros se desplazaban rápidamente, tirando desde diversos ángulos, como habían previsto, engañándolos para hacer creer que era una fuerza de ataque muy numerosa. Cuatro guerrilleros que estaban situados en los torreones del castillo con ametralladoras, recibieron un cañonazo que no llegó a herirles pero que les obligó a abandonar inmediatamente el lugar estratégico y perder una parte del material. Los combates duraron hasta las cuatro de la tarde, hora en la que los alemanes, acosados, solicitaron una tregua para parlamentar. Los guerrilleros, representados por Gabriel Pérez y Miguel Arcas, no aceptaron la oferta de dejarles continuar la ruta a cambio de cesar los enfrentamientos.

La lucha continuó hasta que dos aviones ingleses, advertidos, llegaron a las seis de la tarde y ametrallaron la columna alemana. Fue un aviso. Poco después, tras haber perdido numerosos soldados, y recogido más de 180 heridos, y frente a la posibilidad de ser de nuevo ametrallados por la aviación aliada, o de rendirse, el Alto Mando pidió negociar con los atacantes pero no con los españoles. El general al mando pidió el encuentro con «el mando francés» y una rendición «militar y honorable» ante oficiales superiores de los mandos británicos y franceses uniformados. Se terminó aceptando ese acuerdo y, después de firmar la rendición ante un oficial francés uniformado y un oficial inglés perteneciente a la AS igualmente uniformado, el jefe alemán pudo constatar que el ejército que él creía desplegado frente a ellos era solo un grupo de varias decenas de combatientes españoles sin uniforme y casi desarrapados, y que ese puñado de hombres había hecho capitular a más de 1.000 soldados de la Wehrmacht. El general Konrad A. Nietzsche, al mando de la columna, empuñó su pistola y se suicidó allí mismo, seguido enseguida por otro oficial alemán, que también se suicidó de un tiro en la cabeza, incapaz de aceptar la realidad de haber sido engañados y vencidos por un puñado de españoles harapientos.

Ricardo Samitier fue uno de los guerrilleros que llegó a La Madeleine al atardecer con otros 40 compañeros para ayudar al grupo que combatía, explica también aquellos momentos:

> En los contactos, los alemanes decidieron que si se rendían lanzarían una bengala blanca, en caso contrario, una roja. Al final, con el refuerzo del maquis, se dieron cuenta de que no podrían pasar y el general dio la orden de lanzar la bengala blanca para rendirse. La tropa comenzó a rendirse pero algunos continuaron disparando. Nosotros también. El combate duró todavía algún tiempo. Al final, los alemanes entregaron sus armas... Cuando el general alemán se suicidó, Pedro Abellán, «el Churro», que estaba a su lado, recogió su pistola: era

una Parabellum, y la guardó durante todo el tiempo del maquis.[46]

Por su parte, Arasanz explicó también aquellos momentos, añadiendo el porqué luego dejaron decir y extenderse que era Cristino el que dirigió la batalla:

Quisimos ayudarlo cuando estaba en la prisión franquista condenado a muerte, apoyando las intervenciones que se hacían en su favor. Todos sus amigos quisimos designarlo como el héroe, el gran vencedor de la batalla de La Madeleine, aunque él no estuviera presente en ella. Desgraciadamente, aquello no sirvió de nada, fue fusilado. Tras su ejecución, la frontera francesa estuvo cerrada durante dos años, como señal de protesta.[47]

Por «la hazaña heroica de La Madeleine, por su combate sin repliegue», 36 guerrilleros españoles fueron condecorados. Estos son sus nombres:

Miguel Arcas («Víctor»)
Gabriel Pérez
Gregorio Izquierdo
Antonio Fernández
Pedro Vicente
Salumino Gurmeta
Pedro Abellán («el Churro»)
Enrique Andrada
Luis Andrada
José Arcos

46. Ricardo Samitier, *La vie d'un réfugié espagnol en Cévennes*, Nimes, Lacour, 2005.
47. Anne-Marie García, *op. cit.*

José Antonio Beades
Mariano Cales
Antonio Cuenca
Diego Cuenca
Tomás Gassó
Antonio Guiu
Guillaume Guiu
Porfirio Herranz
Antonio Larroy
Francisco Larroy
Alonso Martín
Manuel Ornaque
León Otalora
Elías Piquer
Miguel Piquer
José Ramos («el Gitano»)
Vicente Rufau
Antonio Sánchez
José Sánchez
Juan Soler
Manuel Torres
Basilio Vega
Martín Vidal
Antonio Villatarsana
Miguel Villatarsana

Todos fueron condecorados en Marsella por el general Olleris, comandante de la 11.ª Región Militar, con la Cruz de Guerra con estrella de plata. Cristino García la recibió en 1946, a título póstumo. Dos mujeres participaron también en la batalla de La Madeleine, pero hasta hoy no se ha conseguido saber quiénes eran. Para ellas no hubo medallas.

En los últimos meses de 1944, junto a muchos combatientes franceses recién llegados y las recién llegadas fuerzas aliadas, los republicanos españoles contribuyeron ampliamente a liberar en aquella zona las ciudades de la Grand-Combe, Alès, Nimes, Villefort, Mende, Langogne, Le Bleymard y Privas, entre otras. En pocos días, más de 40 pueblos y ciudades fueron liberados mayoritariamente por los españoles, en toda Francia.

La mayoría de ellos no entregó después las armas. A finales de agosto de 1944, la Agrupación de Guerrilleros en Francia, que en el verano de 1944 afirmaba reunir a 12.000 combatientes, hizo llamamientos a todos los españoles diseminados por el país para que se dirigieran hacia el sur de Francia y se prepararan para la «reconquista» de España... Cristino García, al frente de una importante columna, dio cita a las brigadas de la región en la intersección de La Madeleine. Allí fueron llegando muchos españoles, casi todos armados, y desde allí se dirigieron hacia la cordillera pirenaica, vía Montpellier, Narbona y Perpiñán. Autoridades francesas de Montpellier salieron a saludar a la comitiva de guerrilleros que seguían a Cristino hacia los Pirineos.

Cuando llegaron a la zona pirenaica —según el historiador Hervé Mauran y el diccionario biográfico Le Maitron—, las brigadas españolas que habían participado en la Resistencia y en la Liberación de Francia fueron inmediatamente reorganizadas por el PCE y reestructuradas con métodos estalinianos: los oficiales anarquistas o miembros dirigentes que habían combatido con el Ejército Secreto (AS) u otros fueron separados, así como los jefes comunistas cuyo carisma no concordaba con los del aparato que pretendía la «reconquista» española. Entre ellos, fue relevado el teniente o capitán Cristino García, caído en desgracia por sus contactos y colaboración en la lucha con diversos dirigentes y combatientes anarquistas y del Ejército

Secreto. El famoso guerrillero, que mantuvo en todo momento su fidelidad comunista, comenzaría allí una nueva etapa que «la dureza de la lucha dejaba sin márgenes», como diría Santiago Carrillo más tarde. Cristino García, considerado un héroe en Francia, fue enviado poco después a España, detenido por los franquistas y fusilado en Madrid el 21 de febrero de 1946. Sus restos fueron arrojados a la fosa común.

Juan Pujadas Carolà, «Max» o «Jean l'Espagnol»

Germaine Pujadas no quiso que fuera a verla. A pesar de que decía que había leído el libro *La Nueve* y que lo había convertido en su «libro de cabecera», no quiso. «No tengo nada que decir, se lo aseguro», repetía. Sí dijo que, leyendo el libro de *La Nueve*, había vuelto a vivir su propia vida de entonces, otros tiempos... pero que todo quedaba atrás. Y que hablar de aquello ahora no le interesaba a nadie. Yo le aseguraba que sí. Ella insistía en que no.

Hablamos por teléfono cuatro veces. La tercera vez que dijo no, pensé en presentarme en su casa por sorpresa, darle un abrazo y tratar de convencerla personalmente... Más allá de mi deseo, comprendí enseguida que tenía que respetar su voluntad de guardar silencio.

Seguía viviendo en Aubenas; «soportando mis pequeñas enfermedades», decía. No pensaba —según repetía— que lo que habían hecho Juan o ella tuviera nada de extraordinario. Ambos creían haber hecho «simplemente lo que había que hacer». Lo que tenían que hacer. Solo eso.

En mi cuarta llamada, le envié el abrazo por teléfono y le di las gracias.

Juan Pujadas nació en Blanes, Gerona, en mayo de 1914. A los dieciséis años, cuando era aprendiz de mecánica, entró en la CNT y poco después en la Federación Anarquista Ibérica (FAI). Al principio de la guerra se enroló en las milicias obreras, fue nombrado comisario de una brigada y participó en los combates del frente de Belchite. En 1937 se encontraba al mando de una milicia antifascista de casi mil hombres, en su mayoría de extracción obrera.

A finales de marzo de 1939 recibió la orden de dirigirse al puerto de Alicante para embarcar en un buque militar hacia Orán y allí fue hecho prisionero y enviado al campo de concentración de Albatera, de donde salió con un salvoconducto para ser juzgado como simple soldado republicano de tercera clase... Antes de llegar a ese juicio, pudo escaparse y atravesar España para huir hacia Francia, donde fue internado en el campo de concentración de Saint-Cyprien.

Después de lograr algunos trabajos para sobrevivir (entre ellos, el de operador de cámara en un cine del departamento de Doubs), consiguió trabajo en una fábrica donde se hacían piezas para la aviación militar. Ante el avance alemán, se decidió desplazar la fábrica a la región de Aubenas, en Ardèche, y Juan llegó allí en junio, poco antes de la firma del armisticio francés. La fábrica no llegó a instalarse pero él tenía una carta de trabajo y, después de algunos trabajos temporales, fue contratado como leñador y carbonero en el bosque y pudo establecerse en Aubenas.

Un domingo por la mañana, en el pueblo, en el bar Le Siècle, donde se reunían algunos españoles, conoció a cuatro obreros anarquistas que habían llegado con el 160 GTE para trabajar en diversas obras de los alrededores. Con ellos formaría rápidamente un bloque y daría sus primeros pasos en la Resistencia clandestina española y después, en unidades mixtas francoespañolas, en una de las primeras redes de Resistencia del departamento, la Red Cochet, dirigida por el general Calloud, ingeniero civil y pionero de la Resistencia francesa en Ardèche. Después, contribuyó a extender la Red Cochet a los centros donde trabajaban los españoles. Con muchos de ellos, ingresó luego en los movimientos Combat y Libération, y más tarde en los MUR, los Movimientos Unidos de la Resistencia.

En el sector de Aubenas, fue muy efectiva la cooperación entre combatientes de todos los horizontes ideológicos y se multiplicaron sus actividades. Max, encargado del material y el armamento, aprovisionaba a los diversos maquis, distribuía los diferentes tipos de armas y de municiones y mantenía un trabajo incesante de instrucción militar para los jóvenes maquis franceses que iban llegando. También mandaba pequeños grupos clandestinos, sobre todo de españoles, especializados en sabotajes. Se encargaba igualmente de reagrupar a los refugiados españoles que constituyeron una unidad muy activa en el interior de la AS, el Ejército Secreto creado en febrero de 1943 como brazo armado del MUR.

«Jean l'Espagnol», alias por el que se le conocía entonces, fue nombrado adjunto del comandante Bernard, responsable de la AS en la región de Aubenas y, más tarde, en 1944, jefe del servicio de aterrizaje y envíos por paracaídas, el SAP, directamente bajo las órdenes del comandante Roche, que desde Lyon dirigía los servicios. En ese mando, teniendo que esperar los aterrizajes a 1.500 metros de altitud, en medio del frío y con mucha nieve, las misiones eran particularmente ingratas. Louis-Frédéric Ducros, uno de los guerrilleros que participó en alguna de aquellas misiones, dice en su libro *Montagnes ardechoises dans la guerre*: «Cada noche de aquel período de espera sobre el terreno, en la nieve y con las dentelladas del frío, se agravaba por la falta de ropa adecuada y un calzado en mal estado, los españoles calzados con alpargatas...». Debido a ello, muchos bajaban de la montaña con los pies congelados o con infecciones pulmonares.

Juan Pujadas, que había rechazado tajantemente, «por su espíritu proselitista», la proposición de los enviados de la UNE para que aceptara dirigir un grupo compuesto solamente de españoles, que se estaba organizando en el Gard, aceptó sin embargo la proposición de Cristino García unos meses después. Cristino se ganó su confianza, por su sentido práctico y su voluntad de organizar una Resistencia española al margen de las tendencias políticas tradicionales. Desde su primer encuentro, convinieron que una brigada autónoma de «Guerrilleros españoles» estaría bajo el mando de Juan Pujadas, en el Gard, y que mantendría por el momento la unidad de acción con la AS. Con el acuerdo de los respectivos mandos, Pujadas sería el intermediario entre el AS de Aubenas y los grupos españoles del Gard, a los que aprovisionaría con armas, municiones y explosivos. El mismo Pujadas entregaba personalmente armas a la UNE de Privas, donde se encontraban algunos dirigentes. El 6 de junio, tras la noticia del desembarco de los Aliados, Cristino García y Juan Pujadas reagruparon en un solo maquis a los resistentes españoles del Ardèche.

La colaboración fue intensa y se multiplicaron las acciones de guerrilla de los españoles por todo el departamento. Las tropas enemigas fueron acosadas constantemente, sufriendo pérdidas importantes. De la acción de Cristino García en aquellos momentos, existe el testimonio de Juan Pujadas: «... sin parar, se desplazaba sobre el terreno, dando consignas, emplazando a unos y otros en los lugares más apropiados y supervisando el conjunto de las operaciones militares. De repente, lo veías llegar a un grupo y media hora después lo veías llegar a otro, de forma sorprendente. Nunca bajo la presión contra las tropas en fuga...».[48]

Como en otros muchos departamentos —el Gard, la Lozère—, los republicanos españoles contribuyeron ampliamente a la liberación de la Ardèche.

Después de que la Ardèche fuera totalmente liberada, la AGE fue reorganizada para ocuparse de otros combates. En el primer número de su periódico *Lucha*, publicado en agosto, resumía claramente su próximo objetivo:

> Nuestro norte: España.
> Nuestro objetivo: su reconquista.
> La forma: la insurrección nacional.

Cristino recibió a finales de agosto la orden de reagrupar las tropas y desplazarse con ellas al suroeste, donde se preparaba un ejército de guerrilla republicana. El 3 de septiembre, el Estado Mayor de la 3.ª División, con Cristino a la cabeza, se instaló en Prades. El 15 de septiembre, la AGE, renovada, había disuelto ya esa 3.ª División y la convirtió en tres unidades principales (99.ª División de Toulouse, 102.ª División de Pau, y la 204.ª División de Foix), donde habían sido repartidos muchos de los combatientes españoles. El recién nombrado general Luis Fernández cogía el mando...

Juan Pujadas fue nombrado comandante de una brigada de la 204.ª División, formada por 150 hombres, en su mayoría anarquistas y socialistas, pero debido a tensiones fuertes entre comunistas y anarquistas, provocadas por los nuevos mandos comunistas, lo destituyeron de su cargo y fue enviado a organizar un grupo de sabotaje con vistas a

---

48. Hervé Mauran, *Un maquis de républicains espagnols en Cévennes*, Nimes, Lacour, 1995, p. 136.

preparar la invasión del Valle de Arán. Su grupo de especialistas estaba encargado de destruir un puente cerca de la Seo de Urgel, pero cuando constató que el puente estaba rodeado de un fuerte contingente de tropas franquistas, reunió a sus hombres y se volvieron a Francia. A su regreso, el comandante Roche lo reclamó para organizar en Ardèche algunos equipos y seguir luchando contra los alemanes.

En marzo de 1945, después de que fuera disuelta su unidad, Juan Pujadas cesó toda actividad militar y retornó a la vida civil en Aubenas. Se casó unos meses después con Germaine Roland, a la que había conocido durante la Resistencia. Ella estaba esperando su vuelta. Tuvieron dos hijos y una hija. Juan Pujadas murió en 1990. Tal como deseaba, fue incinerado con la bandera catalana sobre su cuerpo. Germaine, también como él lo había deseado, dispersó sus cenizas en el Mediterráneo catalán, frente al pueblo donde había nacido.

Ramón Vila Capdevila, «Caracremada», «capitán Raymond» o «Ramón Llaugui»

Fue uno de los jefes guerrilleros que más acciones llevó a cabo en la región de Limusin en 1944 y del que menos se conoce su lucha. Muy pocos conocían incluso su verdadera identidad. Para la mayoría era, simplemente, el «capitán Raymond», un extraordinario guerrillero y un gran especialista en la utilización de explosivos y la destrucción de puentes y viaductos.

Llegó a Francia en 1939 desde su Cataluña natal con el sobrenombre de «Caracremada». Nació en Peguera, en la comarca del Berguedà, el 2 de abril de 1908, y desde niño en su pueblo le conocían como «el Maroto», nombre de la masía donde vivía. Cuando tenía doce años, mientras trabajaba con su madre en el campo, se desencadenó una tormenta y un rayo cayó muy cerca de donde estaban. Su madre murió a consecuencia del impacto y a él le quedaron diversas heridas en la cara. Desde entonces se le conoció con el apodo de «Caracremada» («Caraquemada»).

Trabajó como obrero en una fábrica textil y luego como minero en condiciones laborales de explotación, y desde muy joven entró a formar parte del sindicato anarquista CNT y de la Federación Anarquista Ibérica (FAI). Fue varias veces a prisión por organizar manifestaciones.

Tras el golpe de Estado militar del 18 de julio, Ramón Vila se incorporó a la lucha integrándose primero en la Columna de Hierro y después en la Columna Tierra y Libertad, con la que luchó en Madrid, en el frente de Aragón y en el frente del Segre, donde alcanzó el grado de comandante en el Cuerpo de Carabineros. Después de la victoria franquista, cruzó la frontera francesa con la Retirada y fue internado en el campo de concentración de Argelès-sur-Mer. De allí se escapó en septiembre de 1940 y volvió a España para organizar, con otros compañeros libertarios, un grupo de resistencia antifranquista que actuaba a un lado y otro de los Pirineos.

En uno de sus viajes a Francia, en 1943, fue arrestado por el ejército alemán y encarcelado en la ciudadela de Perpiñán. Condenado después a trabajos forzados, fue enviado a una mina de bauxita, en la zona de Bédarieux, en la región de Occitania, y se integró en la Organización Todt. De allí se escapó unos meses después para incorporarse en febrero de 1944 a la Resistencia francesa, en la región de Limusin, en la Red Menessier, perteneciente a la AS, encargado de recuperar el armamento enviado por los Aliados en los alrededores de Limoges. En junio de 1944 entró en el grupo de Francotiradores y Partisanos (FTP) dirigido por el coronel Bernard Le Lay, que operaba desde el bosque de Rochechouart, para encargarse de numerosas acciones de sabotaje contra el ejército alemán.

Organizado al principio con un equipo operativo de 18 hombres, no tardó en reunir a más de 200 combatientes bajo su mando, la mayoría de ellos vinculados a organizaciones libertarias. Ramón Vila fue pronto conocido como «el jefe español del maquis de Rochechouart» o «capitán Raymond», aportó a sus hombres su experiencia y su eficacia guerrillera, y se convertiría en un jefe legendario que pelaba patatas junto a su gente, que consiguió que los mandos de su grupo fueran votados y elegidos por los combatientes, que nunca permitió que se fusilara a un hombre ni intervino en ejecuciones de cualquier índole, que consideraba que un enemigo vencido ya no es un enemigo y que matar a un hombre indefenso no era propio de hombres... Este guerrillero especial, con su equipo de combate, en lucha abierta causó a los alemanes el mayor número de víctimas en toda la zona, en diversas acciones, junto a Juan Pujadas y Cristino García.

Tras el desembarco aliado del 6 de junio, Caracremada y su maquis ligado al Ejército Secreto participaron activamente en las operaciones de acoso contra la División Panzer Das Reich en ruta hacia Normandía. Las dos ofensivas más importantes contra ellos fue el asalto y explosión, cerca de Bédarieux, de un tren blindado cargado con soldados SS (murieron más de 50), tanques y otro material bélico pesado, que se dirigía hacia la costa normanda, y el ataque y la destrucción total en Oradour-sur-Vèze de un núcleo de la división alemana que había organizado los ahorcamientos de Tulle y la destrucción de Oradour-sur-Glane. Después, entre el 12 y el 21, participaron junto a Guingouin, en la liberación de Limoges y alrededores.

Más tarde, tras la liberación de la Alta Viena y zonas próximas, con un puñado de sus hombres, Ramón Vila se trasladó a la zona del Atlántico y, con el nombre de Ramón Llaugui Pons, se incorporó con el grado de capitán a una nueva formación organizada en Villeneuve-sur-Lot, compuesta fundamentalmente por libertarios llegados de unidades FFI o FTP y que tomó el nombre de Batallón Libertad, bajo el mando de Liberto Santos. Con el batallón, y como miembro del ejército francés, combatió hasta el final de la guerra en la reducción de los últimos repliegues alemanes de Royan y de la Punta de Grave, operaciones en las que participaba también el batallón vasco Guernika. En esa zona del Atlántico combatió hasta el 18 de abril de 1945, fecha en la que los últimos reductos alemanes se rindieron. Su destacada acción en esos combates y su valor fueron reconocidos por las autoridades militares que le otorgaron el máximo galardón francés, la medalla de la Legión de Honor. Medalla que Ramón Capdevila, opuesto a todo tipo de condecoraciones militares, rechazó.

Después, tras ser aniquilado el último reducto nazi en Francia, Ramón dejó el ejército, en el que se le consideraba un héroe, y se instaló en el sur, cerca de los Pirineos, con el nombre de Ramón Llaugui Pons, falsa identidad con la que había combatido en el ejército francés. Desde allí, no tardó en organizar su lucha contra Franco, cercano a guerrilleros como Francisco Sabaté, alias «Quico»; José Luis Facerías o Marcelino Massana, alias «Pancho». Durante 18 años, como guía experimentado, ayudó a atravesar los Pirineos a los grupos de acción del Movimiento Libertario Español (MLE), transportando armas y militantes, y mantuvo en vilo a las fuerzas franquistas, provocando gran cantidad de sabotajes en la Cataluña del Alto y Bajo Llobregat.

El 7 de agosto de 1963 cayó frente a las balas de la Guardia Civil, en una emboscada en Rajadell. Calificado por la prensa oficial como «un bandido», fue enterrado en el exterior del cementerio de Castellnou de Bages sin ninguna referencia y olvidado durante muchos años entre la hojarasca.

Los guerrilleros del Ariège

Todos saltaron con unos segundos de distancia. A las cuatro de la madrugada del 8 al 9 de agosto de 1944, los seis paracaidistas descendieron en la oscuridad de la noche hacia las tres hogueras encendidas, rodeados de silencio. Esperándolos, en tierra, un grupo de guerrilleros españoles y algún francés se mantenían atentos, también en silencio.

La misión que llegaba, con el nombre de Aube («Alba»), había salido unas horas antes del aeropuerto de Blida, cerca de Argel, y llegaba puntual al lugar designado con el nombre en clave de Pamplemousse («Pomelo»), cerca de Rieucros, en el Ariège francés, un terreno privado y aislado en la linde de un bosque. El equipo aéreo llegaba encabezado por el comandante Marcel Bigeard, alias «Bruno» o «Aube». Nacido en Toul en 1916, Bigeard fue movilizado en 1939 y enviado a la Línea Maginot, donde combatió activamente. Cuando los alemanes invadieron Francia y lo cogieron prisionero, ya era sargento adjunto y había conseguido tres cruces de guerra. Logró evadirse de la prisión al tercer intento, y se escondió en su región, hasta que pudo salir para el norte de África, donde se integró en una compañía de infantería colonial. Allí irían a buscarlo fuerzas inglesas para proponerle una misión especial, que aceptó enseguida, decidido a participar en la Resistencia en Francia. Tuvo que seguir un duro entrenamiento para comandos de acción y combate. Terminó la guerra en unidades regulares, con el grado de capitán. Continuó después su carrera militar como soldado francés y la finalizó en 1976 como general de cuatro estrellas y habiendo sido el soldado más condecorado de Francia. Murió en junio del 2010.

Además de Bigeard, formaban parte de la misión Aube el mayor William «Bill» Probert, alias «Krypte», oficial de los servicios secretos británicos (SOE); el teniente inglés Goffin, el teniente de radio canadiense Deller, el subteniente de radio francés Granjeaud y el almeriense Alfonso Cánovas, exiliado en Francia y enrolado en las tropas inglesas. Cánovas, que conocía la región y hablaba correctamente varios idiomas, llevaba como misión ser guía del grupo, un comando duramente entrenado por los ingleses y designado por las tropas aliadas para recibir armamento en los días siguientes a su llegada y dirigir sobre el terreno, al frente de las Fuerzas Francesas del Interior (FFI), la liberación del departamento.

Bill Probert no llegó a tierra. Quedó suspendido de un árbol a varios metros del suelo. Lo ayudaron a bajar, mientras oía hablar en un idioma extranjero... Marcel Bigeard se presentó después a los guerrilleros que los recibían como «delegado militar para la liberación del departamento». Pero esto no impidió que los guerrilleros, comandados por Pascual Gimeno, conocido como «comandante Royo», después de presentarse también, encañonaran a todos y de forma correcta pero brusca y firme les anunciara: «Ignoramos si realmente sois una misión aliada. Por lo tanto, tenemos que registraros».[49] Antes de que Royo les obligara a seguirlos hasta los vehículos que les trasladarían al campamento, todavía encañonados por sus hombres, Bill Probert

---

49. Marcel Bigeard, *Pour une parcelle de gloire*, París, Plon, 1975.

apenas tuvo tiempo de preguntar a Aube: «Pero ¿no tenía que recibirnos la Resistencia francesa? ¡Aquí solo hay españoles!».

En el campamento, una vez cacheados minuciosamente los paracaidistas y tras comprobar los españoles que todo estaba en orden y se correspondía con las informaciones que habían recibido, Royo se excusó brevemente explicándoles que era su obligación hacer aquello y que de eso dependía la seguridad que mantenían en la clandestinidad y el combate. A pesar de la imprevista recepción, Bigeard contaría la escena más tarde con cierto humor y admiración: «La inspección fue integral pero salimos íntegros... Royo, 1,60 de altura, 50 kilos, pelo y piel oscuros, daba las órdenes secas y precisas... Aprecié rápidamente su prudencia, sus reacciones rápidas y su energía en el mando...».[50]

Pascual Gimeno Rufino, alias «Royo», nacido en 1915 en Yátova, cerca de Valencia, combatió en la Guerra Civil española como oficial del ejército republicano. Internado en el campo de Argelès tras la Retirada, allí mismo entró en contacto con militantes del Partido Comunista de España que estaban organizándose. A finales de 1939, con otros camaradas integrados en las Compañías de Trabajadores Extranjeros fueron enviados a trabajar a Istres, en el departamento de Bouches-du-Rhône, al polvorín de Saint-Chamas, para reemplazar a obreros franceses movilizados por la guerra. Allí, no tardaron en entrar en contacto con camaradas franceses.

Beneficiándose de una tarjeta de residencia como trabajador extranjero, Pascual podía vivir en el pueblo y desplazarse libremente, lo que le permitió entrar en relación con muchos compatriotas y organizar clandestinamente una estructura de combate. En mayo de 1941 contrajo matrimo-

---

50. *Ibid.*

nio con una francesa, Virginie Ardisson, que entró también en la Resistencia poco después. Con diversas complicidades exteriores, entre ellas la de su suegro, Pascual comenzó a extraer explosivos de la fábrica y a crear pequeñas redes. Tras adoptar el nombre de combate de «Royo», se convirtió en jefe de los guerrilleros, cercanos a los FTP y la MOI en el departamento, y se dedicó a asegurar la recepción y el reparto de armas y explosivos entre los grupos, así como a tutelar la instrucción militar de los maquis y la dirección de las operaciones. En junio de 1944, Royo sería enviado al Ariège.

El departamento del Ariège disponía, desde mediados de 1941, de un importante núcleo de guerrilleros, muchos de ellos integrados en la MOI y en los FTP. Más tarde, en el Aude se creó el XIV Cuerpo de Guerrilleros Españoles, creado por el PCE, que aspiraba a una autonomía de combate en Francia. De allí salieron la mayoría de los jefes guerrilleros enviados a otros departamentos para crear grupos armados, entre ellos, Juan Delicado.

La Resistencia se fue desarrollando en el Ariège con sabotajes en fábricas y líneas de alta tensión. A pesar de que existían bastantes diferencias entre los mandos españoles, casi todos preparaban y dirigían a sus grupos de guerrilleros con la experiencia de lucha y la disciplina adquirida en el combate español, guardando su propia independencia en las acciones que decidían. Por todos los sitios, los españoles, discretos y entrenados en la técnica de la guerrilla, trabajaban como obreros durante el día y se reunían por la noche para preparar operaciones diversas con el objetivo de recuperar armas y dinero. Su capacidad de adaptación a una vida difícil en bosques y montañas facilitó la creación, en los diversos departamentos, de los primeros maquis de Francia.

Fue en enero y abril de 1942 cuando los dirigentes del

PCE convocaron dos reuniones secretas en una cabaña de las cercanías de Toulouse, a las que asistieron 12 cuadros militares, todos procedentes del XIV Cuerpo de Ejército Guerrillero de la Guerra Civil española, entre ellos, Jesús Ríos y Cristino García. En esas reuniones se acordó constituir el nuevo Cuerpo de Guerrilleros encargado de desarrollar en Francia la lucha de los españoles contra los alemanes y los italianos y contra el Gobierno de Vichy, pero también, sin duda, para preparar lo que llamarían «la futura Reconquista de España». Las reuniones clandestinas estuvieron presididas por Jaime Nieto, alias «Bolados», miembro del Comité Central, y en ellas se decidió nombrar al aragonés Jesús Ríos, alias «Martín», comandante del nuevo XIV Cuerpo de Guerrilleros Españoles. Nacido en 1915 en Alagón, Ríos había entrado en el Partido Comunista y militó en las Juventudes Socialistas Unificadas (JSU). Tras el golpe de Estado, combatió en el Ejército Popular de la República española y formó parte del XIV Cuerpo de Ejército, encargado de acciones diversas de guerrilla y sabotaje tras las líneas franquistas. Al llegar a Francia, después de la Retirada, fue internado en el campo de Le Barcarès y después en Septfonds, y luego fue enviado a los bosques del Aude como leñador y carbonero. Allí fue reclutado por el PCE para realizar acciones especiales y más tarde le dieron el mando del XIV Cuerpo de Guerrilleros que se creó en 1942. Perseguido por la policía en el Aude, Ríos se desplazó al Ariège, donde instaló el Estado Mayor del XIV Cuerpo de Guerrilleros. Declarado más tarde como «sospechoso» por el PCE y herido en una emboscada con la milicia, murió en el hospital de Foix el 27 de mayo de 1944.

El XIV Cuerpo de Guerrilleros Españoles actuó clandestinamente en los bosques del Ariège, en el tramo del Col de Py, comuna de L'Herm, donde diversas placas conmemorativas recuerdan hoy la presencia y las acciones de los españoles. Luego fue implantándose poco a poco en más de 30 departamentos de la zona Sur, como sucedió con la UNE, que aglutinó a comunistas españoles, a independientes de izquierda y, a título personal, a miembros de otros grupos o partidos. Entre mediados de 1941 y 1944, miles de exiliados españoles de todas las tendencias políticas combatieron en las diversas organizaciones creadas por el PCF y el PCE, desde el FN hasta la UNE, la MOI o los FTP, o en los cuerpos de guerrilleros que luego se convertirían en la Agrupación de Guerrilleros Españoles (AGE), que acabaría dirigiendo el proyecto del Valle de Arán.

Royo llegó al Ariège a mediados de junio de 1944 con varios destacamentos de la 16.ª División para reemplazar al comandante Ángel Mateo, gravemente enfermo, y tomó el mando de la 3.ª Brigada. La fusión de estos destacamentos con los del Ariège dio un excelente resultado. Una parte del Servicio de Información del Estado Mayor FFI R4 (Cuarta Región Militar, instalada en Toulouse) lo confirmaba en el mes de julio: «La 3.ª Brigada de guerrilleros es la fuerza más importante, la mejor organizada y disciplinada y también la más activa del Ariège».[51]

Fue a Royo, jefe de esa fuerza guerrillera y cuya eficacia en la lucha era conocida, a quien eligieron los Aliados para dirigir los combates que se preparaban. Unas semanas más tarde, su brigada fue la encargada de recibir a la misión Aube, organizada por los Aliados.

La relación entre Bigeard y Royo comenzó con cierto recelo por parte del español, pero no tardó en evolucionar y convertirse en una relación de gran confianza y camaradería. Del 9 al 15 de agosto, manteniendo línea directa con Argel, organizaron encuentros con los diversos maquis, re-

---

51. Ange Álvarez, Iván Delicado y Roland Delicado, *Royo, le guerrillero éliminé*, Nimes, Ardeo, 2011, p. 4.

cibieron las armas prometidas, repartieron el material (la mitad para los FFI y la otra mitad para los españoles) y prepararon el terreno de la liberación, evitando confrontaciones directas entre los diferentes grupos guerrilleros. De forma rápida y eficaz, el equipo de Bigeard y la 3.ª Brigada de guerrilleros del Ariège formaron la punta de lanza de la Liberación en todo el departamento.

Esto no gustó demasiado a algunos dirigentes de la Resistencia «francesa» FTP-FFI, que tenían otros proyectos y que pretendían la hegemonía de todas las fuerzas de combate. Tampoco gustó a diversos miembros del PCE. La situación conllevó numerosas tensiones políticas y provocó que la presencia sobre el terreno del equipo enviado fuera considerada por algunos de los jefes como una «intrusión» y no quisieran reconocer a Aube como delegado militar en el departamento, sino como simple refuerzo de sus propias fuerzas. Los desacuerdos pusieron de manifiesto las fuertes contradicciones y oposiciones que existían entre la Resistencia o Resistencias, tanto en el interior como en el exterior.

Esas discrepancias no llegaron a impedir que Bigeard asumiera el mandato aliado y que recibiera junto a Royo los envíos de armas, como estaba previsto. Tampoco impidió mantener contacto con los diversos enviados franceses llegados en misión desde Londres o Argel. Los desacuerdos tampoco impidieron que fuera Royo el que dirigiera las operaciones bajo la supervisión de Bigeard, y que este se encargara de la financiación del presupuesto militar necesario para contribuir eficazmente a la esperada Liberación, junto a los guerrilleros españoles.

Tras el desembarco en Provenza, el 15 de agosto, las fuerzas de la Resistencia francesas y españolas en el Ariège dieron la orden inmediata de lucha para liberar el departamento. Rápidamente, desde la llanura de Toulouse hasta la montaña pirenaica, los españoles que esperaban esa orden en sus puestos de trabajo, en fábricas o minas, instalados en cuevas y grutas de las montañas, en los bosques de álamos y encinares o en los lugares más diversos, se movilizaron para enfrentarse de cerca al enemigo alemán y al enemigo francés.

Los enfrentamientos comenzaron. El comandante Royo (Pascual Gimeno) y sus dos adjuntos, el comandante Robert (José Alonso) y el comandante Madriles (Pedro Abascal), dirigieron los combates con gran eficacia. El pueblo de Lavelanet fue liberado el 17 de agosto y, al día siguiente, le siguieron Pamiers, Varilhes y numerosas comunas del departamento. El 19 fue el turno de Foix y de Saint-Girons. En plena batalla de Foix, Crescencio Muñoz, teniente del FFI, logró descolgar la bandera nazi que ondeaba en el castillo y reemplazarla por la bandera republicana española. El 21, las batallas más duras se desarrollaron en Rimont (pueblo mártir, tras la liberación fue condecorado con la Cruz de Guerra) y en Castelnau-Durban.

El 22 de agosto, mientras las tropas nazis huían del departamento, el comandante Óscar, un francés de origen español, teniente de los FTP, interceptaba todavía una importante columna alemana, y tras un duro enfrentamiento, esta capitulaba al atardecer. Fue la última. El acta de rendición fue firmada por el comandante alemán Schöppl, jefe del 1.er Batallón de la Legión del Turquestán; el comandante Bigeard, como delegado FFL, y Benito Pérez, alias «Óscar», como delegado FFI del Ariège. El departamento del Ariège quedaba así totalmente liberado y pasaba de manos de los españoles... a manos de los franceses.

En el libro *Pour une parcelle de gloire*, publicado en 1975, el general Bigeard contaba su aventura y las anécdotas de su etapa con los resistentes del Ariège, insistiendo en el valor y la competencia de los numerosos guerrilleros españoles y la organización, disciplina y gran eficacia de Royo, al que consideraba una figura destacada, «hermano de combate» y verdadero héroe de la liberación de Foix y sus entornos. Sobre aquellos momentos, Bigeard diría también: «Necesitaría un libro entero para explicar todos los detalles de ese mes de agosto en la Resistencia del Ariège, el coraje de los españoles, el comportamiento de mi equipo, los enfrentamientos, a veces duros, con ciertos responsables FFI-FTP, la entusiasta acogida de las poblaciones liberadas... En todos los enfrentamientos, Royo trataba de recuperar el máximo de material alemán para poder armar a los maquis guerrilleros con los que pensaba volver a luchar en España».[52]

Al final de su mandato en el Ariège, la misión francoinglesa envió el 1 de septiembre de 1944 un mensaje de felicitación a la 3.ª Brigada:

> La misión desea felicitar a todos los soldados de la 3.ª Brigada por el coraje mostrado en los combates de la liberación del 19 al 22 de agosto. Es difícil destacar uno entre los numerosos actos heroicos que hemos vivido, pero desearíamos citar el admirable comportamiento del jefe de brigada Royo, extraordinario líder desde todos los puntos de vista, que ha demostrado una gran valentía, manteniéndose constantemente en primera línea junto a sus hombres, así como al comandante Madriles, gravemente herido, magnífico ejemplo también de coraje en el combate al lado de sus hombres.
>
> Los miembros de la misión se sienten orgullosos de haber combatido al lado de los españoles, admirables guerreros que luchan por un ideal y que, con abnegación y coraje, han liberado el Ariège.

52. Marcel Bigeard, *op. cit.*

La carta fue publicada en *Libération*, el periódico de la 3.ª Brigada, y, más tarde, una fotocopia del artículo en el libro de Miguel Ángel Sanz, *Los guerrilleros españoles en Francia* (1971).

Aunque Aube y Royo habían prometido volver a encontrarse, nunca más volverían a verse.

Tras la liberación, Royo reforzó su brigada y la preparó para participar en la Operación Reconquista de España. Los primeros elementos de la 3.ª Brigada, destinada al sector de Lérida, entraron en España el 18 de septiembre. Royo entró a primeros de octubre con otro grupo... Poco después fue detenido por las tropas de Franco. Algunos de sus hombres serían eliminados o hechos prisioneros como él. Otros consiguieron regresar a Francia...

Liberado de la prisión franquista unos meses más tarde y habiendo intentado establecer contacto con compañeros de la guerrilla de Levante, Royo fue asesinado poco después y su rostro, desfigurado a pedradas para que no fuera reconocible. Durante más de sesenta años se acusó a las tropas franquistas de este crimen. Investigaciones posteriores han confirmado que fueron unos camaradas quienes lo hicieron —dando incluso el nombre de los asesinos—, por órdenes superiores, pretendiendo que el Comandante Royo «trataba de unirse a los guerrilleros de Levante y Aragón para delatarlos».[53] Royo fue uno más de los numerosos combatientes y héroes de la Resistencia francesa, eliminados por sus propios camaradas después de la Liberación, por orden de Carrillo.[54]

53. Daniel Arasa, *La invasión de los maquis*, Barcelona, Belacqva, 2004, p. 176.

54. Ange Álvarez, Iván Delicado y Roland Delicado, *Guérilla antifranquiste du Levant. Crimes et falsifications, 1945-1952*, Nimes, Ardeo, 2014.

Ange Álvarez*

Cuando trataba de obtener información más precisa sobre la muerte de Royo en España, me comunicaron que había dos personas trabajando precisamente sobre su historia. Una de ellas era el hijo del comandante guerrillero Juan Delicado, antiguo oficial de la República, veterano de la Resistencia en el sur de Francia y sorprendentemente «eliminado» en circunstancias parecidas a las de Royo. La segunda persona era Ange Álvarez, compañero de la Resistencia de Delicado. Los dos hombres trabajaban juntos en un libro que trataba de restablecer la verdad sobre las acusaciones lanzadas contra ambos guerrilleros.

Contacté con ellos enseguida y, pocos días después, me dieron cita conjuntamente en Saint-Christol-lès-Alès, muy cerca de Nimes. El encuentro fue tan interesante como esperaba. Como ellos, yo también había dudado de ciertas acusaciones que me parecían un engaño.

Ange e Iván habían ido mucho más lejos en la investigación. Los dos me ayudaron a comprender mucho mejor lo que había ocurrido en aquellos momentos de la Liberación, lo que ocurrió después. El libro *Guérilla antifranquiste du Levant. Crimes et falsifications, 1945-1952*, que después de muchos años de trabajo publicaron al poco tiempo, ha suscitado, naturalmente, cierta polémica. Ellos se sienten satisfechos de su investigación. Y siguen trabajando.

Ange, veterano del combate francés, ampliamente conocido en el sur de Francia y en el mundo de la Resistencia, ha conseguido numerosas medallas y reconocimientos, incluida la Legión de Honor francesa. Hoy, a sus noventa y cuatro años, sigue participando en todas las conmemoraciones donde se reivindica la memoria de los numerosos espa-

* Entrevista con la autora.

— 215 —

ñoles que combatieron en Francia. Y, sobre todo, la memoria de los que él considera denigrados.

Ange nació en marzo de 1926 en Asturias. Su padre, Amador, era un minero y sindicalista laico, admirador de Víctor Hugo. La familia adoptó sus ideales sociales. Acosado por la Guardia Civil y por la Iglesia, debido a sus ideas, Amador decidió irse a Francia con su familia para trabajar como minero en el Aveyron, cerca de Decazeville. Desde Francia, toda la familia seguía de cerca la vida española, integrándose poco a poco en la sociedad francesa y en sus movimientos sociales. En una fotografía guardada por Ange, se le ve en una manifestación con el puño en alto, con tan solo diez años. Cuando se dio la noticia del golpe de Estado en España, su padre dejó a la familia al cargo de su yerno y se fue para integrarse en la lucha republicana. Murió en combate a principios de 1937.

A los dieciséis años, Ange y su hermano Amador, seis años mayor que él, fueron de los primeros en formar parte de los FTP del departamento del Gard. Su lucha comenzaba con bastantes desacuerdos con algunos camaradas. Así lo explica el propio Ange:

> En mi casa todos éramos militantes, pero mi familia no aceptó el pacto entre Hitler y Stalin. Muchos españoles no lo aceptaron. En los campos de concentración franceses, muchos camaradas españoles rompieron su carnet. Para los franceses fue menos evidente. Guardo algunos pasquines de esa época donde claramente se responsabilizaba del pacto a las democracias occidentales, por haber traicionado a sus pueblos, sin hacer ninguna denuncia de Hitler. Eso nos separó un poco de ellos. ¿Y qué paso? Que la mayoría de los españoles se fue levantando poco a poco para luchar contra los nazis cuando invadieron Francia, y los franceses no lo hicieron hasta

junio de 1941, cuando Stalin los llamó a la lucha, cuando el Komintern dio la orden, tras el ataque alemán de junio de 1941.

Ange trabajaba en la mina desde los quince años y mantenía una gran actividad militante. En 1943 fue detenido por primera vez:

> Me llevaron a la Gendarmería, esposado. En una sala grande estaba mi hermano sentado, todo ensangrentado. Le habían pegado fuerte. Después cerraron la puerta, me llevaron a otra sala, me interrogaron, me insultaron y me dijeron que mi hermano era un terrorista, que había atacado y se había llevado una importante cantidad de tickets de alimentación... Después del interrogatorio me dieron unas hostias que me dejaron casi KO.

Durante la noche, tras un gran esfuerzo, Ange logró liberar una de sus manos, coger la pistola que le habían incautado a su hermano y que le habían mostrado en un cajón, encañonar a sus guardianes y escaparse, saltando una valla de 5 metros y disparando contra los gendarmes para facilitar la huida. Todavía con las esposas colgando de una mano, Ange entraría en la lucha clandestina unos días después.

Era el tiempo de los maquis, de enfrentamientos, de sabotajes. Ange contactó con varios dirigentes de los maquis, entre ellos Juan Delicado, responsable de los guerrilleros de la región y jefe del primer grupo de combate FTP-MOI de Montpellier. Como iniciador de la lucha armada en el Hérault, este lideró la acción de los guerrilleros hasta el mes de abril de 1944. Enviado al Aude después, allí dirigió la 5.ª Brigada de Guerrilleros. Ange explicaba así su relación con Delicado:

Tuve muy buena relación con él. Cuando estaba en el maquis de Bédarieux, le llevaba dinamita sacada de las minas, para hacer saltar las vías de ferrocarril. Fue un buen amigo. Era un hombre sencillo, muy consciente de sus responsabilidades. Para algunos, su mayor defecto podría ser su gran respeto por el ser humano y el saber pensar por sí mismo. Sus compañeros de combate venían de todos los horizontes políticos. De vez en cuando, iba a casa. Conocí a su mujer y a su hijo. Tenía una gran confianza en él. Los dos éramos comunistas.

La lucha los separó. Ange dudó siempre de la versión que luego dieron sobre su muerte. En aquellos tiempos, a pesar de su juventud, Ange entró en un equipo muy particular y se convirtió en instructor especializado en ataques con explosivos. Uno de sus golpes más espectaculares fue la voladura de un depósito de varias toneladas de dinamita, en Bédarieux. Tenía apenas diecisiete años. A esa edad mató por primera vez a un oficial alemán. Poco después, al oficial francés que había torturado a su hermano.

«Maté a muchos alemanes, sí —recuerda Ange—. Y a algunos colaboradores. Estábamos en guerra.»

Un día, con su equipo especial de cuatro guerrilleros, cayó en una trampa y fueron detenidos a finales de 1943 y llevados a la prisión de Montpellier. Sufrieron diez días de torturas. Ninguno habló. En febrero de 1944 fueron trasladados a la prisión Saint-Michel de Toulouse. De allí saldría más tarde para ser enviado a Alemania en lo que se llamaría «el tren fantasma», de donde consiguió evadirse el primero, tirándose de cabeza por una ventana alta, ayudado por varios compañeros. Prefirió jugarse la vida. El tren tenía como destino el campo de concentración de Dachau.

Cuando varios días después, con muchas dificultades, consiguió llegar al Hérault, a la zona de Montpellier, reanudó el combate con sus antiguos camaradas. El día 21 de agosto, en un enfrentamiento con un fuerte dispositivo alemán, resultó herido en una pierna. La herida no le impidió participar en la Liberación de Béziers y de Montpellier. El día 25 se encontró con un grupo de españoles que llevaban desplegada la bandera republicana española. Se iban «a liberar España». Ange se fue con ellos. Él también entró en el Valle de Arán.

En el año 2000, Iván Delicado descubrió el libro de memorias de Ange, donde, entre sus recuerdos, citaba al guerrillero Juan Delicado y denunciaba su muerte por considerarla sospechosa. Enseguida contactó con él. Iván no había conocido a su padre. Deseaba saber cosas sobre él, sobre su muerte, Ange le contó todo lo que él sabía y aceptó trabajar codo a codo para investigar su desaparición y reivindicar la memoria del amigo. Juntos han reivindicado también la memoria de Royo. Y de muchos otros.

Iván Delicado*

La historia de Royo tenía muchas coincidencias con la historia de mi padre. Incluso la ocultación de su nombre, el silencio en torno a él, cuando había sido una inmensa figura de la Resistencia en Francia. Royo fue acusado de traición. Y de muchas otras cosas, como mi padre. Lo cierto es que los dos, siendo miembros del Partido Comunista, eran hombres demasiado libres: ninguno había dudado en mantener contactos y combatir al lado de guerrilleros de otras tendencias ideológicas. Stalin no pensaba lo mismo. Y el PCE, obedecía.

Mi padre nació en Higueruelas, cerca de Albacete,

---

* Entrevista con la autora.

en una familia campesina de seis hermanos. Solo pudo completar la escuela primaria, pero leía mucho y se interesaba mucho por la política. Cuando se dio el golpe de Estado, se enroló enseguida en el ejército republicano y con la 3.ª Brigada Mixta combatió en Brunete y Belchite. Y en otras batallas. Fue herido varias veces pero siempre quiso volver al combate. En febrero de 1939 cruzó la frontera con un tobillo roto por una bala.

Fue enviado primero al hospital y después estuvo convaleciente, pero cuando tuvo curada la herida fue internado sucesivamente en los campos de Agde, Saint-Cyprien, Argelès y Noé. Durante este periplo ya estaba en contacto con los restos de la organización del PCE y dispuesto, con ellos, a la reorganización del partido. Siguiendo directivas, se instaló en Montpellier a finales de 1942, donde creó el Primer Grupo de Combate de Montpellier, rápidamente operacional. Cuando los alemanes invadieron el sur de Francia, en noviembre de 1942, ellos fueron los autores de casi todos los atentados contra el aparato de producción y militar de la zona. En este destacamento formado por españoles, solo combatía un francés, Hervé Combes, miembro del PCF y al que todos apreciaban mucho.

Juan Delicado fue enviado al Hérault para desarrollar y dirigir la actividad guerrillera. Sus contactos eran amplios, iban más allá de los del Partido Comunista. Su gran actividad y la eficacia de sus acciones llevaron a que una comisión de las FFI propusiera elevarlo al grado de teniente coronel. Juan, que era ya comandante, no aceptó. Los ascensos provocaban muchos celos y quiso evitarlos, porque eso no ayudaba en el combate. Seguramente también porque formaba parte de la AGE y no de los FTP, que eran los que lo habían propuesto.

Mis padres se vieron por última vez el 15 de octubre

de 1944. A mi madre le explicó simplemente que los quince hombres que le acompañaban eran su Estado Mayor y que iban a coger el mando de varias unidades que los esperaban en la frontera pirenaica.

Mi madre esperó su regreso. Siempre. Incluso después de que le comunicaran que había muerto.

Juan Delicado pudo llegar hasta Valencia e iniciar en la clandestinidad la organización de la guerrilla de Levante. En 1946 lo mataron. Una de las diversas acusaciones fue que «... quería entregar la agrupación a la CNT».

Mi padre fue asesinado el 17 de noviembre de 1946 por orden del Comité Regional del PCE de Valencia. Su cuerpo fue encontrado por el perro de una patrulla en la sierra de Javalambre.

En Francia, su combate ha sido ignorado. En las conmemoraciones en recuerdo de los guerrilleros no lo mencionaban nunca. Yo mismo lo desconocía. Junto con Ange he ido descubriendo poco a poco toda su historia. Y hemos descubierto quiénes eran realmente los traidores.

En torno a la guerrilla y la Resistencia ha habido muchos silencios y mucha mentira. Queda mucho por escribir. Mucho en España. Mucho en Francia.

En Francia se ha eliminado la memoria de los extranjeros que combatieron en la Resistencia. Nunca se ha reconocido la gran importancia que tuvieron por todo el país, han ocultado que fueron los refugiados españoles los que enseñaron a combatir a muchos jóvenes franceses, los que formaron los primeros maquis, los que estuvieron en primera línea desde el primer momento. Después de la Liberación, muchos se apropiaron de esos combates, los usurparon impunemente. Yo mismo he comprobado que acciones realizadas por los grupos al mando de Delicado se las han adjudicado otros.

La memoria de Royo ha podido ser rehabilitada gracias a una misión que se creó para restablecer la verdad. Esa misión, en la que participaron historiadores y personas que habían estado bajo el mando de Royo, pudo aportar las pruebas de que Royo nunca había traicionado a nadie. En el Ariège, su honor y su memoria de gran guerrillero han sido restablecidos.

París... ¡aquella fiesta!, «Españoles» y «Fabianes»

Al anochecer del 24 de agosto de 1944, cuando una agencia de prensa londinense dio la noticia de la llegada de las tropas del general Leclerc al París ocupado por los alemanes y de la «liberación de la capital del mundo», en numerosas ciudades, desde Sídney hasta Ciudad de México, Nueva York o Buenos Aires, mucha gente salió a la calle abrazándose, cantando y bailando para celebrarlo. La entrada militar en las entrañas de la capital francesa, su llegada al ayuntamiento, verdadero corazón de la ciudad en aquel momento, significaba para esos miles de ciudadanos de diversos países que ¡los nazis ya no ganarían la guerra!

En París, mientras las tanquetas de «la Nueve» (la compañía militar perteneciente a la 2.ª División Acorazada de la Francia Libre, al mando del general Leclerc y compuesta en su mayoría por soldados españoles) tomaban posiciones en la gran plaza, frente al ayuntamiento, y el teniente Amado Granell era recibido en los salones del palacio municipal por el Comité Nacional de la Resistencia como el primer oficial militar «francés» llegado hasta la capital parisina, una emisora de radio francesa anunciaba la llegada de esos soldados, señalando que las primeras tanquetas de la Francia Libre que habían entrado en la capital iban «conducidas por españoles», por republicanos españoles... Las campanas de Notre Dame, el grave sonido de su bordón de trece toneladas, lanzaron inmediatamente al viento el anuncio de esa liberación, seguida del inmediato repicar de todas las campanas de París. Desde la radio habían pedido que sonaran al unísono anunciando la victoria...

Pocos minutos después, centenares de personas comenzaron a llegar a la plaza del ayuntamiento, enardecidas. Por todos lados se oían gritos, risas y canciones, se entonaba *La marsellesa* y otros himnos evocadores de combate y de libertad. Los abrazos se sucedían, mezclados con las lágrimas... Victoria Kent, tras escuchar emocionada las informaciones dadas por la radio, diría: «¡Cuántas cosas borradas en un momento!...». Kent había sido diputada del Parlamento español, nombrada directora general de Prisiones en 1931 y secretaria de embajada en 1937 en París, donde se ocupó especialmente de la acogida de los niños españoles evacuados. Luego, al final de la Guerra Civil, fue reclamada por las autoridades franquistas pero sería protegida por la embajada de México en París, donde pasó cuatro años oculta, hasta el final de la Segunda Guerra Mundial.

¡Cuántas cosas borradas aquella noche! Cuántas cosas destacables desde el día 19, cuando fue dada la orden para la insurrección y en las calles de París se empezaron a levantar barricadas. Más de cuatro mil españoles participaron en los combates liberadores.[55] Charles Tillon, comandante-jefe de los FTP (Francotiradores y Partisanos) que luchaban en la capital francesa, daría igualmente la cifra de cuatro mil españoles combatiendo en aquellos momentos, participando en los enfrentamientos, liberando y ocupan-

---

55. Jean Hugonnot y Gaston Laroche, «Les étrangers dans la Résistance française», *Cahiers Internationaux de la Résistance*, n.º 4 (noviembre de 1960), pp. 8-24.

do alcaldías en muchos barrios, incluyendo la periferia parisina.[56]

El mismo día 19, en la comuna de Aubervilliers, al norte de París, el extremeño Eustaquio Pino, al frente de una treintena de hombres, liberaron el ayuntamiento, atacando a los alemanes con granadas de mano. El mismo Eustaquio alzó la bandera francesa sobre el frontón del municipio (una sala de la alcaldía le fue dedicada y lleva su nombre). Los combatientes de Aubervilliers continuaron combatiendo en los días siguientes, como soldados FFI, junto a los soldados de «la Nueve» y de la 2.ª División Blindada.

Los que han podido dar testimonio del ambiente y la exaltación de aquel momento, de aquellos días, cuentan la emoción vivida en los encuentros entre los españoles que llegaban con las tropas de Leclerc y los que combatían en la Resistencia interior, unidos por la alegría del combate victorioso y todos convencidos de que estaba ya muy cerca la liberación de España. El capitán Dronne, al mando de «la Nueve», contaría más tarde en un libro aquel entusiasmo y describiría a los españoles juntos, soldados de Leclerc y de la Resistencia interior, reunidos en círculo en medio de la plaza del ayuntamiento, a las dos de la mañana, entonando con fuerza los himnos republicanos de la Guerra Civil. Rindiéndoles honores, escribiría en su libro: «Qué satisfacción y qué felicidad para aquellos españoles, combatientes de la libertad. París era un extraordinario símbolo para ellos...».[57]

Con el general Leclerc al frente, las fuerzas de la 2.ª División Blindada que llegaron el día 25 de agosto se desplegaron inmediatamente por la capital, apoyadas por las Fuer-

56. Charles Tillon, *Les FTP. La guérilla en France*, París, Julliard, 1967, p. 541.

57. Raymond Dronne, *La libération de Paris*, París, Presses de la Cité, 1970, p. 284.

zas Francesas del Interior (FFI), donde estaban integrados centenares de españoles que los guiaban directamente hacia los centros ocupados por los alemanes, y que, aun disponiendo de pocas armas, combatían con ellos. Esos españoles desempeñaron un importante papel en los combates de la Ópera, el hotel Le Meurice, la plaza de la República, el palacio de Luxemburgo y la Escuela Militar. La Ópera fue desalojada por una sección de la 11.ª Compañía, apoyada por numerosos resistentes españoles, consiguiendo más de doscientos cincuenta prisioneros, incluido el coronel de mando.

Uno de los que participaron en la batalla de la Ópera, donde estaba instalada la Kommandantur, fue el vizcaíno Emeterio Soto, conocido como «Tiragomas»,[58] miembro de los FFI y «máximo exponente del heroísmo vasco», según sus compañeros que lo calificaron también de «curtido gudari que se batió como un león». Tiragomas (nacido en 1909 en Arrazola, vivió de niño en Santurce y fue gudari del Batallón Arana Goiri, de la Compañía Kortabarría) fue uno de los más activos en los enfrentamientos de la Ópera, ayudando a liberar a varios guerrilleros que tenían detenidos en el interior del edificio y arrestando él mismo a numerosos alemanes. Después, continuó combatiendo en la plaza de la Concordia y en la Cámara de los Diputados, donde, en un cuerpo a cuerpo, mató a seis alemanes, apoderándose de cuatro fusiles y de gran cantidad de municiones. Llegó también a combatir ese mismo día en los jardines de Luxemburgo, al lado de Fabien y sus hombres y de un importante grupo de soldados de Leclerc, al mando del comandante Putz.

Al final de la mañana de ese 25 de agosto, al mismo tiem-

58. Citado por J. M. Romana en su libro *La Segunda Guerra Mundial y los vascos*, Bilbao, Ediciones Mensajero, 1999.

po que se combatía por toda la ciudad y que un destacamento francés conseguía izar una inmensa bandera francesa en lo alto de la Torre Eiffel, en el consulado de España un antiguo maestro y resistente, Julio Hernández, ocupaba el recinto y reemplazaba la bandera nacional por la bandera republicana. Casi al mismo tiempo, en los alrededores del hotel Le Meurice, donde seguía alojado el Alto Estado Mayor alemán, comenzaba el ataque. Horas antes se había enviado un ultimátum a través del cónsul de Suecia, al que el general Von Choltitz, jefe de las tropas alemanas, no había dado respuesta.

Defendido por fuerzas de élite alemanas, los duros combates contra el hotel Le Meurice duraron más de hora y media. El asalto final al hotel se desarrolló con granadas y ametralladoras. En ese combate participaban numerosos españoles de la Resistencia interior. Fue uno de esos españoles, el extremeño Antonio Gutiérrez, el que, tras lanzar una granada al interior del hotel, logró atravesar el difícil cerco de defensa alemán y, entre el fuego y el humo, consiguió subir las escaleras y llegar hasta el primer piso donde tenía su puesto de mando el general Von Choltitz y una parte de su Estado Mayor. Gutiérrez abrió a patadas la gran puerta, seguido por dos compañeros, y logró desarmar al general, mientras encañonaban a todos con una ametralladora. Como, según las leyes de la guerra, un oficial general solo puede rendirse a un oficial de grado equivalente, Von Choltitz, desarmado por Gutiérrez, le pidió que buscara a un oficial francés, ante el cual se rendiría. Gutiérrez lo hizo, sin dejar de encañonarles. Primero llegó el teniente Franjoux, después el teniente Karcher y por fin el comandante La Horie, ante el que Von Choltitz capituló, después de recibir la confirmación de que serían tratados como soldados. Antes de salir de su guarida, el general se quitó el reloj y se lo regaló a Gutiérrez, agradeciéndole haber respetado las leyes de la guerra. Las diversas autoridades francesas —y también muchos historiadores— han dado diferentes versiones sobre la detención del general alemán, gobernador de París: ninguno hace referencia a la acción de los españoles.

Von Choltitz fue dirigido después a la Prefectura de París, donde el general Leclerc lo esperaba para firmar la rendición. Una vez firmada, fue conducido a la estación de Montparnasse. El general De Gaulle llegó poco después. A las tres y media de la tarde se daba la orden general de alto el fuego en París.

Durante la intensa lucha mantenida ese 25 de agosto, entre el intenso olor a pólvora y los numerosos actos de gran coraje, en el sector de la Estrella, el guerrillero Pacheco, que combatía junto a las tropas de Leclerc, se introdujo por iniciativa propia en el hotel Majestic, cuartel general de la Gestapo, e hizo prisioneros a un sargento y once soldados. Después de entregarlos a las tropas FFI, se introdujo en otro hotel, al lado, y salió de allí encañonando a ocho prisioneros más.

Paralelamente a los combates, en las alturas políticas la situación se consideraba muy delicada ante el vacío de poder y ante lo que ellos consideraban «pretensiones comunistas de establecer un Gobierno popular». Para evitarlo, después de recibir de manos del general Leclerc la rendición del general Von Choltitz, el general De Gaulle se autonombró ministro de Guerra en la misma estación de Montparnasse, y poco después, desde las ventanas del ayuntamiento, proclamaría: «Ya estamos aquí... En nuestra casa...». Luego pidió a Leclerc que permaneciera en París con sus tropas para conseguir restablecer el orden. Un año después, en una entrevista, el general Leclerc evocaría aquel 25 de agosto.

... en cada calle, en cada bulevar de la capital se desarrollaba el mismo espectáculo: nuestros tanques, nuestros soldados, conducidos por la población hasta los focos enemigos, apoyados por elementos de la Resistencia; nuestros heridos, recogidos y atendidos por los ciudadanos y la población rindiendo honor a nuestros muertos.

Después fue el triunfo y el alborozo. Las avenidas de París eran demasiado estrechas para recibir a todos los que se agrupaban. Para mis soldados y para mí, desde ese 25 de agosto, el parisino se convirtió en el amigo recobrado en el más bello campo de batalla. Amigos fieles, puesto que muchos de ellos ya no quisieron dejarnos y nos acompañaron en la lucha para liberar la Lorena y Alsacia. París, después del 25 de agosto, representó para nosotros la gran Francia puesta de nuevo en pie, jurando recobrar su grandeza frente a todas las dificultades.[59]

Al día siguiente, el 26 de agosto, se celebró en los Campos Elíseos el desfile de la Victoria, con el general De Gaulle protegido por los españoles y una enorme masa de miles y miles de parisinos que asistieron para aclamar al general. Muchos ya habían olvidado que cuatro meses antes, el 26 de abril de 1944, París había recibido con un mismo entusiasmo al mariscal Pétain, entonces todavía jefe del Estado francés. El día 25, con su firme discurso y su aparente entusiasmo, De Gaulle supo conectar con el país y con los miles y miles de franceses y parisinos que hasta poco antes lo habían ignorado... «París, liberado por sí mismo... liberado por su pueblo... con el apoyo de toda Francia, de la Francia que combate, la única Francia...», con estas palabras, De Gaulle se convertía en el gran personaje que represen-

59. Del Archivo Memorial Leclerc.

taba «la prodigiosa liberación» de la que él mismo hablaba en sus *Memorias*. Aquel 25 de agosto, su discurso escribió una bella historia de resistencia y de valor, y con ella, de alguna forma, aunque no fuera cierta, conseguía unir a los franceses. Philippe Robrieux, autor de *Historia interior del Partido Comunista*, describía de forma particular aquellos momentos: «... una inmensa fraternidad parecía reunir y unir de repente a gente muy distinta, en la emoción del impulso colectivo ... eran multitudes en movimiento, multitudes como solo puedes ver una o dos veces en toda tu vida».

La extraordinaria voluntad manifestada durante los cuatro años de exilio en Londres y su discurso en el ayuntamiento parisino, no impidió al general De Gaulle constatar más tarde que su presencia ese 25 de agosto en París y su discurso fue un «acontecimiento casi sobrenatural con el que tanto habíamos soñado, y que llega de repente».[60]

El general constataba al mismo tiempo que la trágica situación de ruinas y la espantosa penuria general en la que se encontraba el país, además de la situación de inestabilidad y la presión de diversas fuerzas políticas, exigiría un esfuerzo de titanes y había que comenzar por instalar el poder inmediatamente, conseguir la adhesión de todas las regiones, de todas las categorías y, con urgencia, unir en un solo ejército a todos los franceses: «Necesitamos grandes unidades preparadas para maniobrar, combatir y vencer; unidades a las que puedan incorporarse toda la ardiente juventud que ha combatido en las fuerzas del interior... Todos los soldados de Francia deben formar parte del ejército francés y este debe, como Francia, ser solo uno e indivisible».[61] En su libro, el general sigue describiendo aquellos momen-

---

60. Charles de Gaulle, *Mémoires de guerre. Le salut: 1944-1946*, París, Plon, p. 3.
61. *Ibid.*, p. 6.

tos: «A finales de agosto, me entrevisté en París con el general Chevance-Bertin, delegado militar del suroeste, y le propuse como misión recoger y desplazar las fuerzas del interior de su región al 1.er Ejército...». Y seguía describiendo: «Hacia el 20 de septiembre, más de 50.000 hombres de las fuerzas del interior participaban ya en las operaciones del general De Lattre. 50.000 más se preparaban para incorporarse».[62]

Ese nuevo ejército nacería también de la masa entusiasta que luchaba en París y contaría con numerosos españoles entre sus filas.

En medio del entusiasmo general de la liberación, un personaje casi de película desempeñó uno de los papeles más importantes de la insurrección parisina e incluso, más adelante, superaría ese momento trascendental: Pierre Georges, más conocido como «Fredo» o «Fabien» (después de su muerte se le conocería sobre todo como «coronel Fabien»). Fue un verdadero héroe de muchos jóvenes franceses y refugiados españoles que también lo apreciaban especialmente, pues casi todos sabían que aquel joven combatiente francés había luchado en España como miembro de las Brigadas Internacionales, había sido gravemente herido y había conseguido en primera línea de fuego sus primeros ascensos militares. Muchos sabían de su importante participación en la Resistencia comunista que más tarde se conocería como FTP. Algunos sabían también que, tras la orden general de lanzarse a la lucha armada, Fabien había sido el primero en atentar contra los alemanes, el 21 de agosto de 1941, disparando contra un oficial de las tropas de ocupación, como les había pedido el Partido Comunista. Ese combate contra el enemigo alemán lo llevaron a cabo también numerosos españoles desde el primer mo-

---

62. *Ibid.*, p. 28.

mento, algunos muy cercanos a Fabien (que dirigía los Bataillons de la Jeunesse, o Batallones de la Juventud) y algunos de ellos, como el catalán Conrado Miret Musté, primer jefe de los grupos armados de la MOI en la región parisina, al que se le atribuyen una cuarentena de atentados, entre el 29 de abril de 1941 y el 12 de febrero de 1942. En esos primeros combates de la Resistencia en París, de la amplia participación española quedan pocas dudas: muchos nombres y muchos muertos confirman su presencia... Algunos de ellos han pasado a la Historia, como Celestino Alfonso, del Grupo Manouchian. Otros nombres son recuperados, poco a poco, de los archivos, como los de Domingo Tejero, Manuel Bergés, Jorge Pérez, Mariano Peña, José Delgado y muchas decenas más.[63] Cuando algunos archivos lo permitan, si no han sido destruidos o han «desaparecido», como ha ocurrido en muchos lugares, podrá cuantificarse con mayor precisión la participación española. Y tal vez pueda saberse también cuántos españoles combatían en los días de la Liberación de París... José Barón, jefe militar de los guerrilleros españoles, cayó el mismo día en que el Partido Comunista Francés dio la orden de ataque, el 19 de agosto de 1944.

Cuando el Partido Comunista organizó a sus jóvenes en los «batallones de juventud», Fabien fue el primer jefe de grupo. Como tal decidió su primer ataque militar contra un oficial alemán y lo llevó a cabo él mismo. Muchos lo acompañaron después en otras muchas acciones por toda Francia. Algunos lo han descrito como un hombre valiente, incluso temerario, duro en el combate y de una increíble resistencia.

Durante los años de la Ocupación, Fabien había viaja-

63. Henri Farreny, *Le sang des Espagnols*, Éditions Espagne au coeur, 2019.

do clandestinamente por todo el país organizando grupos de combate. La policía francesa y los ocupantes alemanes lo buscaban por todos lados con la orden precisa de «abrir fuego sin previo aviso». En sus equipos participaban siempre numerosos españoles, a los que él apreciaba especialmente por su experiencia guerrera y las vivencias en común.

En la capital francesa no había armas y, para preparar la Liberación, tenían que «recuperarlas» en operaciones contra los alemanes. Para ello, como en tantas otras acciones difíciles, los dirigentes del Partido Comunista recurrieron a Fabien, que llegó a París a finales de junio. En la organización que se preparaba, lo ascendieron a coronel. Las armas empezaron a llegar cada día en pequeñas cantidades, y se repartían entre los maquis parisinos. Estos, organizados en la ciudad y en las comunas del extrarradio, esperaban recibir las órdenes de ataque. El 19 de agosto se las dieron: distribuyeron los brazaletes FFI y se les pidió a todos que pasaran a la acción (se fabricaron centenares de botellas incendiarias contra los tanques, a base de ácido sulfúrico y clorato de potasio), que ocuparan puestos estratégicos y se acelerara la cadencia de la movilización. Pidieron que se atacara a los convoyes alemanes, levantar barricadas... Se dieron órdenes igualmente para que se abrieran las vías de París a las tropas de los Aliados, pero pedían al mismo tiempo liberar la capital antes de que llegaran estas.

El coronel Fabien, que había instalado su puesto de mando en el XIII Distrito, en la Puerta de Italia, sector vital por donde tenían que llegar las tropas liberadoras, movilizó a los habitantes para levantar sólidas barricadas contra los alemanes, y después, con su Estado Mayor, organizó enseguida un plan de ataque del palacio y los jardines de Luxemburgo, en el centro de la capital, desde del Estado Mayor de la Luftwaffe. Allí, estaba instalado un búnker alemán conectado directamente con Kiel, Hamburgo y Berlín, protegido por 300 soldados y oficiales, por varias unidades SS y por una compañía de policía especializada. Los sótanos del palacio habían sido transformados en un polvorín repleto de toda clase de explosivos y armamento. Fabien envió a un oficial al lugar donde estaban estacionadas las fuerzas del general Leclerc y le pidió siete tanques. Leclerc se los concedió, junto con la ayuda directa de un importante oficial de su división. El día 25 por la mañana, junto al coronel Putz, que mandaba uno de los batallones de la 2.ª División Blindada y que conocía a Fabien desde la Guerra Civil española, comenzaron el asalto. Desde todos los ángulos, los tanques atacaron el *blockhaus* y los cinco tanques Tiger que lo protegían. Los combates fueron muy duros. Cuando al atardecer apareció la bandera blanca de la rendición, Fabien se había convertido en un héroe para todos los soldados que le acompañaban. Un verdadero héroe de la Liberación de París.

Hombre de acción y de terreno que aseguraba no concebir que un oficial dejara de compartir los riesgos que corrían sus soldados, muy cercano a sus compañeros de combate, Fabien combatió con ellos durante unos días con el 5.º Cuerpo del ejército estadounidense y después con el 3.er ejército del general Patton, que los recibió en sus tropas con gran simpatía, habiendo oído hablar de aquellos soldados que carecían de todo pero de cuyo valor en la Resistencia sí sabía. La Columna Fabien fue destinada al 20.º Cuerpo del ejército del general Walker, con un contacto permanente entre el Estado Mayor y la unidad francesa, a la que denominarían internamente «grupo táctico de Lorena». Tres días después, junto a varios oficiales superiores, el general Walker pasó revista a los soldados de la nueva unidad, donde estaban integrados numerosos españoles, y afirmó después: «Estoy orgulloso de estar en presencia de la élite de la nación francesa, de las fuerzas que asumieron y combatieron los enormes riesgos de la Resistencia, mientras otros aceptaban pasivamente la opresión nazi. Estoy convencido de que vais a continuar la lucha con nosotros y haré todo lo posible para ayudaros».[64]

Esa lucha conjunta continuó hasta el 28 de octubre, fecha en la que la unidad de Fabien se convirtió en el 1.er Batallón del 151.º Regimiento de Infantería, integrándose en el nuevo ejército francés y separándose del ejército estadounidense, que prosiguió su ofensiva hacia Alemania después de enviar numerosos testimonios de gratitud y de admiración, tanto directamente a Fabien como al ministerio francés de Guerra.

Sin apenas recibir ayuda y con enormes dificultades materiales, a mediados de noviembre de 1944 Fabien ya estaba al mando de 3.000 hombres. Tenía veinticinco años. Muchos lo detestaban.

Cuatro meses después y tras muchas negociaciones, nuevas estructuras políticas y duras luchas de poder por toda Francia, Fabien seguía teniendo como objetivo principal conseguir la derrota nazi. Sus hombres, también. Otras ambiciones y otras voluntades ejercían control desde la barrera... El 27 de diciembre, reunido en su puesto de mando con una parte de su Estado Mayor, le trajeron una caja en la que le enviaban unas granadas de mano «para revisar»... Fabien era un especialista. Uno de los mejores. Al abrir la caja, la granada explotó. Él y su equipo quedaron descuartizados... Las sospechas siguen avivando discusiones. Su muerte sigue estando rodeada de misterio.

Al entonces héroe de la Liberación de París le organizaron un gran entierro, le dedicaron una plaza en la ciudad y

---

64. Pierre Durand, *Qui a tué Fabien?*, París, Messidor, 1985, p. 224.

una estación de metro. Más adelante se escribieron algunos libros. Uno de ellos se titula *¿Quién mató a Fabien?*[65]

Eustaquio Pino[*]

Thierry Pino, nieto de Eustaquio, me contó por teléfono que su abuelo había «liberado» el ayuntamiento de Aubervilliers y que le gustaría mostrarme la sala que le habían dedicado. Nos citamos en dicha sede y la visitamos juntos. En aquella sala, con una placa en la puerta dedicada a Eustaquio Pino, me contó lo que para su abuelo habían sido «unos momentos inolvidables». En la placa se leía: SALLE EUSTAQUIO PINO (1912-1982). AVEC UNE TRENTAINE DE CAMARADES, A LIBERÉ L'HÔTEL DE VILLE LE 19 AOÛT 1944. ADJUDANT DANS LES RANGS DE LA RÉSISTANCE. EN HOMMAGE AUX COMBATTANTS D'AUBERVILLIERS.[66]

Mi abuelo contaba muchas veces cómo habían liberado el ayuntamiento de Aubervilliers, a las afueras de París, y con qué alegría, acompañado de muchos otros españoles, había izado la bandera tricolor francesa en el frontispicio del edificio, el 19 de agosto. Les dieron la orden el mismo día, aunque desde fechas anteriores había habido escaramuzas y pequeños enfrentamientos, después de que un soldado alemán cayera bajo las balas de los FFI, pocos días antes. Después fueron varios miembros de la Resistencia los que cayeron bajo las ba-

---

65. *Ibid.*
* Entrevista de su nieto Thierry con la autora.
66. «Sala Eustaquio Pino (1912-1982). Con una treintena de camaradas, liberó el ayuntamiento el 19 de agosto de 1944. Sargento en las filas de la Resistencia. Como homenaje a los combatientes de Aubervilliers.»

las de los alemanes. Los cuerpos fueron cargados en un carro tirado por un caballo y espontáneamente se formó un cortejo funerario tras él, a pesar del peligro de que los alemanes intervinieran. La insurrección ya estaba en marcha y mi abuelo participó en ella con muchos otros españoles. De todas formas, él ya formaba parte de la Resistencia desde hacía tiempo.

El día 19 por la mañana se recibió una llamada anunciando que la Prefectura de París estaba en manos de los insurrectos. Los grupos FFI de Aubervilliers se pusieron en marcha.

Mi abuelo estaba en el Grupo Henri y contaba que eran unos treinta hombres los que se hicieron con el control del ayuntamiento. Encañonaron al guardián y, con gran determinación, ocuparon todo el edificio en pocos minutos. Él fue el que colocó la bandera francesa en el frontispicio, anunciando así la liberación del consistorio.

La ocupación del ayuntamiento fue rápida, pero su defensa se presentaba mucho menos sencilla, teniendo en cuenta que no disponían de demasiadas armas. Los ocupantes instalaron una ametralladora en el primer piso y sacos de arena frente al edificio y se colocaron en posición de defensa. Por la tarde los alemanes trataron de recuperar el ayuntamiento, sin conseguirlo. Eustaquio y sus compañeros la defendieron con todos sus medios, incluidas las bombas de mano caseras, lanzadas desde varios tejados. Los sucesivos intentos de los alemanes, al día siguiente, tampoco lograron desalojarlos. La Resistencia se fue organizando por diversas calles y los grupos, desde sus puestos de combate, anunciaban con silbidos y con trompetas la llegada del enemigo. En aquellos puestos de combate participaban numerosos españoles. Muchos de ellos murieron.

Eustaquio había nacido en Torrecillas de la Tiesa, cerca de Cáceres, en Extremadura, en 1912. Tras el golpe de Estado, combatió en el bando republicano.

En el invierno de 1937 y 1938, mi abuelo luchó en condiciones climáticas extremas, en la batalla de Teruel, en la cresta de Muela, donde los enfrentamientos fueron muy violentos, luchando cuerpo a cuerpo con bayonetas y sufriendo bombardeos aéreos constantes que provocaron numerosas víctimas. Faltos de muchas cosas, los hombres llegaron a combatir a menos de -20 ºC, con los pies recubiertos con trozos de manta. Hablaba de aquellos momentos como de los más duros sufridos en su vida, viendo a compañeros con extremidades que se rompían como si fueran de cristal.

En plena debacle, Eustaquio fue capturado y encarcelado en la prisión de Pamplona. Cuatro meses después logró escapar valiéndose de la identidad de otras personas. Su resistencia física y su determinación le permitieron llegar hasta la frontera francesa y atravesar penosamente los Pirineos a pie. En octubre de 1939, llegaba a Francia y poco después, desde el campo de Le Barcarès, se enroló en la Legión Extranjera y embarcó con destino a Siria. El 6 de enero de 1941 fue desmovilizado y enviado a Francia, herido en una pierna y enfermo de paludismo.

Por su combate en la Legión obtuvo de la Administración francesa los papeles de residencia y poco después contrajo matrimonio. Cuando comenzaron a crearse los grupos de resistencia, entró enseguida en la red del Grupo Henri, con el grado de sargento jefe. Por sus valientes acciones fue ascendido al grado superior de sargento jefe de los FFI.

Después de la guerra, Eustaquio consiguió diversos trabajos en empresas locales y terminó como conductor en una empresa de transportes. Murió en 1982, a la edad de sesenta y nueve años. El reconocimiento y homenaje del Ayuntamiento llegó mucho tiempo después, en agosto de 2010, gracias al empeño y constancia de su hija y sus nietos.

El Valle de Arán

El 16 de septiembre de 1944, el general De Gaulle llegó a Toulouse con la voluntad de que se reconociera su legitimidad, la autoridad del Estado, y para calmar un ambiente muy crispado y, según algunos, prerrevolucionario. La ciudad había sido liberada de las tropas alemanas y, desde hacía varias semanas, los guerrilleros, en su mayoría españoles, ocupaban el nuevo paisaje de la Francia combatiente, bajo la tutela del Partido Comunista. La ciudad burbujeaba de impaciencia. El viento de la liberación corría por las calles y también el del enfrentamiento. Los rumores aseguraban que el Partido Comunista trataba de instalarse en el poder. Los actos lo demostraban. Algunos ya calificaban a Toulouse como «la República Roja». De Gaulle envió un mensaje a sus dirigentes: la tropa de soldados coloniales, de los llamados *spahis*, estaba preparada, esperando órdenes...

Ese 16 de septiembre, tras ser aclamado por una gran multitud en la plaza del Capitol y en las calles de Toulouse, se reunió con numerosos oficiales FFI y les dirigió un discurso «agresivo seco y brutal».[67] De Gaulle, en sus memorias de guerra, se limita a decir: «En torno a Ravanel, jefes

67. Jean Esteve, *Toulouse, 1940-1944*, París, Ed. Perrin, p. 300.

de fracciones armadas constituían una especie de sóviet».

Intentando aplacar las tensiones, al límite del enfrentamiento, esos oficiales —con Serge Ravanel como coronel de las tropas FFI instaladas en Toulouse— convocaron para el día siguiente a una parte de los miles de guerrilleros de la Resistencia interior que estaban bajo sus órdenes, para que desfilaran como había deseado el general De Gaulle, como ejemplo de la Resistencia FFI. Aquellos hombres del maquis habían luchado duramente y llegaban al desfile cargados de ilusiones. «Desfile impresionante», como diría el coronel Georges.[68] El general De Gaulle guardó silencio acerca del hecho de que muchos desfilaran con simples alpargatas y no comprendió por qué muchos de ellos llevaban cascos alemanes. Ante su enfado, algunos intentaron hacerle entender que aquellos hombres sin botas no eran militares, sino civiles combatientes, y que manifestaban de esa forma su alegría por la victoria. En su discurso marcial y firme, después, De Gaulle insistió en que todos ellos habían hecho «lo que tenían que hacer», lo que tenía que hacer un pueblo que luchaba por la libertad, añadiendo que la guerra no había terminado, invitándoles a seguir combatiendo y a enrolarse en el nuevo ejército de Francia que se estaba creando, y a quienes no lo desearan, les dijo que volvieran a sus casas. Dirigiéndose al final a los oficiales FFI, les pidió que transmitieran a sus hombres que los apreciaba... Algunos jefes de la Resistencia local que habían recibido muy mal los reproches de De Gaulle planearon incluso raptarlo y llevarlo a los bosques para que viviera de cerca, en el maquis, lo que aquellos guerrilleros habían vivido.[69] Pero ese proyecto de rapto fue solo pasajero.

68. Robert Noireau [Coronel Georges], *Le temps des partisans*, París, Flammarion, 1978, p. 271.

69. Jean Esteve, *op. cit.*, p. 300.

Muchos españoles decidirían continuar la lucha junto a los franceses. Muchos morirían en esos combates. Muchos miles más se preparaban en aquel momento para entrar en España.

El general De Gaulle lo sabía también cuando viajó a Toulouse: «Entre otras cosas, una "división" española se estaba formando en la región con el fin, como se estaba publicando incluso, de llegar hasta Barcelona». Y añadiría: «Les dije a los jefes españoles que el Gobierno francés no olvidaría los servicios que ellos mismos y sus hombres habían prestado a Francia en los maquis, pero que el acceso a la frontera pirenaica les estaba prohibido».[70]

El proyecto de retorno a España se preparaba desde hacía tiempo. En el mes de agosto, cuando parecía inminente el desastre alemán, se inició en la frontera pirenaica la reagrupación de los guerrilleros que todavía combatían en la Resistencia francesa. Los restos de las unidades guerrilleras abandonaban los terrenos de lucha. Detrás dejaban su participación en más de 600 operaciones y su intervención en los combates de liberación de más de 31 departamentos franceses.

Conocida como «Operación Reconquista de España», la acción militar lanzada en octubre de 1944 se había preparado desde hacía tiempo. La mayoría de los refugiados y combatientes españoles por toda Francia soñaban con volver a España, convencidos de que, tras la derrota nazi, lo harían bien organizados, con armamento suficiente y ayudados por las fuerzas aliadas con las que habían luchado y seguían luchando contra las tropas enemigas. De ese deseo general nació el proyecto de planear la reconquista española.

70. Charles de Gaulle, *Mémoires de guerre, L'unité, 1942-1944*, París, Plon, p. 14.

La preparación para el retorno, concebido como «un ataque frontal limitado con el objetivo de provocar un desplome del régimen»,[71] fue coordinado por la Unión Nacional Española (UNE), la estructura comunista organizada en Francia y dirigida por Jesús Monzón (antiguo gobernador civil de la provincia de Alicante durante la guerra), tras el abandono al final de la guerra de los dirigentes emblemáticos (Pasionaria, Carrillo, Líster...) refugiados en Moscú. El nuevo grupo en Francia, encabezado por Monzón, había resuelto el problema del abandono constituyendo una «delegación del Comité Central del PCE en Francia», nombrándose secretario general y organizando a los refugiados comunistas dispersos en los GTE por todo el país. En la nueva estructura, asesorada y controlada por el Partido Comunista Francés, estaban integrados combatientes españoles de diversos horizontes políticos, dispuestos a llevar a cabo un combate conjunto. Un combate que, a pesar de la voluntad y el coraje de aquellos hombres, no tardaría en dislocarse y conducir al desastre.

Silenciados durante muchos años, los testimonios sobre esta operación fueron apareciendo bastante tiempo después y casi todos coinciden en la lamentable organización que condujo a la muerte y a la cárcel a tantos hombres que habían llevado a cabo varias guerras, numerosos combates, todos con el deseo de liberar un día su propio país. La operación prevista pretendía establecer un gobierno republicano en el Valle de Arán, con la ayuda de los españoles que habían participado en la Resistencia francesa como combatientes de la Segunda Guerra Mundial. Los organizadores habían previsto ayudas que nunca habían negociado, y la catástrofe no tardó en llegar.

71. Secundino Serrano, *La última gesta*, Madrid, Aguilar, 2005, p. 518.

En el otoño de 1944, tras el entusiasmo por la Liberación de París y de otras muchas ciudades francesas, entre ellas Toulouse, los dirigentes de la UNE, siempre en relación con sus asesores franceses, decidieron la ofensiva de los Pirineos: «Diez a doce mil hombres penetran en España. Tres mil de ellos ocupan el Valle de Arán durante una semana...».[72]

En la primera semana de octubre de 1944 se produjo una entrada masiva, de 4.000 guerrilleros, por diferentes puntos de la frontera. Muchos de los que quisieron desertar fueron disuadidos por las armas.

La Operación Reconquista de España fue un fracaso.

Vicente López Tovar

El coronel López Tovar fue el elegido por los mandos de la Agrupación de Guerrilleros Españoles para dirigir la invasión del Valle de Arán. Instalado en el pueblo de Chalabre, tras regresar de su misión en Dordoña, mantuvo diversas reuniones con los dirigentes del partido, y asegura en su biografía que se mostró en contra de la invasión porque no disponían de armas suficientes para combatir contra el ejército español. Expresó también sus dudas sobre las afirmaciones de la Agrupación de que el pueblo español se levantaría en armas para ayudar a la sublevación... Sus dudas no gustaron a la dirección del partido:

> Acentuaron la presión haciéndome comprender que estaba poniendo en duda sus decisiones... Mis pro-

72. Charles Farreny del Bosque y Henri Farreny del Bosque, *L'Affaire Reconquista de España, 1942-1944*, Nérac, Éditions d'Albret, 2009, p. 205.

testas terminaron el 21 de septiembre de 1944, cuando me dieron por escrito la orden de invadir el Valle de Arán.[73]

López Tovar diría más tarde que él era un militar y que tenía que acatar órdenes, que lo hizo a pesar de estar en desacuerdo. En una lucha totalmente desigual, perdió a muchos hombres. Cuando, después de manifestar sus dudas sobre la orden de atacar Viella, le insistieron en hacerlo, tuvo la fuerza de decir no:

Lo que les interesaba era una operación de prestigio, pero yo tenía como misión también salvar la vida de todos aquellos que me habían dado su confianza... el 28 de octubre, di la orden de comenzar la evacuación del Valle de Arán.

Emilio Álvarez-Canosa, «Pinocho»[*]

El 20 de agosto de 1944, Pinocho fue convocado por López Tovar en presencia del general Luis Fernández y los coroneles Acevedo, jefe de Estado Mayor de Guerrilleros, y Salcedo. Allí le informaron de que el cuartel general había decidido la Operación Reconquista de España, prevista para el otoño. La orden era reunir a los españoles exiliados y prepararlos para liberar España. La orden estaba dada.

Pinocho ordenó a Gonzalvo organizar la concentración en algunas casernas:

* Entrevista de su hijo Emilio con la autora.
73. Vicente López Tovar, *op. cit.*

Los hombres llegaban de todos lados, en pequeños camiones que habían requisado. Pudimos conseguir camisas militares del ejército francés y muchas cajas de medicamentos. Las autoridades francesas estaban contentas de vernos partir.

López Tovar confió a Pinocho la Brigada 471 de la Agrupación de Guerrilleros en Francia, con la misión de entrar por la sierra de Campirbe y cortar todas las comunicaciones con el Valle de Arán.

El frío era terrible y la ascensión, una pesadilla. Los guerrilleros no estaban preparados para afrontar la montaña. No teníamos apenas municiones, no podíamos combatir ni dos minutos. Todo lo que nos habían dicho era falso. Aquella misión era una auténtica ratonera.

En unos días la brigada perdió a 32 hombres. Pinocho se negó a continuar, convencido de la carnicería que se anunciaba, y dio la orden de regreso. Todos sus hombres estuvieron de acuerdo.

El general Fernández y el coronel Acevedo, furiosos, convocaron a Pinocho al Estado Mayor para que se explicara por su decisión de retirarse sin haber esperado órdenes. Pinocho les dijo todo lo que pensaba.

En el fuerte enfrentamiento, uno de los hombres depositó una pistola sobre la mesa, dando a entender que, ante la desobediencia, no le quedaba más remedio que pegarse un tiro. Pinocho les dijo que, en la puerta, 250 hombres y su mujer esperaban bien armados verlo aparecer, antes de la hora establecida, para el ataque que él mismo les había ordenado.

Pinocho se distanció del PCE:

Nos enviaron a España para que fuéramos liquidados. Pretendían realizar una operación de prestigio y eliminarnos, deshacerse de los viejos militantes difíciles de dominar y manipular. Querían, como siempre, reivindicar mártires.

En 1948, bajo la presidencia francesa de Vincent Auriol, Álvarez-Conesa, alias Pinocho, minero en Gréasque y héroe de la Resistencia francesa, fue nombrado Caballero de la Legión de Honor. Antes había recibido la Cruz de Guerra con una palma en rojo.

Ange Álvarez

«Tras la liberación de Perpiñán, me enteré de que los guerrilleros se preparaban para entrar en España y que tenían poco armamento. Me fui enseguida a solicitar ayuda al comandante Colbert, jefe del acantonamiento de las tropas francesas en la zona. Este me entregó un camión repleto de armas y municiones, para ayudar a los españoles», me contó Ange en una entrevista.

Ange entregó esas armas y se unió a sus compañeros. Lo destinaron a la 11.ª Brigada de Guerrilleros Españoles, del departamento del Hérault, y tras un entrenamiento intensivo fue enviado a una sección de ametralladoras, como sargento, para ir a combatir al Valle de Arán. Sobre aquella experiencia, Ange me explicó lo siguiente:

Estuvimos acantonados en el departamento del Aude y fue allí donde nombraron oficiales y suboficiales. De allí nos cogieron en camiones y nos llevaron a la frontera española. Entramos, nos desplegamos y, en medio, del frío y la nieve, nos dimos cuenta de que nos habían dicho muchas mentiras. Estuvimos por allí 15 días y luego nos volvimos. Fue un fracaso. Estaba mal organizado, con gente que no sabía mandar. Había un fallo en los jefes. Los habían nombrado por su fidelidad y obediencia al partido, pero no eran gente competente.

Joaquín Arasanz, «Villacampa»*

Arasanz salió de las montañas de Cévennes con su grupo de guerrilleros, recogiendo por el camino a algunos voluntarios.

Había nacido en Barbastro y combatió en las filas del ejército republicano español. Más tarde, en Francia, fue jefe de Estado Mayor de la 3.ª División Gard-Lozère-Ardèche junto a su compañero Cristino García, jefe militar de esta división.

Salimos en octubre de 1944, estábamos a punto de llegar a España y el invierno llegaba. Un primer batallón inició la marcha, seguido de cerca por el segundo. El cuarto día fue el turno del tercer batallón con todo el Estado Mayor. Cada batallón tenía como misión introducirse en España e instalarse en zonas bien determinadas. Conocíamos las dificultades del territorio y sabíamos que todo estaba muy vigilado, por lo que habíamos decidido desplazarnos únicamente por la noche, pero la oscuridad, el tiempo lluvioso y el frío complicaban terriblemente las maniobras. Íbamos, además, excesivamente cargados con material y provisiones porque no queríamos comprar alimentos cerca de la frontera para no levantar sospechas. Desde Sentein, en el Ariège, hasta la frontera, teníamos que recorrer 10 km por sendas

* Entrevista con la autora.

escarpadas, realmente escabrosas. Íbamos tan cargados que uno de nosotros se desmoronó de la fatiga. Para intentar solucionar la dificultad, pensamos que tal vez sería posible efectuar el trayecto que faltaba todavía ocultos en las vagonetas vacías de una mina, que atravesaban la vertiente. Cuando explicamos nuestro proyecto al ingeniero jefe de la mina, se llevó las manos a la cabeza: «Imposible, es muy peligroso. ¡No puedo aceptar tal responsabilidad!». Como insistimos, consultó el reglamento y comprobó que solo los heridos graves podían ser transportados en esas vagonetas. Le dejamos un documento que afirmaba que él no tenía ninguna responsabilidad sobre esta iniciativa y que había sido forzado a ello... Y, así, nos encontramos en una situación de bajada al infierno... Suspendidos por cables a 2.000 metros de altitud, los vagones balanceándose sobre los precipicios, descendiendo a una velocidad vertiginosa. Desde lo alto podíamos ver en el fondo del desfiladero trozos de vagones que debían de haberse desprendido y se habían destrozado contra las rocas. El vértigo y las náuseas nos dejaron mudos. Cuando llegamos abajo, los camaradas nos sacaron de allí como a sacos de cemento, totalmente inertes. Confieso que pasamos un verdadero terror. Todos llegamos en estado cataléptico...

Como agradecimiento al ingeniero que les ayudó en esa travesía, Arasanz y sus hombres le habían ofrecido el coche nuevo que habían incautado a los alemanes y que ellos no podían llevar consigo, y el ingeniero les prometió que cuando volvieran podrían recuperarlo. Ninguno de los guerrilleros volvió a pasar por allí.

Algunas semanas después de esa travesía infernal, él y algunos de los camaradas de combate de Ange pudieron volver del Valle de Arán cuando se dio la orden de retirada... Otros compañeros cayeron en los enfrentamientos con las tropas franquistas y sus cuerpos quedaron en tierra española.[74]

«El comportamiento de nuestros camaradas españoles a lo largo de este período fue ejemplar: generosos, valientes y sacrificados... Después de la Liberación, ayudamos a nuestros camaradas españoles a preparar el regreso al país. Algunos se acordarán de los compañeros que participaron en lo del Valle de Arán. Al ayudarles nos manteníamos fieles a la tradición de la Resistencia. Considerábamos que la lucha contra Franco debía continuar.»[75]

Tras asistir a un discurso de Santiago Carrillo en Montréjau, Samitier recibió la orden de preparar a la juventud de las brigadas guerrilleras para formar el grupo Juventud Combatiente y entrar en España por el Valle de Arán. A mediados de octubre de 1944, con un grupo de 30 de aquellos guerrilleros, salió desde el pueblo de Antiques con la misión de tomar el pueblo de Tor, lindante con Andorra. En su libro cuenta la dureza del viaje a través de las montañas, las dificultades y la retirada unos días después, ante el fracaso del proyecto. Decidieron regresar al mismo tiempo que volvían las brigadas 15, 19 y 21...[76]

---

74. Anne-Marie García, *op. cit.*

75. Geneviève Dreyfus-Armand, «La guerra y la resistencia en Francia», en *Memoria del olvido. La contribución de los españoles a la Resistencia y a la liberación de Francia (1939-1945)*, actas del coloquio organizado por la FACEFF los días 9 y 10 de junio de 1995 en el Instituto Cervantes de París, FACEEF, 1996, p. 66.

76. Ricardo Samitier, *La vie d'un réfugié espagnol en Cévennes: de la guerre d'Espagne au maquis cévenol*, Nimes, Éditions Lacour, 2005.

Las ignoradas

Conocemos algunos nombres —Carmen, Herminia, Sara, Pepita, Conchita, Valentina, María...—, pero en muy pocos casos ha sido reconocido el importante papel que han desempeñado en la historia reciente de la guerra. Miles de mujeres de diversas nacionalidades, entre ellas numerosas españolas, participaron en los combates de la Resistencia en Francia. En los maquis, centenares de ellas servían de enlace entre los grupos, llevando de un lado a otro correo, documentos, material diverso, dinero o vales de racionamiento, transmitiendo órdenes, jugándose la vida cada día. Combatientes del silencio, mujeres con armas o sin armas, cuando las descubrían y eran arrestadas, eran apaleadas, violadas, torturadas, fusiladas o asesinadas a golpes, enviadas a campos de concentración o ejecutadas al alba en una cárcel, en un bosque o en una calle cualquiera. Alguna de esas resistentes fue colgada e incluso decapitada con hacha, como Olga Bancic, del grupo Manouchian, o Émilienne Mopty, esposa de un minero y madre de tres hijos. De la mayoría, no sabremos nunca quiénes fueron. Apenas se ha hablado de ellas. Muy pocas han sido reconocidas por su lucha... Combatientes en la sombra, aparecen en la distancia como surcos de vida.

Carmen Bazán

Carmen Bazán, catalana, llegó al pueblo de Oloron como refugiada, después de haber pasado por varios campos de concentración. Durante la Guerra Civil española había trabajado duramente como enfermera, cuidando heridos. En Oloron le permitieron que siguiera ejerciendo su profesión, desplazándose en bicicleta por la región a muchas casas y a lugares de difícil acceso. Esta autorización le facilitó, más tarde, entrar y moverse clandestinamente en la Resistencia como enlace de los guerrilleros instalados en las cercanías. Carmen vivió muchos momentos de peligro, pero el más duro fue el del 17 de julio de 1944.

Ese día tenía una cita para entregar la información que le habían solicitado, que estaba relacionada con las actividades de un importante personaje alemán, y que había podido conseguir. El encuentro tenía que realizarse en la comuna de Buziet, situada al pie de la cadena montañosa de los Pirineos. «Hacía calor y me puse un vestido de rayas que tenía unos bolsillos grandes y aplanados, donde metí los papeles bien plegados», explicaba Carmen Bazán.

Mientras verificaba el estado de su bicicleta, tocaron a la puerta con la señal convenida para las personas amigas. No conocía a aquel hombre, pero lo hizo entrar. «Me dijo que se llamaba Cecilio y que tenía que reunirse con el maquis de Pédéhourat lo antes posible.» Carmen lo tranquilizó diciéndole que unos amigos lo conducirían hasta allí.

El hombre llegaba con una barba negra y espesa, una camisa rasgada, los brazos con profundos arañazos, los pantalones enfangados y las sandalias rotas. No llevaba ningún documento de identidad ni permiso de compañía de trabajo, nada.

Carmen sacó un material escondido para prepararle una nueva identidad. Sin foto, solo podía conseguir un resguardo de solicitud de documento, con un nombre, el lugar y la fecha de nacimiento que pudieran ser creíbles y que él pudiera memorizar fácilmente. Lo hizo con rapidez. «Necesitaba también una bicicleta y algo para vestirse convenientemente», añadía Carmen.

Carmen salió de la casa mientras él se lavaba y estudiaba rigurosamente su nueva identidad. Una hora después, Carmen regresaba con una bicicleta, una camisa, un pantalón y unas sandalias, conseguidas gracias a varios amigos.

Poco después cruzaron el pueblo tranquilamente y aceleraron cuando estuvieron en las afueras. Durante el camino, pedaleando al lado de ella, Cecilio le contó que, con otro compañero, habían acompañado a dos aviadores caídos en Francia, hasta España. De vuelta, por la noche, en un sendero de los Pirineos, tropezaron con una patrulla alemana y se enfrentaron a tiros. Él se lanzó de cabeza hacia un campo de maíz, gritando a su amigo que hiciera lo mismo. Estuvo escondido durante mucho tiempo, esperando algún pequeño ruido que revelara la presencia de su amigo. Los tiros cesaron y esperó. Nadie se acercó. En su fuga, luego, entre las altas matas de maíz, perdió su chaqueta con sus papeles y dinero. «Felizmente, recordaba tu dirección... —le dijo a Carmen—. El combate continúa.»

Cruzaron varios pueblos y después de subir algunas cuestas más, llegaron a las cercanías de Buziet.

«Es una casa moderna, de color ocre claro, la primera a la entrada del pueblo», le confió Carmen. Cuando estuvieron a unos cien metros, Carmen percibió algo anormal, un vehículo oscuro frente a la casa, y le pareció que había hombres uniformados... Muy inquieta, pidió a Cecilio que se separaran. Él aceleró la marcha y ella la aminoró, hasta calmarse. Acercándose vio que eran soldados alemanes y el vehículo, un camión militar, con una ametralladora sobre la cabina y un soldado preparado para disparar. Los alrededores estaban llenos de alemanes.

Cuando llegó a la altura de la casa, una mano cogió bruscamente su manillar y la dirigió hacia el jardincillo de la casa. Al entrar vio apiñados contra un muro los cuerpos de sus amigos y camaradas de combate. Todos estaban muertos.

Le costó serenar su pánico. Recordó que en el bolsillo llevaba los papeles por los que podría ser inmediatamente fusilada. Un oficial le pidió su documentación, le hizo quitarse el moño y descalzarse, revisaron su bicicleta y, tras aceptar que solo iba a buscar comida al pueblo, la dejaron ir. Carmen se fue sin volver a mirar a sus compañeros muertos.

En el pueblo fue a casa de unos amigos. Enseguida pidió una cerilla y quemó los papeles de su bolsillo. Le contaron que los alemanes habían llegado de madrugada y que habían ido de casa en casa, prohibiendo que salieran a la calle. Después habían oído el tiroteo... Para volver a Oloron, Carmen tenía que pasar de nuevo frente a la casa. Llevaba consigo una calabaza y tres huevos, para justificar su viaje. Volvió con el pánico dentro, pensando en sus compañeros muertos, preguntándose qué habría sido de Cecilio, puesto que no había oído ningún tiro.

Al día siguiente, Carmen volvió a Buziet. Los cadáveres de los guerrilleros seguían en el mismo sitio. Dos mujeres yacían también entre los cuerpos. Las casas cercanas estaban también acribilladas por las balas. Los nazis parecían estar muy bien informados: se habían apostado en lugares clave y abrieron fuego sin mediar palabra.

Los guerrilleros españoles que llegaron del maquis de Pédéhourat estaban todavía cenando. Iban bien armados para realizar una operación al día siguiente, 18 de julio. Aunque contraatacaron inmediatamente, no disponían de municiones suficientes. Los alemanes no les dejaron ninguna posibilidad.

Cecilio había pasado la noche atado de pies y manos, encerrado en el garaje, con otros tres españoles, a los que ejecutaron por la mañana de un tiro en la nuca. El maquis de Pédéhourat funcionaba libremente, formando parte del MUR. Los guerrilleros fueron enterrados en el cementerio de Buziet. La tumba, con sus nombres, tiene flores regularmente. Cecilio fue llevado al cuartel de Pau. No encontraron nada contra él y lo dejaron en libertad.[77] En 2013, el pueblo de Oloron rindió un homenaje a Carmen Bazán, dando su nombre a una pasarela que une dos arterias de la población y que le dedicaron como reconocimiento por su participación en la Resistencia en Francia y como símbolo de unión entre este país y España. En su discurso-homenaje, el alcalde destacó que Carmen «formaba parte de los españoles que, privados de libertad en su país, vinieron para ayudarnos a reconquistar la nuestra».

Sara Berenguer[*]

Hablamos por teléfono. Nos dimos cita para cuando saliera del hospital, donde entraba al día siguiente. Me llamaría, dijo. Me contó muchas cosas sobre su amistad con Manuel Lozano, soldado de «la Nueve», libertario y poeta, el gran afecto que los unía, ella desde la región de Béziers, él desde París. Me habló un poco de ella y quedamos que hablaríamos mucho más, cuando nos viéramos.

Sara murió unos días después. Su hija me envió algunas

---

77. VV. AA., *Mémoires de guerre, des béarnais sur tous les fronts, 1939-1945*, Oloron, Éditions de la Maison du Patrimoine, 1995.
* Entrevista con la autora.

informaciones que ella le había pedido que me hiciera llegar...

Invierno de 1944... Sara Berenguer era una más de las miles y miles de mujeres refugiadas en Francia. Como todas, vivía la ocupación alemana y, como muchas, resistía y luchaba desde la solidaridad, la dificultad y el riesgo, por ese otro mundo de fraternidad que consideraba el suyo. Ese día, desde Béziers había ido a Toulouse para recoger documentación clandestina que tenía que entregar en Bram al Comité Departamental del Movimiento Libertario Español, en contacto con los maquis de la Montaña Negra. Se escondió la documentación en el pecho y, aun estando embarazada de seis meses y con su primer hijo en los brazos, consiguió subir al tren mientras era empujada por todos los lados. En uno de los dedos del guante de la mano izquierda llevaba escrito en estenografía, en papel de fumar, las consignas para el desembarco en el Mediterráneo... El tren iba abarrotado, y la opresión y falta de aire en la plataforma la hicieron desvanecerse.

Cuando volvió en sí y abrió los ojos, frente a ella estaban dos soldados alemanes, uno de ellos haciéndole beber una taza de café y el otro ofreciéndole una mandarina. Sara tenía veinticinco años y apretó a su hijo contra el pecho y, con mucha sangre fría, aceptó el café y la mandarina... Si su misión hubiera sido descubierta, habría terminado en un campo de concentración alemán. Esta convicción no le impidió llevar a cabo muchas otras misiones durante la ocupación junto a su compañero Jesús Guillén.

Sara nació en Barcelona el 1 de enero de 1919. Su padre era albañil y militante libertario, y su madre se ocupaba de la casa y de sus cinco hijos. Ella era la mayor. Fue a la escuela primaria hasta los doce años, cuando entró en el mundo del trabajo. Ejerció diversas profesiones, desde empleada en una carnicería hasta la confección de ropa de encaje en varios lugares, lo que le permitió conocer también de cerca la condición de las mujeres, su explotación y el machismo que las rodeaba.

El 19 de julio de 1936, cuando fue a subir a un autobús en Barcelona, jóvenes militantes armados se lo impidieron diciéndole: «Lo necesitamos para la revolución»; y entonces, aquella muchacha de dieciséis años se preguntó: «¿Qué es la revolución?». Sara necesitó solo un día para comprenderlo. Al llegar a su casa vio también acercarse rápidamente a su padre, que iba armado y era perseguido por un grupo de hombres, también armados. Enseguida se puso a su lado para pasarle los cargadores del fusil. Fue así como se implicó en «la revolución». Antes de irse al frente, su padre la acompañó al comité revolucionario del barrio y, desde aquel momento, Sara se implicó en la lucha libertaria. Sin estudios previos, ayudó en labores de enfermería, entró en un equipo de costureras que cosían ropa para los combatientes, hizo un cursillo de un mes para aprender mecanografía y comenzó a ayudar al comité revolucionario. Cuando, unos días después, el representante de la distribución de armas no se presentó, fue ella la que se encargó del reparto y continuó haciéndolo, con lo que ello comportaba de responsabilidad y peligro. Pronto fue ella la que, con diecisiete años, se encargó del secretariado del Comité Revolucionario, siendo considerada una miliciana, con un sueldo de 10 pesetas al día. Por las noches, Sara frecuentaba las Juventudes Libertarias y el Ateneo, donde comenzó a dar cursos de alfabetización. Cuando se anunció la muerte de Durruti, Sara confeccionó y bordó una bandera roja y negra y la llevó en el entierro. Ese mismo día murió su padre en el frente de Almudévar...

Después trabajó para una sección de Solidaridad Internacional Antifascista (SIA) y luego para la secretaría de propaganda de Mujeres Libres. Combatir la ignorancia y ayudar a las mujeres a emanciparse, empoderarse y defenderse lo consideraba fundamental. La Federación de Mujeres Libres contaba en aquel momento con 20.000 afiliadas, la mayoría obreras y autodidactas.

El 27 de enero de 1939, el bello sueño libertario terminaba y Sara se ponía en marcha hacia el exilio, con 20 compañeras y un bebé. Llegaron a pie hasta Figueras, donde les habían dicho que estaba la 26.ª División (ex Columna Durruti). Las mujeres atravesaron por fin la frontera y consiguieron llegar hasta Perpiñán. Les quedarían recuerdos dolorosos para siempre de todo lo sufrido y lo que habían visto sufrir a otros. Pero enseguida retomaron la acción y la solidaridad.

Más de trescientos mil españoles sufrían en los numerosos campos de concentración donde iban siendo confinados, pero Sara Berenguer sintió una enorme alegría al saber que su compañero estaba en el campo de Agde. Había tardado tres meses en llegar hasta la frontera desde el sur español, a pie y escondiéndose. Ambos se reunieron unos meses después, en el pueblo donde él había sido enviado con una Compañía de Trabajadores Extranjeros... Ya no se separaron. Juntos lucharon contra la ocupación nazi, formando parte del movimiento libertario. Cercanos a los guerrilleros de la Montaña Negra. Allí desarrollaron una actividad importante y múltiple. Con muchos riesgos...

La lucha continuó después de la guerra. Por su casa pasaron numerosos militantes antifascistas. Allí se conspiraba contra el fascismo y los totalitarismos de todos los colores, se reivindicaba la poesía, se cantaba, se creía en un mundo mejor y se luchaba para hacerlo realidad. En aquella casa que poco a poco construyeron ellos mismos en las afueras de Béziers, siempre vigilada, volvió a editarse la revista *Mujeres Libres*.

Sara murió a los noventa años. Poco antes le habían entregado la Legión de Honor por su participación en la Resistencia francesa.[78]

Conchita Grange*

Conocí a Conchita Grange en Toulouse. Me recibió en su casa, junto a su marido, José Ramos, resistente también y compañero de ideales y combate. A pesar de las etapas difíciles que habían vivido, ambos mostraban una gran serenidad. Los dos seguían combatiendo, ahora por la memoria de los que desaparecieron cerca de ellos. Los dos han pasado sus últimos años yendo a escuelas y centros de diversa naturaleza, ofreciendo su testimonio: «No se puede ignorar el horror. No se debe olvidar». Aunque para José aquellos tiempos de horrores fueron también «unos tiempos magníficos de solidaridad». Conchita recibió la Legión de Honor del Gobierno francés y la Medalla de la Resistencia.

Nací en Torre de Capdella, Lérida, el 6 de agosto de 1925. Siendo muy pequeña, mis padres me enviaron con unos tíos a Toulouse y crecí con ellos, muy cercana a mi tía y a mi prima. En casa no se hablaba apenas de política, pero la Retirada y lo que vimos cambió la situación. Mis tíos tenían una empresa de trabajos públicos y enseguida organizaron el envío de paquetes a los refugiados de los campos, trataban de sacarlos de allí para trabajar como obreros, ayudaban en lo que podían.

78. Antonina Rodrigo, *Mujer y exilio, 1939*, Barcelona, Flor del Viento, 1999; Jacinte Rausa, *Sara Berenguer*, Éditions du Monde Libertaire et Éditions Alternative Libertaire, 2000.
    * Entrevista con la autora.

Yo tenía catorce años y puede decirse que eso supuso mi entrada en política... pero fue la ocupación alemana lo que realmente me concienció.

Con mis tíos, nos marchamos a una propiedad que tenían en el Ariège, donde se creó una empresa forestal. Enseguida aparecieron en los bosques algunos grupos de españoles y comenzó la lucha contra el enemigo alemán. Mi tío fue denunciado, la Gestapo lo buscaba y pudo encontrar refugio en Andorra. Mi tía, mi prima y yo entramos en la Resistencia. Yo tenía diecisiete años y me hice cargo de la situación, al lado de ellas. En abril de 1943 fui integrada en la 3.ª Brigada de guerrilleros como enlace. Nos encargábamos de recibir y llevar partes, cartas y órdenes de misión a ciertos jefes del maquis. Siempre en bicicleta.

Sabía que me jugaba la vida, pensaba que me llevarían a la cárcel, pero no pensaba en la muerte... Me sentía parte integrante de la Resistencia y estaba muy contenta del trabajo clandestino.

Una mañana, el 24 de mayo de 1944, los milicianos de Pétain que trabajaban con la Gestapo rodearon la casa, cuando teníamos escondidos a unos guías de montaña que debían atravesar la frontera al día siguiente y a un guerrillero, el capitán Jesús Ríos. Estaban armados y se organizó un fuerte tiroteo. Hubo muertos y heridos... Nos detuvieron a todos. El capitán Ríos murió unos días después, en el hospital de Foix. Creo que alguien nos había denunciado.

A nosotras nos llevaron a la prisión de Foix, y después nos entregaron a la Gestapo para ser interrogadas. Allí recibí los primeros golpes y bastonazos de los alemanes. Allí vi cómo le arrancaban las uñas de los pies y de las manos a hombres y mujeres. Pero lo importante era no hablar... y no hablé. Luego nos llevaron a la cárcel de Saint-Michel y allí recibí los primeros golpes con látigo de caballos. Nos salvó el 6 de junio, el día del desembarco de Normandía, que produjo un pánico en la cárcel. Nosotras nos enteramos por morse, transmitido de celda en celda. Entonces ya no se preocuparon de los interrogatorios, nos reunieron para deportarnos a Alemania.

Nos metieron en un tren, en vagones malolientes utilizados para el ganado, donde íbamos como bestias. Lo llamaron «el tren fantasma», «el tren de los resistentes». Tardó dos meses en llegar a su destino. Pasando por Romainville, Burdeos, Angulema... Nos llevaron de un sitio para otro, recogiendo presos de diversos campos y cárceles. A bordo había más de 700 hombres y unas 60 mujeres. Yo cumplí diecinueve años en el tren. Fueron dos meses horribles, dos meses de sed constante, mucha sed. Los vagones eran como hornos... Resistíamos con la ilusión de que iban a liberarnos en cualquier momento. De aquellos momentos tan difíciles, recuerdo que la solidaridad y la fraternidad sobresalieron.

Llegamos a Dachau y allí vimos a los primeros prisioneros de guerra. Nos registraron a todos, nos dieron trajes de rayas; a nosotras, faldas en vez de pantalones, y al cabo de unos días cogieron a 64 mujeres y nos enviaron a Ravensbrück. Llegamos al campo el 9 de septiembre de 1944. Todo lo que se ha dicho de ese campo es poco. La miseria, la tortura y la muerte nos rodeaban constantemente. Cualquier desobediencia se solucionaba con un tiro en la cabeza, con un perro que te destrozaba... Vi cómo lanzaban un perro a un niño pequeño, de unos cuatro años y que la *kapo* alemana lo remataba a palos... Eso no puedes olvidarlo. Vi los experimentos que se habían hecho con algunas mujeres, a las que habían amputado, cortado tendones, músculo, piel... Algunas tenían unas horribles cicatrices. A otras les habían inoculado productos químicos con efectos terribles. Vi lo que crees que nunca podrás ver...

Algunas mujeres no pudieron soportarlo. Muchas se lanzaron contra las vallas electrificadas. Otras, las más jóvenes, queríamos vivir, confiábamos en que vendrían a liberarnos de tanto horror...

Salí de Ravensbrück para ir a trabajar a una fábrica alemana en una barriada de Berlín. Trabajábamos 12 horas diarias, por turnos. Éramos un pequeño grupo de unas 650 mujeres de varias nacionalidades, todas muy jóvenes. Un día bombardearon la fábrica y solo nos salvamos 115.

Volvieron muy pocas del grupo con el que yo salí. Mi tía murió al llegar a París, liberada por los americanos...

He tratado de olvidar, de superar el silencio... Solo la llegada de mi primer hijo, en 1947, me ayudó a sobrellevar el trauma interior.

Carmen Martín Belinchón, «Pinocha»*

Emilio Álvarez, llamado «Pinochín», habla de sus padres con una sonrisa, todavía feliz de haber sido su hijo. Feliz también de haber participado en la Resistencia, sin saberlo. Me recibió en casa de su hija, en las afueras de París. Él vive en el sur pero viene de vez en cuando a la capital francesa para abrazar a su hija y jugar con sus nietos.

En su *Enciclopedia Histórica del anarquismo español*, Miguel Íñiguez presenta a Carmen Martín Belinchón, alias «Pinocha», como enlace, durante la Guerra Civil, entre los

* Entrevista de su hijo Emilio con la autora.

grupos de guerrilleros que operaban detrás de las líneas franquistas. El hijo de Carmen, Pinochín, confirma y la evoca realizando siempre, como ella misma decía, «tareas de apoyo a las milicias obreras».

Madrileña del popular barrio de La Latina, nació en junio de 1912. Fue enviada a la escuela de monjas de las carmelitas descalzas, donde le enseñaron a coser y bordar, algo que le resultaría muy útil, muchos años después.

Fundadora del Sindicato de la Aguja, de la UGT de Madrid, y militante de la Agrupación de Mujeres Antifascistas, conoció al que sería su marido visitando la cárcel donde estaba prisionero por apoyar la rebelión de los mineros de Asturias, en 1934. Se enamoró de él. Apasionadamente. Y él, de ella. Al salir de la cárcel, militaron juntos activamente en numerosas acciones culturales en ateneos obreros, casas del pueblo o bibliotecas, incluyendo rondallas y coros proletarios, en los que participaba Carmen con su bella voz de contralto.

Tras el golpe militar, Emilio, miembro del Partido Comunista, ingresó en las Centurias de Milicianos del Sindicato de Artes Gráficas, y Carmen se incorporó a las tareas auxiliares de apoyo a las milicias obreras. Se casaron en octubre de 1936. Emilio combatía ya como comandante del Batallón Divisionario de la 46.ª División.

El 9 de febrero de 1939, con su primer hijo en brazos y embarazada, Carmen cruzó la frontera y esperó en Cerbère, bajo muchos grados bajo cero, el tren que la llevaría, como a tantas familias, hacia el centro de Francia. Allí tuvieron que internarla: el frío de muchos grados bajo cero le provocó una pleuresía grave. Estuvo a punto de morir; la vida del hijo que esperaba también corrió peligro. Su segundo hijo, Tito, nació en octubre de 1939.

La pareja se buscó por separado pero no consiguieron reunirse hasta la primavera de 1940, cuando Emilio, tras la

Retirada y después de haber pasado por diversos campos y centros disciplinarios, obtuvo trabajo en las minas de Salsigne, en la Montaña Negra. Allí consiguió alojamiento en una vieja casa en la que entraban todos los vientos, pero gracias a eso logró que Carmen y sus hijos pudieran reunirse con él. Para impedir que entraran el viento y el frío, arreglaron los boquetes juntos. Seguían profundamente enamorados. Carmen se recuperó del todo de la enfermedad.

En Francia continuaba la llamada *drôle de guerre*, o «guerra falsa», y unos meses después el ejército francés fue derrotado. Los alemanes ocuparon Francia y Pétain subió al poder... Llegó el armisticio y el país quedó dividido en dos zonas, la zona Norte, ocupada, y la zona Sur, «libre»...

Emilio y Carmen, conscientes del peligro que podían correr, pidieron ayuda al consulado de México en Marsella, para emigrar a ese país. No fue posible: el nuevo Gobierno francés, atendiendo la solicitud alemana, había anulado ya los permisos de visado para los refugiados que podían trabajar, porque franceses y alemanes necesitaban mano de obra.

Con su tarjeta de minero en Salsigne y su certificado de buena conducta, Emilio consiguió trabajo en las minas de Gréasque, en la región de Provenza y, cuando consiguió alojamiento, volvió a rescatar a su mujer y a sus hijos.

En noviembre de 1942, tras el desembarco de las tropas aliadas en el norte de África, los alemanes ocuparon la zona Sur de Francia. Pinocho comenzó enseguida a organizarse, entrando en contacto primero con un grupo de resistentes de la MOI, con los que consiguió almacenar algunas armas y un poco de dinamita, una pequeña reserva de explosivos para preparar sabotajes contra las fuerzas de ocupación. En aquel momento adoptó el nombre de guerra de «Pinocho», que transmitió igualmente a Carmen, y a su hijo Emilio, que serían conocidos más tarde como «Pinocha» y «Pinochín», respectivamente.

Emilio fue denunciado poco después y buscado por los alemanes, tuvo que huir y se dirigió hacia la zona de Sarlat, cerca de Burdeos, donde contactó con él su amigo Gonzalvo, convertido en «Petit Pierre», para que se incorporara a los grupos guerrilleros que se estaban formando en el departamento de la Dordoña y que necesitaban los servicios de un oficial con experiencia. Pinocho aceptó con la condición de que pudieran alojar a su familia. Carmen y los pequeños se instalaron en una vieja casona rural, en la zona de Sarlande, al lado de una familia francesa con la que participaría en trabajos agrícolas. Pinocho se instaló con los primeros grupos de guerrilleros en una zona boscosa y de difícil acceso. La pareja se reunía de vez en cuando, casi siempre de improviso y durante muy poco tiempo...

La Resistencia se desarrolló rápidamente en todo el departamento. Pinocho se convirtió en un verdadero jefe de guerra, muy respetado por sus hombres, mientras Pinocha asumía las tareas agrícolas, los trabajos de la casa y el envío de algunos mensajes y Pinochín, con sus seis años, como él mismo explica, iba a comprar leche por las granjas más cercanas, ignorando que llevaba mensajes dentro de los recipientes.

Una denuncia a Emilio, en la que estuvo a punto de perder la vida en un enfrentamiento con los GRP y lo dejó herido y convaleciente durante algún tiempo, los hizo trasladarse a otro lugar más seguro. En los planes que habían hecho, acordaron que, si eran descubiertos y rodeaban la casa donde se encontraban, sin posibilidad de poder escapar, se enfrentarían a los atacantes mientras les quedaran municiones y guardarían dos granadas, una para cada uno, para hacerlas explotar con sus hijos, en el último momento, antes de caer en manos de los alemanes.

Desde su encierro de convalecencia, Pinocho continuaba al mando de sus hombres y dirigía desde lejos, y a través de Petit Pierre y su compañero Ricco, las numerosas acciones que se llevaban a cabo, mientras perfeccionaba su organización y ampliaba sus objetivos.

A partir de marzo de 1944, según Pinochín, su madre se convirtió en enlace y desplegó una gran actividad, desplazándose en bicicleta de un lado a otro y organizando numerosos contactos. Coser ropa fue una excelente cobertura para ella, que pudo ampliar de esta forma su actividad a los departamentos de la Dordoña, la Haute-Vienne y la Corrèze. Siempre en bicicleta, fue ella la que estableció y mantuvo relaciones con grupos armados anarquistas y con grupos de la MOI que se mantenían al margen de otros grupos, hasta entonces irreconciliables. Pinocha consiguió unirlos en numerosas iniciativas con los grupos dirigidos por su marido, estableciendo una importante red de la Resistencia en el norte de la Dordoña. Tan intrépida como Pinocho, demostró en todo momento un gran coraje físico y un gran poder de convicción. Su labor fue tan eficaz que recibió incluso la ayuda de uno de los más importantes resistentes de la región, Georges Guingouin (del que recibía armas, dinero y ayuda médica), la de uno de los más importantes guerrilleros españoles de toda la zona, Caracremada o Capitán Raymond, y la del Ejército Secreto (AS), que reagrupaba varias organizaciones gaullistas como Libération y Combat. Pinocha organizó igualmente la recepción de los primeros envíos aéreos de material diverso desde Inglaterra. Armas y alimentos eran recogidos con la ayuda de numerosos agricultores del entorno, según la planificación y coordinación de Pinocha. Pinochín recuerda también que su madre recuperaba después los paracaídas y, con esa tela, les cosía ropa y zapatillas.

Durante la primavera y el verano de 1944, Pinocha fue

una pieza maestra en el dispositivo de información y de comunicación entre los grupos armados del maquis de la Dordoña. Siempre vigilante y atenta.

En la operación del Valle de Arán, ella misma reclutó, entre los diversos grupos con los que mantenía contacto, a candidatos para la llamada «Reconquista española». Pinocho penetró en España al mando de unos 300 españoles, y Pinocha les acompañó hasta la frontera.

Tras su decisión de volver a Francia, después de haber perdido a 32 de sus hombres en los combates y de considerar aquella acción como una traición y un fracaso, Pinocho fue convocado por el Estado Mayor del PC para exigirle explicaciones.

Pinocho acudió acompañado por Pinocha y un grupo de sus hombres, fuertemente armados, que esperaron en la puerta. Las órdenes estaban claras y debían ser llevadas a cabo bajo el mando de Pinocha: si dos horas después no había salido, atacarían los locales con granadas...

A finales de 1944, cuando Francia reorganizaba un nuevo ejército oficial con los grupos de la Resistencia y se disputaban ya el poder, Emilio y Carmen, con sus dos hijos, se instalaron en el pueblo de Gréasque y Emilio volvió a la mina, donde trabajaron también sus hijos: «Yo trabajé durante treinta años y mi hermano durante diez». Un trabajo difícil, según Emilio:

> Mi padre era alto y yo también. Trabajábamos a 650 metros de profundidad y en pasillos donde teníamos que curvarnos para arrancar el carbón. Mi madre se ocupaba de clasificar los pequeños vagones de carbón. Todos vivíamos de la mina. Después, mi madre entró al servicio de una familia y se ocupaba de todo en la casa. Tenían una gran confianza en ella.

Acerca de la relación de sus padres en los últimos años de vida de Carmen, dice Emilio:

Sí, creo que mis padres, a pesar de haber vivido tantas situaciones difíciles, fueron una pareja feliz. En los últimos años viajaron por diversos lugares y parecían, como siempre, una pareja de enamorados. Desde que se instalaron en Gréasque, mi madre ya no quiso ocuparse de política. Leían mucho, hablaban mucho, organizaban comidas con amigos... cantaban. Mi madre murió en brazos de mi padre.

Herminia Muñoz*

Herminia llegaba hasta el viejo horno de carbón abandonado en el bosque, depositaba en el interior lo que llevaba y se escondía en una zona cercana, hasta que veía llegar a un par de guerrilleros, como estaba previsto, que recogían el envío. Desde lejos se saludaban y, de nuevo en bicicleta y por caminos difíciles, volvía a hacer muchos kilómetros para regresar a casa o continuar su misión, siempre inquieta por la posibilidad de encontrarse con controles alemanes. Herminia tenía diecisiete años y en ese momento ya asumía que era un miembro de la Resistencia en Francia y lo que eso significaba: «En aquel momento éramos adultos antes de tiempo, éramos mayores sin saberlo... habíamos vivido ya una guerra».

Catalana nacida en Mataró, Herminia tenía doce años cuando cruzó la frontera de Le Perthus, el día 6 de febrero de 1939, llevando de la mano a su hermano de cinco años. Atrás quedaban las imágenes de la tartana donde había montado toda la familia para ir a celebrar la llegada de la Repú-

* Entrevista con la autora.

blica, la de la escuela de Blanes al lado de la playa y el baño cotidiano después de las clases, la de la escuela de Tordera, donde su padre fue alcalde y donde se inculcaban los valores de la República y la educación laica preconizada por Francesc Ferrer i Guàrdia, con dos chicos y dos chicas en cada mesa... Las imágenes de una época feliz para ella. Después llegó la guerra, un duro invierno y el exilio.

En noviembre de 2007, sesenta y dos años después del final de la guerra en Francia, Herminia Muñoz recibió la Legión de Honor otorgada por el Gobierno francés, que la consideraba «resistente particularmente valerosa», título reservado únicamente para una pequeña élite de combatientes.

El invierno de 1939 fue muy duro. Mi padre, que combatía en el ejército republicano, nos acompañó hasta Figueras y desde allí, con mi madre y mi hermano, continuamos andando. Llegamos a la frontera totalmente deshechos. Como todos los que salíamos en la Retirada. Vi cosas terribles, muy dolorosas, pero recuerdo especialmente el llanto de una mujer que atravesaba la frontera con su bebé muerto en los brazos y al que no quería abandonar...

Ya en Francia, nos metieron en un tren repleto de gente y, después de cinco días de viaje, nos encontramos en el departamento del Alto Marne, en un convento abandonado, con decenas de españoles, y después, cuando comenzó la guerra en Francia, nos llevaron a una prisión en Langres, adaptada para acoger a refugiados, con las puertas abiertas.

En varias ocasiones nos propusieron volver a España, pero mi madre se negó rotundamente. Pudimos salvarnos tras encontrar trabajo en una granja, donde los dueños nos trataron muy bien.

Mi padre, que pudo llegar a Francia más tarde, al final de la guerra, pasó por varios campos de concentración: Argelès, Le Barcarès, Saint-Cyprien y Bram; antes de que pudiéramos reunirnos. Nunca antes había visto llorar a mi padre, que nos esperaba en la estación de tren de Carcassonne.

Fuimos primero a vivir a Plaigne, donde mi padre estaba destinado en un Grupo de Trabajadores Extranjeros y, en noviembre de 1942, nos instalamos en una vieja casa de campo, cerca de Dalou y de Varilhes, en el departamento del Ariège, donde a mi padre le habían propuesto trabajar unas tierras a cambio de una vivienda y una remuneración.

Estábamos rodeados de bosques y yo no tardé en ver pasar por mi casa a muchos leñadores que estaban en contacto con los maquis. Mi madre y yo comenzamos enseguida a llevar paquetes al campo de Le Vernet, donde había muchos prisioneros españoles y un gran amigo de mi padre que había tratado de escapar tres veces y siempre lo habían pillado. Llevábamos cosas muy sencillas porque nosotros también éramos muy pobres... Poco a poco fue aumentando el volumen de paquetes que llevábamos y que nos traían algunas familias de los maquis para los prisioneros. Fue así como, de manera normal, yendo a recoger paquetes y llevándolos, de forma semiclandestina, me convertí en enlace...

Esa actividad se concretó poco después, en el verano de 1943, cuando un jefe de los maquis, Montero, le preguntó a mi padre si yo querría trabajar para ellos como enlace oficial... Mi padre le dijo que aquello no era algo para una muchacha que iba a cumplir diecisiete años, que allí, además, había muchos hombres... Montero le aseguró que para ellos sería como una hermana y que todos sabían que, si tocaban a una de sus enlaces, serían fusilados inmediatamente. Mi padre le dijo que, en ese caso, era a mí a quien tenía que preguntarme. Yo les dije que sí. Me advirtió que, si aceptaba, me convertiría en un pequeño soldado a tiempo completo, y que estaría en todo momento al servicio del maquis, lloviera o nevara... Me advirtió también de los muchos riesgos que iba a correr... Les dije que me comprometía pero si no me pedían disparar contra una persona a sangre fría, porque una misión como esa yo no la haría. Le dije que, si me enseñaban, tal vez podría llegar a disparar para defenderme o en un combate, como hacían los otros. Un instructor, al que llamaban Pepito, me dio tres lecciones, sin desperdiciar muchos cartuchos. Al final de la tercera sesión me dijo: «Ya sabes bastante para defenderte. Si hay batalla, ya tirarás más». Así fue como nos encontramos toda la familia en la Resistencia... Mis padres albergaban de vez en cuando algunos hombres, los aprovisionaban, y cuando se reunían en casa, mi hermano vigilaba subido en los árboles.

El XIV Cuerpo de Guerrilleros se formó en el Col de Py. Los jefes estaban en contacto con los GTE, los Grupos de Trabajadores Extranjeros. Los maquis eran casi todos españoles. Había varios grupos y me pusieron como agente de enlace del Estado Mayor de la 3.ª Brigada de Guerrilleros, dentro de las Fuerzas Francesas del Interior, las FFI.

Con diversas misiones, recorría todo el departamento en bicicleta llevando mensajes, armas, ropa y cosas diversas, de un maquis a otro. Conocía muy bien todos los senderos, todos los caminos, bosques y montañas que nos rodeaban. En ocasiones tenía que ir a esperar a algunos hombres a la estación y conducirlos a ciertos lugares donde otros se ocupaban de recogerlos después. Hacía también viajes de ida y vuelta en un día entre Varilhes y Toulouse, o hasta Perpiñán, para entregar o recibir cosas de algunos maquis. Me encontré en algunas ocasiones en situaciones de peligro pero pude escapar de todas, con mucha suerte.

Sin yo saberlo, dos guerrilleros estaban encargados de seguirme en algunas ocasiones, sobre todo cuando aumentaron los controles alemanes, yo recibía más gente en la estación y existía el peligro de ser descubiertos por los alemanes o la milicia. Ellos tenían como misión, en ese caso, lanzar unas granadas contra el grupo de alemanes, matándome a mí también. Uno de los guerrilleros, saltándose las órdenes, me lo dijo y me propuso decidir: o bien abandonaba la misión, dado el peligro, a lo que yo dije que continuaba; o bien pactaba que, si el momento de peligro llegaba, antes de lanzar las granadas él dispararía un tiro y, en el momento de confusión que se crearía, yo tendría que tirarme al suelo, arrastrarme cruzando los vagones, arrojarme al río y dejarme llevar por la corriente... Yo continúe mis misiones y nunca escuché el tiro que siempre temía. El guerrillero se llamaba Crescencio Muñoz y, más tarde, después de la Liberación, se convirtió en mi marido y en el padre de mis hijos, Numen y Luzbel. Crescencio participó en muchos combates y, sobre todo, en el que contribuyó a la liberación de Foix.

Cuando llegó el proyecto del Valle de Arán, yo me ofrecí enseguida y pude participar incluso en los ejercicios militares que se organizaron con el fin de reconquistar España... pero luego no quisieron integrarme en las unidades de combatientes. Como ya se sabe, aquella Reconquista fue un fracaso...

Valentina Serres

Serres, de familia española pero nacido en Francia, estaba casado con Valentina y esperaban un hijo. Para no ser enviado a Alemania, se fue con un grupo de compañeros al maquis situado en las cercanías de Cendriaix. Sorprendidos por una patrulla alemana, en un reconocimiento de terreno, fueron ametrallados a quemarropa antes de que pudieran defenderse. Serres cayó en un arroyuelo con la cabeza destrozada.

Se lo comunicaron a Valentina, que, desesperada, corrió a Cendriaix para confirmar la noticia. Al anochecer supo dónde habían llevado el cadáver los alemanes, que con un camión recogían a los maquis muertos y los amontonaban, esperando que las familias fueran a reclamarlos, antes de enterrarlos todos juntos en grandes fosas anónimas.

Valentina Serres, embarazada de siete meses, sin derramar una lágrima, volvió a su casa a buscar una carretilla y, sola, se fue al campamento alemán para reclamar el cuerpo de su marido. Lo señaló entre los diversos cuerpos ensangrentados del enorme montón. La interrogaron durante un buen rato. Ella contestó a todas las preguntas. La amenazaron con ir a buscarla si había mentido... Al final le dijeron que podía llevárselo.

Bajo la fría mirada de los alemanes, Valentina cargó como pudo el cuerpo de su marido en la carretilla: «Serres tenía la cabeza horriblemente destrozada. La caja craneana era un montón informe y sanguinolento que iba desprendiéndose y sembrando de masa encefálica el suelo». Valentina, silenciosa, desanduvo el camino hasta su casa empujando la carretilla, sentándose de vez en cuando para descansar, sin dejar de mirar el cuerpo inerte del hombre al que había amado.

Así llegó hasta el cementerio de Salon. Dejó allí el cuerpo y se fue a buscar a alguien que pudiera ayudarla a sepultarlo.

Un vecino la ayudó a cavar la fosa. Sin ceremonia alguna, Serres fue enterrado allí, al borde de un camino, en el pequeño cementerio de la aldea de Salon, en el departamento del Aube. Dos meses después, nació el hijo del hombre asesinado.[79]

María Vázquez Blanco[*]

En el verano de 2019 me llegó un correo electrónico desde Normandía, firmado por Roberto Sánchez. Me comentaba que trabajaba en la capital del departamento, Ruán, donde vive con su familia, y que en sus ratos libres y como afición investigaba el rastro del paso de españoles por la región. En ese correo, me contaba una pequeña historia que había descubierto, «por si podía interesarme...», y aparecía una bella fotografía de una chica sentada en el balcón del ayuntamiento de Ruán, cuando esta ciudad fue liberada de los nazis. Desde que vi la foto, supe que debía ocupar un lugar en la portada de este libro.

Poco después quedamos en Ruán. Por la mañana nos reunimos con Michel Croguennec, el historiador local que había facilitado a Roberto «una fotografía rara y desconocida en Ruán, de una española, una tal María Vargues».

Por la tarde estuvimos con las descendientes de María en Ruán, dos hermanas entrañables, Françoise y Libertad, que viven en la zona desde que llegaron en la Retirada e hijas de Francisco Bértalo, cabo del crucero *Libertad*, el barco afín a la República en la Guerra Civil y en cuyo honor, y por lo que representa la palabra, le dio ese nombre a su hija mayor.

Juntos hemos intentado reconstruir la vida de María... y estuvimos de acuerdo en que esta luchadora, por sí misma y por lo que representa su fotografía, merecía ser recordada en un libro, más allá de cuál fuera su rol en la Resistencia.

---

79. Federica Montseny, *op. cit.*, p. 188.
* Entrevista de sus descendientes Françoise y Libertad con la autora.

Como bella y simbólica figura de la República que renacía, con un máuser alemán en el regazo y municiones como collar, la mujer posó serena ante el fotógrafo canadiense, en la terraza del balcón de la recién liberada alcaldía de Ruán, ciudad desolada y medio destruida, pero por fin, tras cuatro años, liberada. Así, mientras los alemanes se batían en retirada por los alrededores, fue un grupo de resistentes españoles, junto con las FFI, quienes, como avanzadilla, tomaron el control del ayuntamiento ante la espera de la tan ansiada llegada del ejército canadiense, punta de lanza de los Aliados en la liberación de Ruán. De aquel grupo de combatientes españoles solo quedaron algunos nombres: José Hernández, Francisco Gazul, Francisco Rodríguez y su hermano Cándido, Gerardo el Manco... Poco a poco se perdieron sus historias.

Aquella chica de la foto del balcón se llamaba María Vázquez Blanco. Nació en La Graña, un pueblo pequeñito de El Ferrol, y era hija de un capitán de la Marina republicana, Alicio Vázquez Hinojosa, que había fallecido en combate al poco de comenzar la Guerra Civil, el último día de agosto de 1936, en Llerena (Badajoz), sin que pudieran recuperarse sus restos.

Después de la caída del frente del Ebro, María, con su madre y sus dos hermanos, Alicio y Julia, partieron con el Estado Mayor de la Marina desde Madrid a Valencia. Después siguieron el mismo itinerario que este: Barcelona, Cadaqués y Francia, donde entraron por Le Perthus en febrero de 1939. Tras cruzar la frontera, la familia fue separada al poco tiempo, como otros miles y miles de familias exiliadas con la Retirada. Así, el joven Alicio fue enviado a un centro de acogida para jóvenes en Darnétal, y ellas fueron enviadas a Grugny, ambas localidades en la región de Normandía.

Grugny era un pequeño pueblo en las cercanías de Ruán con apenas un puñado de casas y con un hospital y un manicomio que, por ironías de la vida, habían servido como campo de internamiento de los soldados alemanes tras la Primera Guerra Mundial. Allí se instalaron las tres mujeres, como tantos otros refugiados, en condiciones de gran pobreza. Frío, hielo, camastros, hambre... Fue una vida muy dura durante muchos meses.

Su hermano Alicio consiguió salir poco después del centro de Darnétal al ser aceptado como aprendiz en una fábrica de productos químicos y explosivos en Oissel. Más tarde decidió alistarse en la Legión Extranjera y fue enviado al norte de África. Allí desertó de la Legión petainista para enrolarse en la 2.ª División Blindada del general Leclerc y fue destinado al 3.er Batallón de Marcha del Chad, bajo el mando del coronel Putz. De allí aterrizó en «la Nueve», a la que se había incorporado una mayoría de exiliados españoles. Se mantuvo en combate en la famosa compañía hasta el 14 de octubre de 1944, fecha en la que, junto al sargento Fábregas, murió ametrallado en una emboscada tendida por los nazis en los alrededores de Xaffévillers, en el departamento de los Vosgos. Cinco días antes había cumplido veinte años. El gallego Alicio y el catalán Fábregas fueron enterrados juntos muy cerca, en el pequeño cementerio de Saint-Maurice-sur-Mortagne. En ambos certificados de defunción figura su muerte con honores: «Mort pour la France».

Mientras tanto, en la Normandía ya ocupada por los alemanes, María, que tenía algunos estudios de enfermería, pudo conseguir un trabajo en un hospital en Saint-Étienne-de-Rouvray, cerca de Ruán. Así logró traer a su madre y a su hermana a la ciudad. Los años de racionamiento y hambre llenaron casi todos sus recuerdos de esos tiempos: «Podíamos recorrer hasta 50 kilómetros buscando comida, para regresar a veces con un huevo».

Por fin, en los últimos días de agosto de 1944, los Aliados cruzaron el Sena en Rúan y la Resistencia, compuesta por españoles y por los FFI, liberó el ayuntamiento. El periódico regional *L'Avenir normand*, en el primer aniversario de la Liberación, describía los hechos en dos párrafos distintos:

> La atmósfera estaba muy tensa en la plaza del ayuntamiento... Pero llegaron nuestros amigos, los republicanos españoles. Su sección, armada de una ametralladora, se instaló en el balcón del ayuntamiento, con la ametralladora dirigida hacia la calle Thiers (actual rue Lecanuet). [...]
> El 30 por la tarde, los republicanos españoles voluntarios en los FTP ocuparon y liberaron el ayuntamiento. Una hora más tarde, las primeras patrullas canadienses penetraron en la capital.[80]

La Liberación se vivió con emoción y lágrimas. Todo parecía posible en aquel momento... Mientras uno de sus compañeros de la Resistencia colocaba la bandera francesa en el frontón del ayuntamiento liberado, María y su hermana Julia subieron a la terraza del consistorio levantando la bandera republicana española. Cuenta Julia que pudieron ver esas fotografías en algún periódico. Ya no se publicarían nunca más, solo quedó alguna cita en dos o tres libros de la época. Comenzaban setenta y cinco años de olvido del papel desempeñado por los españoles en la Liberación de Ruán.

En el Ruán convertido en ruinas por los cuatro años de bombardeos (1.500 muertos, 6.000 casas destruidas y 12.000 semiderruidas), todavía quedaba tiempo para la esperanza de un futuro mejor, aunque en paralelo se iba perdiendo la de volver a España. De los españoles de aquella

---

80. *L'Avenir normand*, n.º 147, 30 de agosto de 1945.

gesta solo sabemos que ellos mismos enviaron al sur, para la fallida Reconquista, cuantas armas pudieron esconder.

María Vázquez, según cuenta la familia, se enamoró de un soldado de las tropas aliadas y, cuando estas tuvieron que volver a su país, ella se vistió de hombre y, oculta como polizón, llegó en un barco a Estados Unidos. La familia sabe que se casó, que tuvo una hija. Durante un tiempo llegaron algunas noticias suyas desde California, más tarde desde Florida. Después perdieron el contacto con ella. Por su parte, su hermana Julia se casó con un español refugiado y, después de la guerra, se marcharon primero a Argentina y luego a Venezuela, donde se instalaron. Allí se perdió el rastro de los Vázquez de Galicia.

Y tantos otros...

Roque Carrión

Roque Carrión nació en Cartagena en 1926. Cursó estudios primarios en una escuela católica porque su familia era religiosa. Desde pequeño soñaba con ser piloto de aviación, algo muy difícil de hacer realidad siendo de una familia modesta, pero a los veintidós años ingresaba en la escuela de San Javier, donde se formó como piloto de aviones, hidroaviones y bombarderos ametralladores. Todavía como aprendiz y fiel a las instituciones republicanas, decidió incorporarse a la defensa del Gobierno legítimo de la República española. En septiembre de 1936, junto con otros seis compañeros, fue destinado a Cuatro Vientos, un antiguo aeropuerto madrileño que disponía de un puñado de aviones Potez, viejos y en mal estado, en los que tuvieron que volar casi continuamente, enfrentándose a pilotos italianos y alemanes que pilotaban aviones técnicamente muy superiores. No tardó en adquirir gran experiencia. De aquel mismo aeropuerto salían también los Potez de la escuadrilla de André Malraux.

A finales de diciembre, Roque Carrión y algunos camaradas fueron convocados a una reunión con Indalecio Prieto, ministro de Marina y Aire, que había aceptado que fueran a perfeccionarse a la Unión Soviética. Esa formación, financiada con el oro del Banco de España, se llevó a cabo en Kirovabad, en el Cáucaso, en una escuela especialmente dedicada al adiestramiento de los aviadores españoles. Allí aprendió Roque a pilotar aviones de caza y bombarderos, como los Gorki o diversos tipos de Polikárpov, los apodados «Natacha» y «Chatos». De su estancia en aquel país, recuerda especialmente una comida con Stalin, en la que este comió mucho y se puso enfermo. Llamaron a su médico y parece ser que lo que sucedía era que Stalin había engordado demasiado...

A su regreso, con el grado de teniente, Carrión participó en las batallas de Guadalajara, del Ebro y de Belchite, hasta que, como la mayoría de sus compañeros, tuvo que abandonar el país.

Entró en Francia por Le Perthus el 7 de febrero de 1939 y fue enviado al campo de Argelès-sur-Mer. Después iría al campo de Agde y luego al de Gurs. En varias ocasiones, mucho más tarde, en entrevistas concedidas a periódicos franceses, lamentaría que Francia se hubiera comportado de aquella forma con los refugiados españoles: «Francia era un referente moral e intelectual para los españoles y este país fue capaz de encerrar en verdaderos campos de concentración a soldados de un ejército regular que habían defendido la libertad y la democracia».

Roque Carrión intentó fugarse varias veces, pero siempre fue detenido y devuelto al campo. En esos tiempos estuvo en contacto con la MOI. Al final salió «legalmente» en junio de 1941 para ser conducido a Bretaña, primero a Brest y después, junto a un centenar de internos, a la base submarina de Keroman, en Lorient, donde no tardarían en producirse numerosos sabotajes. Carrión fue descubierto y huyó antes de que lo detuvieran. A pesar de ello, fue condenado a muerte por la Kriegsmarine, la Marina de guerra alemana, pero no consiguieron detenerle.

En 1943 entró en el maquis con el nombre de «Icare», habiendo sido requerido por un responsable departamental de los FTP de Bretaña. En noviembre de 1943, apoyándose en algunos pequeños maquis ya constituidos, organizó el 2.º Batallón FTP, que se convertiría en abril de 1944 en el 11.º Batallón FFI y que contaría con más de 1.200 hombres tras la llegada de una compañía de 230 españoles, además de otros muchos que ya luchaban bajo sus órdenes.

Su valiente actuación al frente de este batallón fue recompensada con una mención honorífica y la concesión de la Cruz de Guerra 1939-1945 con estrella de bronce. La mención honorífica decía:

> Cuando trabajaba en el arsenal, efectuó numerosos sabotajes. Después del Desembarco, puso sus conocimientos militares y su experiencia de guerra al servicio de la Resistencia. En el bombardeo sufrido por el 11.º Batallón FFI del Morbihan, fue herido en el combate pero continuó su servicio. Su misión era asegurar la protección de la región de Rostrenen y Mûr-de-Bretagne pero pasó al ataque y liberó completamente su sector antes de que llegaran los americanos. Su batallón estuvo muy expuesto en los combates de la liberación de Paimpol y después en el sector del frente de Lorient. Fue citado en varias ocasiones como ejemplo para las otras unidades.

Reconocido militarmente como el batallón más disciplinado de todos los batallones FTP y FFI de la región, el 2.º Batallón del Morbihan fue transformado en abril de 1944 en el 11.º Batallón FFI-Koening y al mando fue confirmado Icare. Numerosas acciones militares de gran importancia, entre ellas la liberación de varios pueblos bretones, demostraron el coraje del teniente coronel español, vencedor del enemigo de su propio país y de Francia. En diciembre de 1944 su batallón fue disuelto, como lo fueron todas las unidades de la Resistencia FFI.

Ascendido a comandante del Ejército del Aire francés en noviembre de 1944, fue destinado al Estado Mayor de la 19.ª Región Militar de Montpellier. En su nuevo puesto le pidieron nacionalizarse francés pero, como el nuevo comandante decidió conservar su nacionalidad española, fue destituido de su cargo en abril de 1945.

De regreso a la vida civil, Icare, héroe de la Resistencia en Bretaña, se instaló en Lanester, un pequeño pueblo donde se casó y tuvo tres hijas. Después de tener varios trabajos esporádicos, Roque Carrión trabajó como chofer durante varios años. En alguna ocasión manifestó serenamente, pero con cierta tristeza, la poca ayuda que había recibido de los franceses con los que había combatido. Solo su propia familia, la familia de su esposa, lo acogió y le ayudó desde el primer momento. La policía iba de vez en cuando a controlar lo que hacía. Sus hijas no comprendían qué era lo que buscaban. Realizaron esos controles hasta 1984...

Carrión fue miembro de diversas asociaciones de la Resistencia y mantuvo casi hasta el final de su vida el contacto con muchos de sus miembros, que seguían llamándole «comandante Icare». «Mi padre era conocido, pero no reconocido», me dijo una de sus hijas. La labor y el combate de Icare fueron reconocidos más tarde con la Cruz de combatiente voluntario de la Resistencia, y, mucho más tarde, con el grado de Caballero de la Legión de Honor.

Cuando Roque Carrión murió, en el estuche donde debía guardar la Legión de Honor, en lugar de la medalla, su familia encontró guardado el negativo de una fotografía suya, con uniforme de piloto...[81]

Jean-Michel Gasquet[*]

Jean-Michel Gasquet nació en Nimes en 1929 y es pintor. Vive en una bella casa, rodeado de viñedos, en la región del Beaujolais, donde sigue trabajando. Aceptó encantado poder hablar de sus «amigos de la Resistencia».

Fui un resistente, sin saberlo... Yo tenía doce o trece años, vivíamos en Avignon y mi madre, que tenía mucho miedo de los bombardeos, me envió a Anduze, a una granja que estaba en las afueras del pequeño pueblo situado cerca de una colina y rodeado de bosques de castaños. Un riachuelo cruzaba el pueblo y, más arriba, entre los árboles y las rocas, había un viejo molino prácticamente inaccesible, donde se escondían, lo supe más tarde, «los españoles rojos».

En el pueblo conocí a dos hermanos españoles y a una mujer, Benita, que era muy guapa, con unos ojos verde-azules que impresionaban. Los dos hermanos eran muy diferentes. Uno más moreno y el otro pelirrojo, con ojos verdes. Uno de ellos se llamaba Guillermo. Los dos me enseñaron a cazar conejos y perdices. Vivían casi normalmente, como cualquier vecino, hasta que los alemanes se interesaron por ellos. Hasta entonces, vivían en una casa del pueblo y trabajaban la tierra, sin que hubiera peligro para ellos, pero cuando el peligro

81. Su hija Marie-Noëlle Carrión tiene en preparación *Le rêve d'Icare était de voler vers la liberté*, un trabajo de próxima publicación, según expresó en la entrevista que me concedió.

* Entrevista con la autora.

apareció, cuando los alemanes invadieron la zona sur y empezaron a buscar a los maquis, los dos hermanos y Benita se fueron al molino, protegidos por algunas personas que les llevaban de vez en cuando cosas para comer. De vez en cuando también, los dos españoles venían a mi casa, por la noche, con lámparas eléctricas, ponían un revólver y una ametralladora sobre la mesa y hablaban con mi hermana... Yo los miraba como héroes, me impresionaban. Mi hermana les ayudaba. A veces, ella y yo subíamos con bolsas de castañas y de pan, y a veces, con vino, hasta un sitio convenido y allí lo dejábamos. No sé si mi hermana les dejaba algo más. Sabíamos que los que estaban en el molino eran casi todos españoles, pero nunca llegamos hasta allí. Yo sabía que la gente que les ayudaba corría también peligro, pero yo los admiraba.

En el pueblo vivían los hermanos Guilloux, que debían de estar cerca de ellos, eran FTP, y nos habían explicado de dónde llegaban esos hombres, lo que habían hecho, cómo habían combatido en España y los motivos por los que combatían. Uno de ellos les servía de enlace con una motocicleta, les subía o bajaba noticias...

Después, allí cerca, esos hombres lucharon en la batalla de La Madeleine...

Esa fue toda mi actividad de resistente... Yo era muy joven pero me alegro de haberlo hecho.

Henri Melich*

No olvidaré nunca aquella entrada por Le Perthus, aquellos combatientes vencidos y dignos, recibidos con

* Entrevista con la autora.

un «¡Aquí no estáis en vuestra casa!». Todos avanzábamos como en manada y al pasar se cerraban todas las puertas y ventanas.

Henri tenía entonces trece años. Había cruzado la frontera con sus padres. Dos hermanos suyos habían conseguido pasar antes. Gracias a un familiar en la zona, se instalaron en Quillan.

Poco después empezó a trabajar como aprendiz de carpintero en una fábrica. Hasta que decidió dejarlo porque sus compañeros le decían: «Eres un español del ejército vencido». Un día les dijo todo lo que pensaba de ellos y se marchó. Le quitaron ocho días de paga. Al día siguiente, casi todos los cristales de la fábrica aparecieron rotos.

Unos refugiados que trabajaban en el bosque le propusieron que se fuera con ellos. Como era menor de edad, lo emplearon clandestinamente hasta que tuviera la edad requerida.

Yo era el más joven de todos. Me llamaban «peque». Todos eran refugiados españoles, de orígenes sociales muy diversos y de todas las edades. Algunos iban todavía vestidos con restos de chaquetas militares del ejército republicano. Hacíamos jornadas de 12 horas... El trabajo era duro pero agradable. Recuerdo a uno de los hombres que era músico, violinista, y que a veces lloraba mirando sus manos destrozadas por el trabajo en el bosque y el carbón.

Había una gran fraternidad. Cenábamos todos alrededor de una hoguera, hablando y cantando juntos. Ese ambiente duró hasta el pacto germanosoviético. Después del pacto, el ambiente quedó roto. Yo sufrí bastante porque tenía amigos en los dos bandos, el de los anarquistas, socialistas y del POUM, y el de los comunistas, que en su gran mayoría justificaban el pacto. Terminamos cenando en dos grupos separados. Aquello me hizo sufrir mucho.

Después, Henri trabajó en diversas empresas madereras y más tarde aceptó ser guía para ayudar a pasar los Pirineos, cerca de la Red Ponzán. Lo hizo en diversas ocasiones.

En 1944 entró en contacto con los maquis de Chalabre y de Picaussel, al mando del capitán Frank. Alguien le aconsejó, sin embargo, dado su temperamento y sus ideas antimilitaristas, que se uniera al Maquis Jean Robert. Entró en ese maquis con el nombre de «Robert Sans» y guarda un buen recuerdo, dada la fraternidad que reinaba entre todos aquellos hombres.

En el momento de la Liberación, estando en Narbona junto a su amigo Tambor, fueron a un mitin que anunciaba la UNE y allí mismo decidieron partir «a liberar España». Se fueron con entusiasmo. Pero este decayó rápidamente. Habían salido sin órdenes concretas, sin la información necesaria, apenas iban equipados, algunos hombres no sabían ni utilizar algunas pistolas que les habían dado... Se multiplicaron los inconvenientes. Así lo cuenta Henri:

En el avance, con muchos problemas, nos preguntábamos si era la inconsciencia o la incompetencia del Estado Mayor. Comenzaba a pensar que nos habían utilizado por motivos de propaganda, que nos habían engañado o que los que nos habían enviado allí, se habían equivocado. Las tropas que nos esperaban eran numerosas. Algunos de nuestros hombres fueron detenidos individualmente o en grupos y muchos murieron en los enfrentamientos. En mi vida he pasado tanto miedo como en aquellos días.

Unos días después, algunos de aquellos hombres volvían a Francia. Del Estado Mayor de la UNE les hicieron reproches. Otros, que habían criticado la operación, habían terminado con un tiro en la cabeza «por desertores». Como Ramón Mialet, uno de sus mejores amigos.

Hubo más ejecuciones. Todas concertadas y premeditadas. En los archivos de la prefectura de Burdeos se encuentra una lista de la UNE con un centenar de nombres que debían ser eliminados. Todos por no desear integrarse en la UNE o no aceptar sus directivas.[82]

Siguiendo los acuerdos con el nuevo Gobierno provisional, los maquis fueron integrados en el nuevo ejército nacional que se preparaba. Melich se incorporó al 81.º RIA, que entraría en Alemania en la Navidad de 1944.

Instalado en el sur de Francia al final de la guerra, Henri Melich, como «combatiente del exilio», esta vez cercano a los libros, continuó fiel a la lucha contra la barbarie que fue la causa de ese exilio. Y continúa.

José Ruiz Pérez, «Félix»*

Mi padre murió en 2004. Tenía ochenta y siete años. Poco después, arreglando sus cosas con mi madre, encontramos en el armario del dormitorio matrimonial un cuaderno que había tenido escondido. Ese cuaderno me ayudó a descubrir y comprender muchas cosas de mi padre, a conocer los duros momentos que había vivido y de los que mi madre tampoco había hablado

---

82. Henri Melich, *À chacun son exil. Itinéraire d'un militant libertaire espagnol*, La Bussière, Acratie, 2014, p. 92.

* Entrevista de su hijo Joël con la autora, realizada en París.

nunca. «Esas cosas no se cuentan», me dijo, todavía enfadada con mi padre porque le había ocultado su papel en la Resistencia.

Nacido en la provincia de Murcia, José emigró a Francia con sus padres en 1928. Se instalaron en Villeurbanne, al lado de Lyon, y comenzó a trabajar muy joven, con solo once años. En la zona donde habitaban, había en aquellos momentos un grupo muy activo de militantes libertarios que apoyaban mucho a los jóvenes inmigrantes españoles y que se reunían en un lugar llamado La Barraca, donde se impartían cursos de francés para inmigrantes, educación popular a través del teatro. José se unió a ellos enseguida y participaba en las reuniones políticas, culturales y festivas que se organizaban regularmente. Allí se discutía, se reía, se cantaba y nacían fuertes amistades. Ginés Martínez Yuste, alias «Víctor», también de la provincia de Murcia y casi con la misma historia de emigración que José, se convertiría en uno de sus mejores amigos. Durante mucho tiempo, también lucharían juntos.

Tras el golpe militar contra la República española, Félix y Víctor —los nombres de guerra que se habían dado—, con diecinueve años, se enrolaron enseguida para ir a combatir el fascismo. Ginés se integró en las milicias de la CNT, en Barcelona, y mi padre participó en el frente de Aragón, en la batalla de Belchite en 1937, y en las batallas del Segre y del Ebro, en 1938. Desde sus diferentes destinos, los dos amigos hicieron después el camino de la Retirada. Félix fue internado en el campo de Argelès y desde allí se escapó con la ayuda de un familiar.

El grupo de Lyon, al final de la Guerra Civil, tenía una actividad muy solidaria y se ocupaba de una colonia de niños refugiados y de ayudar a mucha gente.

En 1940, con el armisticio, toda esa ayuda desapareció. Los libertarios pasaron a la clandestinidad. Mi padre, después de estar un año en situación irregular, consiguió tener papeles para trabajar donde podía, incluso como jornalero en el campo los fines de semana, durante muchas horas al día. Allí, en el campo, se encontró con una Compañía de Trabajadores. Félix estaba siempre tratando de encontrar algo para comer y poder ayudar a su madre, viuda, y a sus hermanas. Víctor, por su lado, entró en las CTE en el sur de Francia y después en Ardèche. La mayoría de estos hombres eran anarquistas y a finales de 1942 formaron el núcleo de los guerrilleros de la región de Privas (a 150 km de Lyon). Los maquis se extendieron en Ardèche a primeros de 1943. Esos maquis, aunque eran independientes, apoyaron a los FTP. Las unidades de los maquis españoles eran distintas de las FTP o del AS. Los españoles eran más viejos que la mayoría de los franceses que llegaban huyendo del servicio de trabajo obligatorio, pero se llevaban muy bien entre ellos y había mucho respeto mutuo.

En 1943, mi padre se casó con Carmen, la hermana de Víctor. En esos momentos el grupo de La Barraca volvía a ser muy activo en la Resistencia. Entre ellos, el grupo de militantes libertarios se conocían muy bien y después se han repetido los nombres de Juan Flores; Alfonso Martínez, alias «Burbon»; Juan Sánchez, alias «el Pelao», y su hermana Juana; los hermanos Mata y muchos otros... No se conocen las acciones clandestinas que llevaron a cabo. Pero hicieron muchas. Todos estaban muy vigilados por la policía, que intentó dos veces arrestarlo. A Juana la arrestaron también y le quemaron los pezones con cigarrillos para obligarla a hablar. No habló. El grupo español libertario de La Barraca era muy autónomo y creo que esto lo salvó de ser destruido.

El grupo se unió al movimiento insurreccional de Villeurbanne a finales de agosto de 1944. Los maquis campesinos, unidos a los guerrilleros de la ciudad, levantaron barricadas y atacaron juntos a los alemanes y sus blindados. Lyon-Villeurbanne es la ciudad de Francia donde la guerrilla urbana llevó a cabo el mayor número de operaciones militares contra la milicia y los alemanes. En el barrio de Les Brotteaux, donde vivían mis padres, el movimiento libertario combatió duramente pero perdió el combate. No tenían suficientes armas, y las que les quedaban, fusiles y ametralladoras, fueron a esconderlas, en el último momento, en el sótano de la casa de mi padre, porque las necesitaban para preparar un ataque que habían previsto contra la estación de ferrocarril cercana... Mi madre no lo supo nunca. Y cuando lo ha sabido, se ha enfadado mucho. Pero solo porque mi padre no se lo había dicho...

Al terminar la guerra en Francia, el grupo libertario español La Barraca resurgió. Mi padre participaba en numerosas acciones militantes y culturales, fomentando de nuevo el teatro revolucionario, con el grupo artístico Tierra y Libertad. Mantuvieron muchas actividades. Una parte del grupo decidió continuar la lucha clandestina desde 1945 hasta 1951. Pero esa es ya otra historia. Víctor no volvió a Lyon. Enamorado, prefirió quedarse en el sur de Francia y vivir el amor libre con su pareja.

Constantino Simó, «Castagne»

Constantino nació en San Cerni, en la provincia de Lérida, en 1917. Desde el primer momento, se puso de parte del Frente Popular y se marchó a la guerra con diecinueve años, con la Columna Durruti. Sus padres eran agricultores y defendían la República. Combatiendo cerca de Zaragoza supo que habían matado a su padre después de haberlo torturado. A él lo hirieron en combate dos veces.

Una vez en Francia, fue enviado primero al campo de Le Vernet y después al de Saint-Fons, de donde salió para integrarse en un GTE e ir a trabajar a la vendimia, en una granja, en la región del Yonne. Luego llegaron los alemanes, ocuparon la zona norte del país y se produjo el gran éxodo. Su patrón prefirió irse a la zona no ocupada, y Constantino y los compañeros que trabajaban con él le enseñaron a manejar las armas... Ellos terminaron yéndose a los bosques como leñadores. Cada noche escuchaban Radio Londres.

En 1943 entró en la Resistencia. Para Constantino esto suponía continuar la Guerra Civil y recordar a su padre. Seguir recordándolo. Durante siete meses no pudo dormir en una cama. La situación para los grupos de la Resistencia, antes del Desembarco, era muy dura. Mucha gente los consideraba simplemente «terroristas». Algunos granjeros los ayudaban clandestinamente. Muy pocos. Él, al igual que otros miembros de la Resistencia, se sintió bastante solo durante mucho tiempo. Después del Desembarco de Normandía comenzaron a llegar más franceses... Pero los jóvenes que llegaban no habían hecho la guerra, no tenían ninguna experiencia en el combate.

Con el nombre de guerra de «Castagne», tomó el mando del Maquis Paul Bert, que era el más importante del Yonne y actuaba desde los bosques de Chatillon. Este maquis se distinguió en todo el contorno por su organización y estricta disciplina. Se caracterizó también por el respeto y la camaradería que Castagne mantenía con sus hombres. Todos le tenían una gran confianza. El Maquis Paul Bert llevó a cabo numerosos sabotajes y emboscadas. El capitán Castagne se hizo famoso en todo el departamento.

En el momento de la Liberación, el Estado Mayor de los FTP quiso contar con su presencia cerca de la prefectura, y su comité militar regional decidió desplazar el maquis al bosque de Othe para después llevarlo hasta Auxerre. En toda la zona confluían tropas alemanas que se dirigían hacia el norte. Constantino Simó consiguió llegar con sus hombres hasta Auxerre y allí, tras la liberación del Yonne, se enroló como voluntario en el nuevo ejército de De Gaulle y siguió combatiendo hasta la derrota alemana.

Agradecimientos

Su ayuda ha contribuido a que «... esos muertos no estén solos».

Mi agradecimiento a Ramón Aguilella, Alexandre Alajbegovic, Ange Álvarez, Emilio Álvarez «Pinochín», Gilles Andrés, Floreal Barberà, André Basch, Gilbert Beaubatie, Libertad y Françoise Bértalo, André Bille Bize, Michel Carcenac, Marie-Noelle Carrión, Jacques Chanaud, Olivier Clastres, Alain Decelle, Yvan Delicado, Janine Dumont, Alain y Roland Escoriza, Paul Estrade, Nicolas Fébvrier, Esther y Matilde Ferrer, Ralph Finkler, Francisco Folch, Frederic Gand, Gabrielle García, Fabián Garrido, Luis Garrido, Jean-Jacques Gillot, Clara Gonzalvo, Annick Jouanne, Víctor Juan, Remy Kauffer, Michel Kiener, Ivan Larroi, Paloma León, Eric Le Roy, René Mathieu, Hervé Mauran, Yolanda y Flor Mesquida, Rubén y Edgar Mora M., Olivier Naduze, Máximo Pastor, Eustaquio Pino, Germinal Rebull, Bernard Reviriego, Patrick Ruffat, Joël Ruiz, Hélios Ruiz, Margarita Sabaté, Roberto Sánchez, Chowy Sanmar, Marie Rose Tornero, Antoine Torres, Alberto Toscano, Félix Tundidor, Miguel Vera, Javier Vidal, Josep Vilarosa y Godin Villa.

Bibliografía

ÁLVAREZ, Ange, DELICADO, Iván, y DELICADO, Roland, *Guérilla antifranquiste du Levant. Crimes et falsifications, 1945-1952*, Nimes, Ardeo, 2014.

—, *Royo, le guerrillero éliminé*, Nimes, Ardeo, 2011.

ARASA, Daniel, *La invasión de los maquis*, Barcelona, Belacqva, 2004.

BEAUBATIE, Gilbert, «Pour mieux comprendre le drame de Tulle», Vincent Brousse y Philippe Grandcoing (dirs.), *Un siècle militant. Engagement(s), Résistance(s) et mémoire(s) au xxᵉ siècle en Limousin*, Limoges, Pulim, 2005.

BELLANGER, Robert, *Dordogne en armes*, Périgueux, Éditions Fontas, 1945.

BERRUEZO SILVENTE, José, *Contribución a la historia de la CNT de España en el exilio*, México, Editores Mexicanos Unidos, 1967.

BIGEARD, Marcel, *Pour une parcelle de gloire*, París, Plon, 1975.

BIRD, Michael J., *Le Bataillon des Glières*, París, Éditions France-Empire, 1967.

CARCENAC, Michel, *Les combats d'un ingénu*, Belvès, Éditions du Hérisson, 2002.

CARRIÓN, Marie-Noëlle, *Le rêve d'Icare était de voler vers la liberté*, en preparación.

DREYFUS-ARMAND, Geneviève, «La guerra y la resistencia en Francia», en *Memoria del olvido. La contribución de los españoles a la Resistencia y a la liberación de Francia (1939-1945)*, actas del coloquio organizado por la FACEFF los días 9 y lo de junio de 1995 en el Instituto Cervantes de París, FACEEF, 1996.

DRONNE, Raymond, *La libération de Paris*, París, Presses de la Cité, 1970.

DUPUY, Elie, *Le parcours d'un «terroriste» ordinaire*, Corrèze, Imprimerie du Corrézien, 2001.

DURAND, Pierre, *Qui a tué Fabien?*, París, Messidor, 1985.

ESTÈBE, Jean, *Toulouse, 1940-1944*, París, Librairie Académique Perrin, 1996.

FARRENY DEL BOSQUE, Charles, y FARRENY DEL BOSQUE, Henri, *L'Affaire Reconquista de España, 1942-1944*, Nérac, Éditions d'Albret, 2009.

FARRENY DEL BOSQUE, Henri, *Le sang des Espagnols*, Éditions Espagne au coeur, 2019.

GARCÍA, Anne-Marie, *Adiós guerrillero: Joaquín Arasanz Raso Villacampa, une vie et un parcours d'exception*, Angeville, Association La Brochure, 2013.

GAULLE, Charles de, *Mémoires de guerre, L'unité, 1942-1944*, París, Plon, 1954.

—, *Mémoires de guerre. Le salut: 1944-1946*, París, Plon, 1959.

HUGONNOT, Jean, y LAROCHE, Gaston, «Les étrangers dans la Résistance française», *Cahiers Internationaux de la Résistance*, n.º 4, noviembre de 1960.

JUAN BORROY, Víctor, «Paco Ponzán o el beso del olvido», *Qriterio Aragonés*, 11 de agosto de 2004.

—, *Por escribir sus nombres*, Zaragoza, Prames, 2007.

KOESTLER, Arthur, *Escoria de la tierra*, Buenos Aires, Editorial Sudamericana, 1943.

L'Avenir normand, n.º 147, 30 de agosto de 1945.

Les républicains espagnols en Couserans, catálogo de exposición, 2010.

LÓPEZ TOVAR, Vicente, *Biografía de Vicente López Tovar, coronel de los guerrilleros españoles en Francia*, manuscrito mecanografiado inédito, Toulouse, 1986.

MARANON, Ramon, *Le train de Neuvic*, documental, 2005.

MARTHON, Marie-Louise, «La peur au ventre», Montauban, *Revue Arkhaia*, 2005.

MAURAN, Hervé, *Un maquis de républicains espagnols en Cévennes*, Nimes, Lacour, 1995.

MELICH, Henri, *À chacun son exil. Itinéraire d'un militant libertaire espagnol*, La Bussière, Acratie, 2014.

MONTSENY, Federica, *Pasión y muerte de los españoles en Francia*, Toulouse, Éditions Espoir, 1950.

NOCERA, Michel di, *Debout dans l'exil!*, Saint-Georges d'Oléron, Les Éditions Libertaires, 2016.

NOIREAU, Robert (coronel Georges), *Le temps des partisans*, París, Flammarion, 1978.

PONS PRADES, Eduardo, *Los senderos de la libertad*, Barcelona, Flor del Viento Ediciones, 2002.

—, *Republicanos españoles en la Segunda Guerra Mundial*, Madrid, La Esfera de los Libros, 2003.

PONZÁN, Pilar, *Lucha y muerte por la libertad, memoria de nueve años de guerra, 1936-1945*, edición a cargo de la autora, 1996.

RAUSA, Jacinte, *Sara Berenguer*, Éditions du Monde Libertaire et Éditions Alternative Libertaire, 2000.

RODRIGO, Antonina, *Mujer y exilio, 1939*, Barcelona, Flor del Viento, 1999.

ROMANA, J. M., *La Segunda Guerra Mundial y los vascos*, Bilbao, Ediciones Mensajero, 1988.

SABATIÉ-CLARAC, Françoise, *Buzet-sur-Tarn*, edición a cargo de la autora, 2006

SAMITIER, Ricardo, *La vie d'un réfugié espagnol en Cévennes: de la guerre d'Espagne au maquis cévenol*, Nimes, Éditions Lacour, 2005.

SERRANO, Secundino, *La última gesta*, Madrid, Aguilar, 2005.

SOULIER, André, *Le drame de Tulle*, Tulle, Éditions Comité des Martyres de Tulle, 2002.

TÉLLEZ, Antonio, *La red de evasión del grupo Ponzán*, Barcelona, La Lletra SCCL Virus, 1996.

TERRES, Robert, *Double jeu pour la France, 1939-1944*, París, Grasset, 1977.

TILLON, Charles, *Les FTP. La guérilla en France*, París, Julliard, 1967.

VERA, Miguel, «Les espagnols dans la Résistance», *La Résistance savoisienne*, n.° 343, 16 de agosto de 1945.

VIÑUALES, Evaristo, «Los que no mueren», *Nuevo Aragón*, 9 de marzo de 1937.

VV.AA., *Mémoires de guerre, des béarnais sur tous les fronts, 1939-1945*, Oloron, Éditions de la Maison du Patrimoine, 1995.

Índice onomástico